AF879002

Hans-Peter Krüger
Werte und Weltmarkt

Hans-Peter Krüger

Werte und Weltmarkt

Zur Bildung und Realisierung internationaler Werte

Mit einem Vorwort von Gunther Kohlmey

Akademie-Verlag · Berlin 1984

Erschienen im Akademie-Verlag, DDR - 1086 Berlin, Leipziger Str. 3—4
© Akademie-Verlag Berlin 1984
Lizenz-Nr. 202 · 100/29/84
Printed in the German Democratic Republic
Gesamtherstellung: VEB Druckerei „Gottfried Wilhelm Leibniz",
4450 Gräfenhainichen
Umschlaggestaltung: Annemarie Wagner
LSV 0305
Bestell-Nr.: 754 208 5 (6734)

01600

Inhaltsverzeichnis

Vorwort von Gunther Kohlmey 7

1. Der internationale Wert als Produktionsverhältnis 20

1.1. Der Wert als Produktionsverhältnis 20

1.2. Die internationale Entfaltung des Wertverhältnisses unter den Bedingungen der Existenz zweier entgegengesetzter Weltwirtschaftssysteme 41

2. Das Wesen der komparativen Vorteile und ihre Wirkung auf die Volkswirtschaften der arbeitsteilig produzierenden Länder bei äquivalentem Warenaustausch 51

2.1. Problemstellung 51

2.2. Produktivitäts- und Intensitätssteigerungen der Arbeit in ihrer Wirkung auf die Wertbildung 58

2.3. Der äquivalente Warenaustausch auf dem Weltmarkt und die komparativen Vorteile 69

2.4. Die Wirkung der internationalen Arbeitsteilung und des Außenhandels auf das Gesamtprodukt und das Nationaleinkommen der Länder 80

2.5. Der Preisausdruck der Effekte aus der internationalen Arbeitsteilung und dem Außenhandel 89

Exkurs: Der Währungskurs aus werttheoretischer Sicht 89

3. Die Modifikationen des Wertes in ihrer internationalen Entfaltung . 105

3.1. Problemstellung 105

3.2. Der Vorschuß als gesellschaftlicher Aufwand 107

3.3. Die Charakteristika und Besonderheiten der Aufwandsart Vorschuß und die Verteilung des Mehrprodukts zwischen den Zweigen 116

3.4. Der Vorschuß und die Reineinkommens- bzw. Profitraten bei internationalem Austausch 140

3.5. Der internationale Austausch zu modifizierten Werten und die Effekte für die beteiligten Länder 151

4. Die Spezifika der internationalen Wertbildung bei Erzeugnissen der extraktiven Industrie 160

4.1. Problemstellung 160

4.2. Die Besonderheiten der Herausbildung des gesellschaftlich notwendigen Arbeitsaufwands der extraktiven Industrie 161

4.3. Die Wirkung von Substitutionsprozessen auf die Wertbildung (am Beispiel verschiedener Primärenergieträger) 169

4.4. Die Herausbildung internationaler modifizierter Marktwerte für Erzeugnisse der extraktiven Industrie unter den Bedingungen des Kapitalismus 176

4.5. Die Herausbildung internationaler modifizierter Marktwerte für Erzeugnisse der extraktiven Industrie unter sozialistischen Bedingungen . 184

Personenregister 197

Vorwort

von Gunther Kohlmey

1.

Gern habe ich dem Vorschlag zugestimmt, der Arbeit von Hans-Peter *Krüger* einige Bemerkungen voranzuschicken. Seine Studie hat ein ansprechendes und anspruchsvolles theoretisches Niveau. Der ältere Forscher sollte sich darüber freuen, wenn die jüngeren ihn mit ihren Leistungen einholen und überholen – er sollte sich zumal dann freuen, wenn er, wie im vorliegenden Fall, mit den Ansichten des Jüngeren weitgehend konform geht. *Goethe* schrieb 1798 an Ludwig *Tieck*, „daß es eine meiner angenehmsten Empfindungen ist, wenn ich in jungen talentvollen Männern mich schon an der Aussicht in die Zukunft ergötzen kann und von Rückblicken in die Vergangenheit abgelenkt werde“[1].

Krügers Untersuchung ist eine überarbeitete Dissertationsschrift, mit der er im Jahre 1980 an der Hochschule für Ökonomie „Bruno Leuschner“ in Berlin zugleich – was ganz selten ist – zum Dr. oec. und zum Dr. sc. promoviert wurde. Diese Arbeit reiht sich gut in eine Reihe von Dissertationen ein, die in der DDR in den letzten Jahren zu Fragen von Wert, Rente und Preis unter internationalem Aspekt geschrieben wurden. Die zunehmende Internationalisierung von Gesellschaft und Wirtschaft im Kapitalismus und im Sozialismus gab den Anstoß. *Vor* diesen Dissertationen waren erschienen bzw. parallel zu ihnen erschienen Bücher von Lehrern dieser Doktoranden, etwa die von Gertrud *Gräbig*, Siegfried *Wenger*, Helmut *Bleßing* und Gerhard *Brendel*.[2] Hinzu kamen und kommen die Ausführungen in einigen Lehrbüchern der Politischen Ökonomie und in lehrbuchähnlichen Grundrissen über Außenhandel und internationale Wirtschaftsbeziehungen.[3]

So manche nationale und internationale Debatte über internationale Werte in Theorie und Empirie löste mein 1962 veröffentlichter Beitrag über „Internationale Werte“ aus. Das Buch „Der demokratische Weltmarkt“ (1955) war vorangegangen, und weitere Beiträge zum Thema folgten der Studie über „Internationale Werte“. (H.-P. *Krüger* bezieht sich wiederholt auf diese Arbeiten.)

Viele Diskussionen über internationale Werte und damit zusammenhängende Themen gab und gibt es in Sektionen, Arbeitskreisen und Forschungsgruppen. Dies sei deshalb erwähnt, weil wir uns aus Veröffentlichungen allein keineswegs ein ausreichend klares Bild über Stand und Entwicklung der Forschungen zum angegebenen Fragenkreis machen können – aber das gilt ja auch für andere Gebiete.

2.

Die Außenhandelstheorien (oder besser: einige Bruchstücke und Grundelemente derselben) sind älter als die Theorien der internationalen Werte. Noch David *Ricardo* betrachtete Außenhandel und Weltmarkt werttheoretisch als exterritoriale Gebiete, auf denen das Wertgesetz nicht wirke, vielmehr das Gesetz der komparativen Vorteile. J. St. *Mill* überwand in den dreißiger Jahren des vergangenen Jahrhunderts die Ricardosche Zweiteilung, löste aber den Wert in Angebot-Nachfrage-Relationen auf; er verzichtete auf die Arbeitswerttheorie.

Karl *Marx* war dann der erste, der wichtige Thesen für eine arbeitswerttheoretische Betrachtung der internationalen Wirtschaftsbeziehungen formulierte. Er begründete die Theorie der internationalen Arbeitswerte, wenn deren Ausarbeitung auch außerhalb seiner Forschungspläne lag. Er konzentrierte sich auf die allgemeine Wert- und Mehrwerttheorie und legte damit die unschätzbaren Grundlagen für Wirtschaftstheorie und internationale Arbeiterbewegung. In seiner Wertmethodologie stellte *Marx* die Einheit der Betrachtung von nationalen (volkswirtschaftlichen) und internationalen (weltwirtschaftlichen) Werten her. Er hob damit die erwähnte Ricardosche Zweiteilung auf. Eben deshalb stoßen wir im zweiten Band des „Kapital" auf die Sätze, daß im kapitalistischen Mehrwert- und Reproduktionsprozeß der auswärtige Handel „nur die Widersprüche auf ausgedehntere Sphäre"[4] verlege und daß die „Hereinziehung des auswärtigen Handels bei Analyse des jährlich reproduzierten Produktenwerts"[5] nur verwirren könne, „ohne irgendein neues Moment, sei es des Problems, sei es seiner Lösung zu liefern".[6]

Vielleicht ist es akzeptabel, unter dem Blickwinkel der internationalen Werte die folgenden wertmethodologischen Sätze von *Marx* als eine der möglichen Zusammenfassungen vorzutragen:

1. *Marx'* Werttheorie ist in und mit ihren Ausgangspunkten zunächst einmal keine Kostentheorie (Grenzkosten, Substitutionskosten o. ä.), sie ist auch keine Nutzentheorie (Grenznutzen), sie ist auch keine Theorie der Produktionsfaktoren, sie ist keine Preistheorie des Gleichgewichts von Angebot- und Nachfrage, sie ist ganz einfach, aber auch mit allen Tragweiten, eine *Arbeitswert*theorie. Alle international ausgetauschten Waren (Güter und Dienstleistungen) sind Erzeugnisse der lebendigen Arbeit und enthalten vergegenständlichte und lebendige Arbeit, deren Maß die gesellschaftlich notwendige Arbeitszeit ist, international die für die gesamte Weltwirtschaft oder für Bereiche derselben gesellschaftlich notwendige Arbeitszeit. Der Wert einer Ware kann nicht mikroökonomisch erklärt (und seine Größe gemessen) werden, da er ein „aliquoter Teil" (*Marx*) der gesamten gesellschaftlichen Wertmasse ist, die sich selbst fortlaufend verändert, weil sich ihre Partikel und Strukturen ständig ändern. Davon wird natürlich auch, unabhängig von seiner eigenen Bewegung, der Wert der einzelnen Ware beeinflußt. So ist der Wert der Einzelware *relativ* – *Marx* hebt das gegen *Ricardo* (und, vorwegnehmend, auch gegen Piero *Sraffa*) heraus. Übrigens auch deshalb relativ, weil die gesellschaftlich notwendige Arbeitszeit nicht die ist, die bei der *Herstellung*

der Ware aufzubringen war, sondern vielmehr die, die *gegenwärtig* erforderlich ist. Der Wert ist ein Reproduktionswert und auch deshalb ein relativer.

2. Zu wiederholen ist, daß *Marx* die Ricardosche Zweiteilung (international: komparative Vorteile, volkswirtschaftlich: Arbeitswerte) aufhob und in seiner theoretischen Betrachtung die Einheit von nationalen (volkswirtschaftlichen) und internationalen (weltwirtschaftlichen) Werten wahrte. Dabei verwarf *Marx* das Theorem der komparativen Vorteile keineswegs, vielmehr baute er es in seine Theorie der nationalen und internationalen Werte ebenso ein wie in seine reproduktionstheoretischen Untersuchungen.

3. Volkswirtschaftliche und weltwirtschaftliche Wertbildung hat gesellschaftliche Arbeitsteilung zur Voraussetzung. Ohne gesellschaftliche Arbeitsteilung keine Waren- und Geldwirtschaft. Die Verbindung zwischen den arbeitsteilig voneinander getrennten Warenproduzenten geht über den Markt vor sich. Die Geschichte der volkswirtschaftlichen, regionalen und universellen internationalen Wertbildungs- und Wertrealisierungsprozesse, ihrer Ausdehnung und Intensivierung ist bei *Marx* wie auch bei *Engels* zugleich eine Geschichte der betrieblichen, volkswirtschaftlichen und internationalen Arbeitsteilung, aber auch der Märkte. Daraus ergibt sich für uns Heutige: Ohne Analysen der gegenwärtigen Vorgänge sozialistischer und kapitalistischer internationaler Arbeitsteilung hinge eine Darstellung von Bildung und Distribution internationaler Werte ganz und gar in der Luft.

4. Der Gebrauchswert ist der Träger des Tauschwerts. Auf gesellschaftlicher (volkswirtschaftlicher und weltwirtschaftlicher) Ebene ist der gesellschaftliche Bedarf (Nutzen) der Träger der volkswirtschaftlichen und weltwirtschaftlichen Tauschwerte. Ohne Gebrauchswert kein Tauschwert, ohne gesellschaftlichen Nutzen kein gesellschaftlicher Wert. Die Bedarfsstrukturen werden letzten Endes von den Strukturen der Produktion und ihrer Produktivität bestimmt, aber es gibt auch eigenständige, relativ selbständige Bewegungen der Bedarfsstrukturen, deren Veränderungen, zusammen mit den vorher erwähnten, vermittelt über den Markt, nach Veränderungen der Produktionsstrukturen verlangen.

Die marxistische Arbeitswerttheorie konfrontiert uns demnach – das muß in Abgrenzung von vereinfachenden Darstellungen gesagt werden – mit den Determinanten und Interdependenzen eines – wenn ich das einmal so ausdrücken darf – Quadrats der Vorgänge von Wertbildung und Wertdistribution:

gesellschaftliche Arbeitsteilung;
Warenproduktion (Reproduktionswerte, Produktivitäten, incl. Transport);
Bedarf (Nutzen);
Markt.

In *Abhängigkeit* von den anderen Seiten des Quadrats entsteht in der Produktion – und *nur* in ihr – der gesellschaftlich notwendige Arbeitsaufwand, der Wert. Das bringt abermals die Relativität des Werts zum Ausdruck.

5. Der (internationale) Wert ist eine sehr einfache, eine ganz allgemeine Kategorie; er gehört wohl zu den „dünnen Abstrakta", über die *Marx* in den „Grundrissen der Kritik der politischen Ökonomie" schrieb.[7] Das Abstraktum „Wert"

bedarf seiner Darstellung in Erscheinungsformen. Es gilt hier gewiß das, was *Marx* im Zusammenhang mit der Methodik-Passage in den „Grundrissen" schrieb: „... durch nähere Bestimmung würde ich analytisch immer mehr auf einfachere Begriffe kommen; von dem vorgestellten Konkreten auf immer dünnere Abstrakta ... Von da wäre nun die Reise wieder rückwärts anzutreten ..."[8] Man gelange dann nicht etwa zu einem chaotischen Ganzen, das man vor der theoretischen Analyse gehabt habe, sondern zu „einer reichen Totalität von vielen Bestimmungen und Beziehungen".[9] In unserem Falle wären diese Bestimmungen und Beziehungen das Geld und alle Geldausdrücke, wie etwa die Löhne, die Kosten und Gewinne, die verschiedenen Preisarten, Kredite, Valutakurse etc.

Daraus sollte unter anderem abgeleitet werden, daß die verschiedenen Weltmarktpreisbewegungen und Veränderungen der Weltmarktpreisstrukturen nicht unbedingt und nicht in den gleichen Quantitäten Wertbewegungen zu reflektieren haben.

6. Als einfache Kategorie, d. h. als Ausdruck eines allgemeinen gesellschaftlichen Verhältnisses, wurde und wird der Wert, wie auch Peter *Krüger* mehrfach unterstreicht, in die gesellschaftlichen Verhältnisse der einfachen Warenproduktion, in die des Kapitalismus und in die des Sozialismus eingebunden, integriert. Das Wertgesetz und seine Elemente bilden einen der allgemeinen Bestandteile der Existenzweisen der jeweiligen Systeme von Produktionsverhältnissen. Die Erscheinungsformen des Werts sind Bewegungs- (Mechanismus-)Elemente dieser Ökonomien, wobei sie von den entscheidenden Gesetzen und Prozessen der gegebenen Produktionsverhältnisse determiniert werden.

Damit hängt eine andere Überlegung zusammen:

7. Das Wertgesetz ist nach *Marx* ein Gesetz des Gleichgewichts und der Proportionen, doch *per se* zunächst nur der einfachen, der allgemeinen Warenwirtschaft. Auf dieser allgemeinen Grundlage bestimmen die Hauptgesetze und -prozesse des kapitalistischen oder des sozialistischen Systems (in Volkswirtschaft und Weltwirtschaft) die völlig unterschiedlichen sozialökonomischen Charaktere und Bewegungen von Gleichgewichten und Ungleichgewichten, von Proportionen und Disproportionen.

8. *Marx* wendet den Ausdruck „Äquivalenz" nur bei der Gegenüberstellung, also für den Austausch von gleichen (volkswirtschaftlichen und weltwirtschaftlichen) Wertgrößen an – und in keinem anderen Sinne. Bei ihm ist unter kapitalistischen Eigentumsverhältnissen der äquivalente Austausch der Ware Arbeitskraft (ihrer Wertgröße) gegen Lohn Bedingung für die Aneignung des Mehrwerts durch das Kapital, für die Ausbeutung. Nur auf diese Art können in der Theorie die beiden Begriffe Äquivalenz und Ausbeutung in den internationalen Wirtschaftsbeziehungen angewandt werden. Austausch zu internationalen Werten ist Äquivalenz; nicht-äquivalenter Austausch ist *per se* noch nicht Ausbeutung im Sinne der politischen Ökonomie.[10]

9. In den Rahmen der Dialektik von Nationalem und Internationalem stellten *Marx, Engels* und *Lenin* die Tendenz der zunehmenden Internationalisierung von

Gesellschaft und Wirtschaft, dabei des Kapitalverhältnisses. Im Kapitalismus wird die Internationalisierung durch Profit, Konkurrenz und Klassenkampf vorangetrieben, im Sozialismus erhält sie eine neue gesellschaftliche Grundlage, was allmählich auch das Quantitative beeinflußt.
Auf dem Weltmarkt stellen sich Gebrauchswert und Tauschwert, Geld und Preis *universell* dar. Hier ist das Maß allein die universelle Arbeit, diese ist die gesellschaftlich notwendige. Die Reihe der Gebrauchs- und Tauschwerte konvergiert auf den internationalen Märkten gegen unendlich, genauer: bei gegebenem Stand von Arbeitsteilung, Produktion und Produktivität, Bedarf und Markt gegen das jeweils mögliche Maximum. Universell sind in den internationalen Wirtschaftsbeziehungen auch die besprochenen Relationen von Arbeitsteilung, (Re-)Produktion, Bedarf und Markt. So ist auch hier wieder die Relativität der universellen Werte sichtbar.

10. Im Außenhandel, in der internationalen Arena wirkt, entsprechend den abstrakten Annahmen von *Marx*, das Wertgesetz *modifiziert*. Nicht nur formal ist die Existenz von Staaten, von Volkswirtschaften die Ursache. Bei seinen Abstraktionen, in seinen Modellen nimmt *Marx* für die Bildung nationaler Werte eine rein kapitalistische Wirtschaft an, mit freier Konkurrenz in allen Bereichen. Nicht so international. Im von *Marx* nur skizzierten Modell der internationalen Werte gibt es nach außen keine Wanderung von Arbeitskraft und Kapital; auch gibt es keinen *input* der internationalen Werte in die der Volkswirtschaft. Vielmehr stellen die rein nationalen Werte den Ausgangspunkt für die Bildung der internationalen Werte dar.

3.

Wie vielen Attacken, von *Marshall* bis *Samuelson*, hat *Marx'* Arbeitswerttheorie in ihrer Anwendung auf die internationalen Wirtschaftsbeziehungen standhalten müssen und standgehalten! Nichtmarxistische und antisozialistische Theoretiker fragen immer wieder, weshalb wir Marxisten für das System der Gleichungen und Ungleichungen internationaler Wirtschaftsprozesse, dabei auch der Weltmarktpreise, den „Unterbau" der Lehre vom Arbeitswert benötigen. *Krüger* gibt Antwort auf diese Frage.

Von B. *Ohlin* und J. *Viner*, von G. *Haberler* ebenso wie von P. *Samuelson* und allen ihren Anhängern wird ein dreifacher Fehler begangen. Erstens modeln sie die sozialökonomische Kategorie des Arbeitswerts in den formal-technischen Terminus der Arbeits*kosten* um. Zweitens folgern sie daraus, daß es in der Arbeitswerttheorie angeblich nur einen einzigen Produktionsfaktor gäbe: nur die Arbeitskosten seien in ihr preis- und allokationsbestimmend. So wird, drittens, der Wert, werden die Arbeitskosten als *absolut* begriffen; die Relativität des Arbeitswerts ist verschwunden. Bei diesen Annahmen von Kosten- und Preisgleichungen kann es dann keine Ausbeutung im kapitalistischen System der internationalen Arbeitsteilung und der Allokation geben.

„Preisgleiche Gütermengen enthalten gleichviel Arbeit“ (im Sinne von Arbeitskosten – G. K.), meint *Haberler*[11] und erklärt: „Wir müssen annehmen, daß es nicht eine, sondern viele verschiedene Qualitäten Arbeit und andere Produktionsmittel gibt . . ., und es erhebt sich so die Forderung nach *Ausschaltung der Arbeitswertlehre.*“[12] In der Arbeitswertlehre, schreibt *Viner*, „sind die Kosten als Arbeitszeiteinheiten dargestellt . . .“[13] Und schließlich der Supervulgär *Recktenwald*: „Unverständlich bleibt nur, wie man mit der Forderung nach praktischer Anwendung der Arbeitswerttheorie hochentwickelte Industrienationen auf die Stufe eines primitiven Jägervolkes zurückversetzen will, indem man den Wert einer Ware nur in dem Beitrag der Arbeit sieht und die beiden anderen Produktionsfaktoren unvergütet läßt.“[14] Das sind nun gewiß nicht zu verantwortende Interpretationen.

Für *Marx* ist die Entfaltung der allgemeinen Kategorie „Arbeitswert“ zu ihren vielen Geldausdrücken ein ebenso notwendiger dialektischer Prozeß wie ihre Integration in die verschiedenen sozialökonomischen Systeme und deren Wirtschaftsmechanismen. Daß der Marxismus in der Wertbildung und Wertdistribution Abläufe der gesellschaftlichen Arbeit und der Verteilung ihrer Resultate sieht, schließt nicht aus, sondern setzt geradezu voraus, daß wir bei der Analyse der wirtschaftlichen Realitäten Begriffe wie Kosten und Nützlichkeit, Substitutionskosten und -preise, Angebot und Nachfrage und viele andere anerkennen und mit ihnen arbeiten müssen.

4.

Marx wandte seine Wertmethodologie auf eine für uns Heutige doch relativ einfache internationale Welt an: kapitalistisch industrialisiertes England; andere Länder, die sich auf kapitalistische Art industrialisieren (USA, Frankreich, Deutschland usw.); riesige Kolonialgebiete als Ausplünderungsbereiche; ein Weltmarkt, der noch nicht erdumspannend und noch nicht intensiviert ist.

Schon gut zehn Jahre nach *Engels'* und etwas mehr als zwanzig Jahre nach *Marx'* Tod unternahmen Rudolf *Hilferding*, Rosa *Luxemburg*, Karl *Kautsky*, Otto *Bauer* und andere ihre Versuche, das imperialistische Stadium der kapitalistischen Weltwirtschaft theoretisch und politisch zu interpretieren. Doch erst *Lenin* schuf die Theorie des Imperialismus und die neue Strategie der proletarischen Revolution unter den veränderten Bedingungen.

Und heute! Wie anders ist wiederum die Welt. Ein internationales sozialistisches System von Gesellschaft und Wirtschaft ist entstanden und formiert sich. Die RGW-Staaten sind dabei, eine Integration ihrer Volkswirtschaften herbeizuführen. Ferner gibt es als neuen Bereich in den internationalen Wirtschaftsbeziehungen die sogenannten Ost-West-Beziehungen, vor allem aber das breite Spektrum der Zusammenarbeit zwischen sozialistischen Staaten und interessierten Entwicklungsländern. In der Welt des Kapitals begegnen wir neuen Prozessen der Internationalisierung des Kapitalverhältnisses, der Produktion und Distribution von Mehrwert. Der *gap*, die Kluft zwischen sozialer und wirtschaftlicher Entwicklung in Entwicklungsländern und in kapitalistischen Industriestaaten, wäre an erster Stelle zu nennen. Sofort anzuschließen wären die weltwirtschaftliche Rolle der transnationalen und multinationalen Konzerne wie auch die vielfältigen und vielschichtigen Strukturkrisen im heutigen imperialistischen Weltwirtschaftssystem.

Im Rahmen aller erwähnten (und anderen) weltwirtschaftlichen Veränderungen, einschließlich der zunehmenden Internationalisierung von nationalen Gesellschaften und Wirtschaften, stoßen wir überall auf die Prozesse zunehmender Internationalisierung von Wertbildung und Wertdistribution (Werttransfer). Dabei lösen die modernen Produktions- und Produktivitätsentwicklungen *Metaprozesse* aus, solche, die allen sozialökonomischen Systemen eigen sind, aber im Kapitalismus und im Sozialismus ganz unterschiedlich reguliert werden, dort und hier mit scharf unterschiedenen Implikationen. (Die aus den Metaprozessen abzuleitenden *allgemeinen* Probleme sind von jener Gruppe *globaler* Probleme zu unterscheiden, die ihren Ursprung in der Natur und Struktur des Imperialismus, der kapitalistischen internationalen Arbeitsteilung haben.)

Wichtige allgemeine internationale Produktions- und Produktivitätsabläufe sind in der Gegenwart:

– das notwendig gewordene Schließen der in den 50er, 60er und zum Teil auch noch in den 70er Jahren entstandenen Wachstumsschere zwischen verarbeitender Industrie und traditioneller Energie- und Rohstoffbasis – womit ganz wesentlich der Problematik der Relationen von Weltmarktpreisen für Rohstoff, Energie und Fertigwaren verknüpft ist;

– die Wiederherstellung und Reproduktion von erneuerbaren natürlichen Ressourcen, was mit mannigfaltigen Substitutionsvorgängen verbunden ist;

– die Sicherung der Futtermittel- und unmittelbaren Ernährungsgrundlagen bei zunehmender Bevölkerung, Urbanisierung und Industrialisierung, wozu auch die weitere Nutzbarmachung der Weltmeere als Futter- und Nahrungsmittelquelle, als Quelle von Energie und Rohstoffen zu rechnen wäre;

– die Erhaltung und progressive Entwicklung der natürlichen und sozialen Umweltbedingungen der Menschen;

– die weitere Konzentration der Produktion mit dem Ziel der Verbesserung der Relationen von Aufwand und Nutzen, wobei diese Konzentration oft genug den volkswirtschaftlichen Rahmen sprengt und schnell zunehmende internationale Spezialisierungen und Kooperationen verlangt;

– der wachsende Anteil der wissenschaftlichen Arbeit am gesellschaftlichen Reproduktionsprozeß;

– das Vordringen von material- und energiesparender Technik und Technologie (Mikro- und Minitechnik als wichtige Elemente);

– die Gewährleistung von Gleichgewicht und Proportionalität zwischen Produktion und Infrastruktur (mit allen ihren Elementen);

– der zunehmende internationale Transfer von Information, Technologie, *software* u. a.m.;

– die sich aus all dem ergebende volkswirtschaftliche Strukturpolitik bei Beachtung dessen, daß die Volkswirtschaft ein Glied in den Systemen der internationalen Arbeitsteilung ist und daß eine „Neue Internationale Wirtschaftsordnung" gemäß UN-Beschluß (und darüber hinaus) unerläßlich ist, um zumindest einige Elemente dieser allgemeinen (und auch der globalen) Probleme sozial gerechten Lösungen zuzuführen oder doch näher zu bringen.

Viel, oft sehr viel Aufwand an Forschung, Innovation und Investitionen, also an menschlicher Arbeitskraft, an materiellen und finanziellen Mitteln ist vonnöten, um diese Substitutionen und überhaupt diese neuen Wertbildungsvorgänge auszulösen. Es gibt vielfach hohe Innovations- und Investitionsschwellen, die zu überschreiten sind. Wiederholt wird für dieses Überschreiten die Kraft einer einzelnen Volkswirtschaft, auch einer großen und entwickelten, nicht ausreichen. Hier bieten sich Chancen und Aufgaben an, die Vorzüge sozialistischer Strukturpolitik, langfristiger Planung und internationaler Koordinierung so weit wie möglich auszunutzen. Zuweilen sind für die Inangriffnahme dieser neuen Aufgaben die entsprechende Technik und Technologie im wesentlichen bereits vorhanden, etwa für bestimmte Bereiche der Meeresforschung oder auf dem Gebiet der Mikroprozessoren; auf anderen Gebieten müssen sie erst geschaffen werden (Massenverkehr, Kernfusion).

Es ist ein großes Verdienst der vorliegenden Arbeit von Peter *Krüger*, daß er dem Verhältnis von Fondsvorschuß und Wertbildung seine Aufmerksamkeit geschenkt hat.

Jedem Kenner der Materie dürfte klar werden, daß die erwähnten (und andere) Abläufe großen Einfluß auf die internationale Wertbildung ausüben, daß wir folglich hierzu vielfältige Analysen benötigen und auch neue Modelle, mit weiteren Zielfunktionen, Parametern und Randbedingungen, die über *Marx'* einfaches Modell hinausgehen. Die Bildung und Realisierung internationaler Werte vollzieht sich heute und morgen im Kontext mit grundlegenden Reformen und mit der Revolutionierung des Verhältnisses von Gesellschaft und Natur, was wiederum Reformen und die Revolutionierung des Verhältnisses Mensch – Mensch, also der gesellschaftlichen Verhältnisse voraussetzt. Damit wird *Marx'* Satz abermals bestätigt werden, daß *Natur und Arbeit* die Quellen der gesellschaftlichen Wohlfahrt sind.

5.

Diese und alle anderen Erörterungen über *Marx'* Wertmethodologie in ihrer Anwendung auf Außenhandel und internationale Wirtschaftsbeziehungen der Gegenwart sollten, wie schon bemerkt, sehr streng von zwei Überlegungen ausgehen:

Die erste betrifft das Verhältnis von allgemeiner Werttheorie und Empirie, von Schemata/Modellen und konkreten wirtschaftlichen Vorgängen. Natürlich wußte *Marx* genug über die tatsächlichen internationalen Kreditbewegungen zu seiner

Zeit und auch über den hunderttausendfachen „Export" von Arbeitskraft, von Sklaven nach Amerika. Es ist ja auch bekannt, was Karl *Marx* im „Kapital", etwa in den (heute besonders aktuell anmutenden) Kapiteln 4 bis 6 des dritten Bandes, über den Einfluß von Importen auf die volkswirtschaftliche (nationale) Wertbildung, auf die „Ökonomie in der Anwendung des konstanten Kapitals" geschrieben hat. Doch in seinen Abstraktionen nahm Marx eine internationale Immobilität der Produktionsfaktoren an. Soviel noch einmal zur ersten Überlegung.

Es gibt aber, in engem Zusammenhang mit ihr, noch eine zweite. Auch auf sie wurde bereits verwiesen. Sie betrifft die *Bedingungen* der *Marx*schen Schemata von den internationalen Werten. (Vgl. Punkt 10 der oben angeführten Sätze zur *Marx*schen Wertmethodologie.) Problem: Welche Schlüsse ergeben sich bei anderen Bedingungen?

6.

Die Bedingungen und Wirkungen der Gesetze des Wertes und der kapitalistischen Konkurrenz werden im Imperialismus volkswirtschaftlich und weltwirtschaftlich sehr wesentlich von Monopolmacht und Staatsgewalt verändert – „untergraben", sagt *Lenin.* Außerdem saugt die Wertbildung in den Volkswirtschaften, natürlich auch in den sozialistischen, zunehmend (und vielfach in ausschlaggebendem Maße) als *input* internationale Werte auf; die nationalen Werte haben ihre „Reinheit" eingebüßt. Die ansteigende Integration der Volkswirtschaften in die internationale Arbeitsteilung, ihre gegenseitige Verflechtung geht gegenwärtig über vielfältige internationale Transfers vor sich (Güter und Dienstleistungen, Arbeitskraft, Fonds bzw. Kapital, Kommunikation und Information, Technologien usw.). So gibt es, in der Regel, einen hohen Grad an internationaler Beweglichkeit (an Transfer, an Mobilität) von Produktionsfaktoren.

Für den Kapitalismus kann man von drei Entwicklungsstufen in den internationalen Wirtschaftsverbindungen sprechen, die zugleich Entfaltungsformen der internationalen Werte sind: zunächst internationale Verflechtungen über den Außenhandel, dann über den Kapitalexport (Fondstransfer) und heute besonders über den internationalen Transfer von Information, Technologie usw. Dabei ist Stufe eins in der zweiten und dritten, Stufe zwei in der dritten aufgehoben. Der Außenhandel bleibt auch heute, bedingt allerdings vielfach durch Fonds- und Informationstransfer, das vollziehende Umschlagsinstrument. Im jungen sozialistischen Weltsystem können wir aus naheliegenden Gründen nicht von drei *historischen* Stufen, wohl aber von drei *Formen* der internationalen Verknüpfungen sprechen. Alle Formen führen zum Ausbau der internationalen Arbeitsteilung, der Spezialisierung/Kooperation zwischen den Volkswirtschaften.

Die modernste Form der Bildung volkswirtschaftlicher sowohl als auch internationaler Werte geht heute vielfach so vor sich, daß Betrieb *a* in Land *A* seine eigenen international anerkannten Leistungen mittels Technik- und Technologiebezug von Betrieben der Länder $B_1 \dots B_m$ komplettiert, um dann die Baugruppenteile oder das Zwischenprodukt in die Länder $C_1 \dots C_n$ zu exportieren, von wo schließlich $D_1 \dots D_0$ das Finalprodukt beziehen. Auch Betrieb *a* oder ein anderer Betrieb in *A* oder *B* kann bereits der Hersteller des Enderzeugnisses sein. Auf jedem dieser Wege geht Konzentration der Produktion mit internationaler Spezialisierung/Kooperation Hand in Hand. Es ist möglich, aber nicht immer notwendig, daß in den kapitalistischen Ländern dieser internationale Transfer von Technologie usw. mit Kapitalverflechtung (Kapitalexport) verknüpft ist.

Für die RGW-Volkswirtschaften lautet der Schluß, daß die erwähnte moderne Bildung volkswirtschaftlicher und schon von Haus aus internationaler Werte das Ausschlaggebende ist; internationale Wirtschaftsorganisationen und Produktionsvereinigungen, ebenso internationale Betriebe sind oft gar nicht notwendig, zumal ihre Bildung und Tätigkeit gegenwärtig von zu vielen bürokratischen Hemmnissen begleitet sein dürften.

Unter diesen neuen Umständen internationaler Produktivitätsentwicklungen und internationaler Verflechtungen von Volkswirtschaften behalten *Marx'* Schlüsse über die universelle Entfaltung von Gebrauchswert und Tauschwert wie auch ihrer Geldausdrücke ihre Gültigkeit. Wenn *Marx* noch von universellen Werten im Plural sprach, so müssen wir heute für eine zunehmende Anzahl von Produkten und Leistungen – und gerade den wichtigen – die Einzahl wählen. Es gibt eben einen einheitlichen Gebrauchswert und Tauschwert für Mikroprozessoren, Synthesefasern, den Transport von Südfrüchten, die Gewinnung von Manganknollen usw. usf. *Die universelle Arbeit ist das Maß – auch für den Außenhandel sozialistischer Volkswirtschaften und Unternehmen.* Sie ist, im Grundsatz, das ausschlaggebende Arbeitskriterium. Aufwendungen und Qualitäten lediglich einer Region (etwa des RGW-Bereichs) verlieren mehr und mehr ihre Funktion als alleingültiges Maß der Arbeit und des Nutzens, es sei denn, sie sind international führend.

Bei jeglicher universellen, also internationalen Entfaltung der Gebrauchswerte, der gesellschaftlichen Nützlichkeit und damit auch der Wertformen ergibt sich eine „Stufenleiter" der verschiedenen volkswirtschaftlichen Wertgrößen, und ihre „Maßeinheit" ist „die Durchschnittseinheit der universellen Arbeit ..."[15] Nicht immer aber ist es, wie *Marx* bekanntlich vermerkt, der einfache Durchschnitt. Wiederholt ist es, besonders auch bei Substitutionsvorgängen in vielen Bereichen, eine Gruppe von Grenzproduzenten – je nach dem Verhältnis von internationalem Bedarf und Aufwand (ihren Größen und ihren Strukturen). Der internationalen Maßeinheit begegnen die sozialistischen Betriebe auf den internationalen Märkten allerdings nur *in concreto*, nämlich in den Erscheinungsformen des Werts, in den Preisen für Güter und Leistungen (Transport, Versicherung, Transit, Hafengebühren, Lagerhaltung u. a. m.), in Zahlungsbedingungen, Kurs, Kredit und Zins, in den Kosten für Forschung/Entwicklung, für Infrastruktur und Erhaltung/Erneuerung der Umwelt. Die Bewegungen dieser Kosten und Preise brauchen allerdings keineswegs unmittelbar Wertbewegungen widerzuspiegeln. In längeren Zeiträumen allerdings drückt die Veränderung von Preisstrukturen, z. B. für Synthetics oder für Mikroprozessoren in ihrem Verhältnis zu anderen Preisgruppen, Wertbewegungen aus, zumal wir hier immer wieder die Relativität des Werts bedenken sollten. Das gilt auch für die Substitutionsproblematik bei Erdöl, Kohle und Kernenergie.

Der Wert selbst aber bleibt eine allgemeine Kategorie. Das gilt immer, auch heute, bei keineswegs einheitlichen sozialökonomischen Grundlagen des Welthandels. Die einfache Wertform ist, ihrer allgemeinen, abstrakten Natur entsprechend, in die verschiedenen sozialökonomischen Systeme von Warenproduzenten integriert. In einer „Gesellschaft von Warenproduzenten", meint Karl *Marx*, bestehe das „allgemeine gesellschaftliche Produktionsverhältnis darin ..., sich zu ihren Produkten als Waren, also als Werten zu verhalten ..."[16] Nur der Weltmarkt, schreibt *Marx* in den „Grundrissen", stelle „das Ganze" der Tätigkeiten, des Verkehrs, der Bedürfnisse etc. dar.[17] (Mir scheint, daß auch dieser Satz meine o. a. Interpretation vom Quadrat der Wertbeziehungen stützt: *Marx* spricht von Wert und Bedürfnissen, von Markt und Verkehr.)

Wenn wir einen relativen Grad der Isolierung einer Volkswirtschaft oder einer Region von Volkswirtschaften – aus welchen Gründen auch immer – annehmen, gibt es begrenzte Systeme der internationalen Arbeitsteilung, der internationalen Märkte und der Bildung internationaler Werte. In der Geschichte der internationalen Arbeitsteilung wie auch der Waren- und Geldwirtschaft finden wir über Jahrhunderte hinweg Regionen der internationalen Wirtschaftsbeziehungen, die vollständig oder partiell von anderen Regionen abgeschirmt waren oder von ihnen überhaupt nichts „wußten", mangels Kommunikation. Erst ganz allmählich bildete sich ein Weltmarkt aus.

Auch in der Gegenwart gibt es, vor allem (aber keineswegs nur) sozialökonomisch determiniert, regional begrenzte Wertbildungsprozesse. Doch der Trend zu universellen Maßen der volkswirtschaftlichen Arbeit dominiert mehr und mehr, sowohl in der Energie- und Rohstoffwirtschaft als auch in der verarbeitenden Industrie, wie schließlich, keineswegs zuletzt, in den Bereichen Forschung, Innovation, Umweltschutz, Transport und Dienstleistungen.

So können die Debatten über nationale und internationale Werte, entsprechend „maßgeschneidert", durchaus wirtschaftspolitische und kaufmännische Interessen und Aufgaben sozialistischer Volkswirtschaften und Betriebe widerspiegeln. Zum Beispiel hat in der DDR die Führung von Partei und Regierung wiederholt darauf hingewiesen, daß die international gültigen Kennziffern an Aufwand und Nutzen (Kosten und Qualität) sowohl in der Produktion für den Inlandsbedarf als auch in der für den Export zu beachten seien. In der Regel bestimmen die Hauptproduzenten den internationalen Wert. Der Spitzenproduzent erzielt einen Extragewinn, aber dies nur dann, wenn er auch alle Rahmenbedingungen einhält, etwa Stückzahl, Lieferfrist, Verpackung und vieles andere mehr.

7.

Ein anderer Themensektor, der zum gesamten Themenkreis von *Marx*-Modell und heutiger internationaler Wertbewegung gehört, enthält *Marx' Aphorismen* über die modifizierten Wirkungen des Wertgesetzes im Welthandel. Warum diese Modifizierungen? Ganz einfach deshalb, weil *Marx* in den Schemata für die kapitalistische Volkswirtschaft Bedingungen annimmt, die international nicht existieren: eine rein kapitalistische Volkswirtschaft mit rein volkswirtschaftlicher Wertbildung, mit friktionsfreier Mobilität der Produktionsfaktoren. Verändern wir jedoch die Modellbedingungen, so werden sich auch andere Schlüsse ergeben können.

Erste mögliche Veränderung: Wir nehmen auch international eine friktionsfreie Bewegung der Produktionsfaktoren an. Dann gibt es keinen Unterschied zwischen innen und außen. Also entfallen auch die Schlüsse von der Modifikation.

Zweite mögliche Veränderung, die gerade für heutige (kapitalistische und sozialistische) Volkswirtschaften von Interesse ist: Wir nehmen Volkswirtschaften an, die nicht frei sind von gesellschaftlichen (staatlichen) Beeinflussungen der Wertbewegungen, Volkswirtschaften außerdem mit internationalen Verflechtungen, mit internationaler Mobilität der Produktionsfaktoren. Bei Modellen, die wir für diese Bedingungen ausarbeiten, kommen wir zum Schluß, daß die Wertbewegungen sowohl im Innern als auch nach außen hin modifiziert werden. In beiden Bereichen gibt es ein „Dazwischentreten des Staates". So entfallen die Bedingungen dafür, bei der heutigen Bildung internationaler Werte qualitativ abgehobene Modifikationen im Vergleich zur Volkswirtschaft anzunehmen.

Mir scheint, daß auch *Krüger* in diesem Punkt nicht bei der traditionellen Interpretation stehen bleibt. Desgleichen, bereits vor Jahren, V. V. *Kulikov* in seinem Buch „Die Warenbeziehungen im sozialistischen Weltwirtschaftssystem" (1972). Er meint, wir sollten *Marx'* relevante Bemerkungen im ersten „Kapital"-Band richtig im Kontext lesen. Dann ergäbe sich, „daß das Rückführen der individuellen Arbeitsaufwendungen auf die gesellschaftlich notwendigen auf der Ebene des nationalen Werts nicht abgeschlossen ist. Das, was vorher als gesellschaftlicher Wert verstanden wurde, tritt nun als individueller auf. Es zeigt sich also für den Weltmarkt, daß nicht die Abänderung, sondern gerade die Beibehaltung des für die nationale Produktion charakteristischen Prinzips, das das Verhältnis von Intensität und Produktivität der Arbeit zum Wert regelt, kennzeichnend ist."[18]

8.

Beeindruckend untersucht H.-P. *Krüger* die meisten der angeführten methodologischen *Marx*-Sätze und interpretiert so manche ihrer Seiten generell und speziell für heute gegebene Verhältnisse. Er setzt sich eigenwillig mit einigen Ansichten marxistischer Autoren auseinander und attackiert Irrungen und Wirrungen nichtmarxistischer Verfasser. Seine Studie wird Partner und Gegner in die Schranken fordern.

Quellennachweis

1 K. *Günzel*, König der Romantik, Berlin 1981, S. 164.
2 Hier wird auf das Literaturverzeichnis von H.-P. *Krüger* verwiesen.
3 Etwa „Sozialistische Außenwirtschaft", Berlin 1976 oder „Internationale Wirtschaftsbeziehungen", Berlin 1981.
4 K. *Marx*, Das Kapital, Zweiter Band, in: MEW, Bd. 24, Berlin 1964, S. 464.
5 Ebenda, S. 466.
6 Ebenda.
7 K. *Marx*, Grundrisse der Kritik der politischen Ökonomie, Berlin 1953, S. 21. (s. a. Einleitung zur Kritik der politischen Ökonomie, in: MEW, Bd. 13, Berlin 1961, S. 631.)
8 Ebenda.
9 Ebenda.
10 Ganz in diesem Sinne schreibt auch S. *Wenger*, Äquivalenz und Nichtäquivalenz auf dem kapitalistischen Weltmarkt, in: Wirtschaftswissenschaft 7/1980, S. 841 ff. – Vgl. auch S. *Wenger*, Außenhandel auf dem kapitalistischen Weltmarkt, Berlin 1978.
11 G. *Haberler*, Der internationale Handel, Berlin 1933, S. 96.
12 Ebenda, S. 101.
13 J. *Viner*, Studies in the Theory of International Value, London 1964, S. 489.
14 H. C. *Recktenwald*, Würdigung des Werkes, in: A. *Smith*, Der Wohlstand der Nationen, aus dem Englischen übertragen und mit einer Würdigung von Horst Claus *Recktenwald*, München 1974, S. LV.
15 K. *Marx*, Das Kapital, Erster Band, in: MEW Bd. 23, Berlin 1969, S. 584.
16 Ebenda, S. 93.
17 K. *Marx*, Grundrisse der Kritik der politischen Ökonomie, a. a. O., S. 426.
18 V. V. *Kulikov*, Tovarnye otnošenija v mirovom socialističeskom chozjajstve, Moskva 1972, S. 102–103.

1. Der internationale Wert als Produktionsverhältnis

1.1. Der Wert als Produktionsverhältnis

Die Wertform sei „sehr inhaltslos und einfach"[1] teilt Marx im Vorwort zur ersten Auflage des ersten Bandes des „Kapital" mit. Dieser ermutigenden Nachricht fügt er allerdings eine auch den selbstbewußten Leser etwas nachdenklich stimmende Information hinzu, daß nämlich der „Menschengeist sie seit mehr als 2 000 Jahren vergeblich zu ergründen gesucht"[2] habe. Und wem das nicht Warnung genug ist: Ausgerechnet bezüglich der Wertform gibt Marx der ansonsten bestrittenen Anklage wegen Schwerverständlichkeit seines Werkes statt (wobei er schon den denkenden Leser unterstellt).[3]

Was ist das für eine Einfachheit, über die man 2 000 Jahre nachdenken muß, ehe man sie begreift – und dann noch nicht mal einfach? Es ist die Einfachheit und (relative) Inhaltsleere einer Zelle, deren Hauptschwierigkeit für die Erkenntnis wahrlich nicht in ihrem Mangel an Größe liegt, sondern – in ihrer Einfachheit. Anders gesagt, die Ungeschiedenheit ihrer inneren Momente, die Unentwikkeltheit ihrer Widersprüche, die Ungenutztheit des genetischen Potentials, genau das macht den Gegenstand so einfach und seine Erkenntnis so kompliziert.

Aber leider ist das noch nicht alles. Eine solche Zelle kann Keim oder Samen eines Organismus sein, aber auch ein einfacher Baustein. Und auch als Baustein unterliegt sie in gegenseitiger Wirkung mit anderen Bausteinen und je nach Funktion im Gesamtgefüge Veränderungen, oder nennen wir es besser Ausprägungen. Solcher Organismen mag es mehrere geben und verschiedener Art, sie mögen unter verschiedenen Umständen entstehen, nacheinander, auseinander, aber gleichzeitig und deshalb miteinander existieren.

Zwei methodische Schlußfolgerungen liegen auf der Hand. Eine theoretische Reflexion über den Wert, die einigermaßen vor dem Anspruch bestehen will, dem

[1] K. Marx, Das Kapital, Erster Band, in: Karl Marx/Friedrich Engels, Werke (im folgenden: MEW), Bd. 23, Berlin 1969, S. 11.

[2] Ebenda, S. 12.

[3] Vgl. ebenda. – Angesichts der Kritik von Böhm-Bawerk am Marx'schen „Kapital" kam Hilferding zu dem Schluß, daß dies die einzige unberechtigte Unterstellung sei, die Marx je gemacht hat (vgl. R. Hilferding, Böhm-Bawerks Marx-Kritik, in: Aspekte der Marxschen Theorie, 1. Zur methodischen Bedeutung des 3. Bandes des „Kapital", Hrsg. F. Eberle, Frankfurt am Main 1973, S. 143–144).

Gegenstand adäquat zu sein, muß seine Entfaltung aus sich selbst heraus (oder in sich selbst hinein) nachvollziehen, muß Entwicklung in viele Ebenen hinein erfassen. Jede Momentaufnahme, auch die gelungenste, gerät zu flach. Der Wert kann nur als die bewegende Beziehung einer Vielzahl widersprüchlicher Momente begriffen werden.

Zweitens tut Begrenzung not. Selbstverständlich bestimmt der wissenschaftliche Gegenstand und nicht der traditionelle Aufbau der Wissensgebiete den Grenzverlauf. Marx' wissenschaftliches Hauptaugenmerk galt dem Wert als Kapital, wir betrachten das Kapital nur, soweit es Wert. *Die Entfaltung des Wertes als Wert, namentlich in seiner internationalen Dimension, ist unser Gegenstand.* Es geht uns um Werttheorie, nicht um Mehrwerttheorie; oder nur insoweit um Mehrwert, wie es um Wert geht. Wir untersuchen ein Moment, das der kapitalistischen wie auch der sozialistischen Produktionsweise – wenn auch in ganz unterschiedlicher Weise – eigen ist. Daß man die konkrete Wirklichkeit mittels der Analyse eines ihrer abstrakten Momente nicht vollständig zu erfassen vermag, liegt in der Natur der Sache. Dennoch, die Widerspiegelung des Konkreten erfordert die Analyse des Zusammenhangs aller seiner abstrakten Momente, und so ist die weitere Erforschung der Wertform ein Beitrag zum Verständnis der verschiedenen Produktionsweisen.

Seit dem Erscheinen des „Kapital" kann der bürgerliche Ökonom erleichtert zur Kenntnis nehmen, daß Marx den Wertbegriff nicht „bewiesen" habe, was ihn dann, da (selbst nach Marx) alles aus dem Wert folge, davon enthebt, überhaupt Weiteres zur Kenntnis zu nehmen – vor allem das Problem der Ausbeutung.

Es haben sich Freunde gefunden, die sich dieser Frage angenommen haben, darunter falsche und auch schlechte. Die falschen ziehen vor Marx den Hut und sagen: Das kann ja jedem passieren. Zwar war es nicht richtig – wegen der falschen Voraussetzung des Arbeitswerts. Aber es war wunderbar logisch.[4] Die schlechten ziehen ebenfalls den Hut und sagen: Das kann jedem passieren – außer Marx. Und sie verweisen auf eine Stelle ihrer Wahl aus dem „Kapital".[5] Glücklicherweise hat sich Marx dazu noch selbst äußern können. In einem Brief an Ludwig Kugelmann (Lenin wollte, daß jeder, der mit dem Studium des „Kapital" be-

[4] So etwa die widerliche Lobhudelei von Böhm-Bawerk: „Diese mittleren Partien des Systems (der größte Teil des ersten, der gesamte zweite und das erste Viertel des dritten Bandes des „Kapital" – H.-P. K.) werden, so falsch der Ausgangspunkt desselben sein mag, durch ihre außerordentliche innere Folgerichtigkeit den Ruhm ihres Verfassers als einer Denkkraft ersten Ranges für immer feststellen" (E. von Böhm-Bawerk, Zum Abschluß des Marxschen Systems, in: Aspekte der Marxschen Theorie 1. Zur methodischen Bedeutung des 3. Bandes des ‚Kapital', a. a. O., S. 101).

[5] So wurde verschiedentlich behauptet, Marx hätte mit der Überlegung im „Kapital", daß zwei sich gegeneinander austauschende Gebrauchswerte einem Dritten gleich sein müßten, das ihre Austauschfähigkeit bewirke, den Wert bewiesen (vgl. K. Marx, Das Kapital, Erster Band, a. a. O., S. 51–52).

ginnt, ihn „läse und immer wieder läse"[6]!) schreibt Marx: „Das Geschwatz über die Notwendigkeit, den Wertbegriff zu beweisen, beruht nur auf vollständigster Unwissenheit, sowohl über die Sache, um die es sich handelt, als die Methode der Wissenschaft."[7]

Die einfachste, allgemeinste Grundlage des Wertes ist die Tatsache, daß die menschliche Arbeit Grundbedingung menschlichen Lebens ist. Die Wahrheit dieses Satzes bedarf in der Tat keines *theoretischen* Beweises.[8] „Daß jede Nation verrecken würde, die, ich will nicht sagen für ein Jahr, sondern für ein paar Wochen die Arbeit einstellte, weiß jedes Kind."[9] *Formuliert man diesen Satz, daß menschliche Arbeit Grundbedingung menschlichen Lebens, mit Bezug auf das Verhältnis der diese Arbeit verausgabenden Produzenten zueinander, so erhält man als seine Kehrseite, daß die Ergebnisse ihrer produktiven Tätigkeit sich als Glied der gesellschaftlichen Arbeit zu bewähren haben, sich im gesellschaftlichen Stoffwechsel als Teile der gesellschaftlichen Gesamtarbeit aufeinander beziehen müssen, um die Reproduktion der gesamten Gesellschaft und jedes Teilarbeiters zu gewährleisten.* Man erhält das Prinzip des Wertes, das eine bestimmte historische Daseinsweise dieses Zusammenhangs verkörpert. „Austausch von Produkten als Waren ist eine bestimmte Methode, Arbeit auszutauschen, und der Abhängigkeit der Arbeit eines jeden von der Arbeit des anderen, eine bestimmte Art gesellschaftlicher Arbeit oder gesellschaftlicher Produktion."[10]

Diese Tatsache ist von allergrößtem Gewicht. Weder hat Marx sich den Wert erdacht zum Zweck, die Ausbeutung nachzuweisen, wie Joan Robinson argwöhnt, noch weil er sich genötigt fühlte, eine Theorie der relativen Preise anzubieten. Der Wert ist auch kein von Smith erfundener Mythos, noch ein von Ricardo übernommenes Dogma. Er ist ein millionenfach durch die gesellschaftliche Praxis bestätigtes Verhältnis, so einfach, daß es jedes Kind verstehen kann. Wenn es der bürgerliche Ökonom heute nicht mehr kann, dann, weil ein Kind ihm gegenüber den wesentlichen Vorteil des unbefangenen, vorurteilslosen Standpunkts hat.

Wie bei jedem anderen Produktionsverhältnis auch, müssen wir die Wurzel für die historische Existenz des Wertes (sein Werden und Vergehen) in der Art und Weise der Auseinandersetzung mit der Natur suchen. „In der gesellschaft-

[6] W. I. Lenin, Vorwort der Russischen Übersetzung der Briefe von K. Marx an L. Kugelmann, in: Werke, Bd. 12, Berlin 1959, S. 96.

[7] K. Marx, Brief an Ludwig Kugelmann vom 11. Juli 1868, in: MEW, Bd. 32, Berlin 1973, S. 552.

[8] Die *Fruchtbarkeit* dieses Satzes als Erklärungsansatz wesentlicher Seiten des gesellschaftlichen Seins der Menschen zu beweisen, bedarf allerdings seiner *theoretischen* Entwicklung. Unter diesem Aspekt den Beweis als noch ausstehend zu betrachten kann spätestens seit dem Erscheinen des dritten Bandes des „Kapital" für sich als Beweis angesehen werden, als Beweis nämlich für die Ignoranz des Betrachters.

[9] K. Marx, Brief an Ludwig Kugelmann vom 11. Juli 1868, a. a. O., S. 552.

[10] K. Marx, Theorien über den Mehrwert, Dritter Teil, in: MEW, Bd. 26. 3, Berlin 1968, S. 127.

lichen Produktion ihres Lebens gehen die Menschen bestimmte, notwendige, von ihrem Willen unabhängige Verhältnisse ein, Produktionsverhältnisse, die einer bestimmten Entwicklungsstufe ihrer materiellen Produktivkräfte entsprechen."[11] Die Bestimmung des materiell stofflichen Inhalts der Arbeit, der seine soziale Bewegungsform in der Wertform findet, als historisch, muß, so scheint es uns, als Besonderes zu erkennen, das annähernd den gesamten Erfahrungshorizont der als Besonderes zu erkennen, das annähernd den geamten Erfahrungshorizont der Menschheit umfaßt. Es ist die Kehrseite des Problems, das Marx einmal folgendermaßen charakterisierte:
„So entstehn die allgemeinsten Abstraktionen überhaupt nur bei der reichsten konkreten Entwicklung, wo Eines vielen Gemeinsam erscheint, allen gemein. Dann hört es auf, nur in besondrer Form gedacht werden zu können."[12] Sowenig man das Besondere als Allgemeines denkt, wenn man es nur in besonderer Form faßt, sowenig denkt man es wahrhaft als Besonderes.

Der stoffliche Inhalt der Arbeit ist die gebrauchswertschaffende Seite der Arbeit. In ihm müssen wir die Wurzel für die soziale Form, also die das soziale Verhältnis konstituierende Seite der Arbeit, suchen.
Mit Bezug auf die historische Phase der Warenproduktion verwendete Marx zur Charakterisierung dieser zwei Seiten der Arbeit die Termini konkrete (gebrauchswertschaffende) und abstrakt allgemeine (wertschaffende) Arbeit.
Wir wollen diese zwei Seiten derselben Arbeit zunächst für den Kapitalismus näher bestimmen.

„Die *Teilung der Arbeit,* als Totalität aller besondern produktiven Beschäftigungsweisen, ist die Gesamtgestalt der gesellschaftlichen Arbeit nach ihrer stofflichen Seite, als Gebrauchswerte produzierende Arbeit betrachtet."[13] Als erster wesentlicher Aspekt sind die arbeitsteilige Verausgabung der konkreten Arbeit, „. . . die sich der Form und dem Stoff nach in unendlich verschiedene Arbeitsweisen zerspaltet"[14], und die sich daraus ergebenden gesellschaftlichen Formbestimmungen festzuhalten. Bezüglich dieser arbeitsteiligen Verausgabung gibt es zwei einander bedingende, sich aber grundsätzlich voneinander unterscheidende Arten, die einen unterschiedlichen gesellschaftlichen Zusammenhang der voneinander getrennten besonderen Arbeitsweisen (und der sie verausgabenden Produzenten) bedingen. Marx charakterisiert sie als betriebliche und gesellschaftliche Teilung der Arbeit.

Die betriebliche Teilung der Arbeit ist Teilung innerhalb eines technologischen Ganzen. Der Zusammenhang der voneinander unterschiedenen Teilarbeiter ist

[11] K. Marx, Zur Kritik der Politischen Ökonomie, Vorwort, in: MEW, Bd. 13, Berlin 1971, S. 8.

[12] K. Marx, Grundrisse der Kritik der Politischen Ökonomie (Rohentwurf) 1857–1858, Einleitung, Berlin 1974, S. 25.

[13] K. Marx, Zur Kritik der Politischen Ökonomie, a. a. O., S. 37.

[14] Ebenda, S. 23.

„technisches Gesetz des Produktionsprozesses selbst"[15]. „Das Produkt verwandelt sich überhaupt aus dem unmittelbaren Produkt des individuellen Produzenten in ein gesellschaftliches, in das gemeinsame Produkt eines Gesamtarbeiters, d. h. eines kombinierten Arbeitspersonals, dessen Glieder der Handhabung des Arbeitsgegenstandes näher oder ferner stehn."[16] Die stoffliche Seite des arbeitsteiligen Produzierens schließt in sich das kooperative Zusammenwirken der Produzenten ein. „Der kooperative Charakter des Arbeitsprozesses wird jetzt also durch die Natur des Arbeitsmittels selbst diktierte technische Notwendigkeit."[17] Dem entspricht der gesellschaftliche Zusammenhang der Produzenten. „Mit der Kooperation vieler Lohnarbeiter entwickelt sich das Kommando des Kapitals zum Erheischnis für die Ausführung des Arbeitsprozesses selbst, zu einer wirklichen Produktionsbedingung ... Diese Funktion der Leitung, Überwachung und Vermittlung, wird zur Funktion des Kapitals, sobald die ihm untergeordnete Arbeit kooperativ wird. Als spezifische Funktion des Kapitals erhält die Funktion der Leitung spezifische Charaktermale."[18] Als Teilarbeiter tritt im gesellschaftlichen Maßstab mit Entwicklung der maschinellen Großproduktion nicht der einzelne Arbeiter, sondern der in sich kooperativ produzierende Gesamtarbeiter in Erscheinung. (Soweit nicht alle Arbeit kooperativ verausgabt wird, treten daneben einzelne Produzenten weiterhin als Teilarbeiter auf.)

Qualitativ anderer Natur als im betrieblichen Maßstab ist die Teilung der Arbeit innerhalb der Gesellschaft. „Trotz der zahlreichen Analogien jedoch und der Zusammenhänge zwischen der Teilung der Arbeit im Innern der Gesellschaft und der Teilung innerhalb einer Werkstatt sind beide nicht nur graduell, sondern wesentlich unterschieden."[19] Das ist zunächst ganz stofflich zu fassen. Ein wesentlicher Unterschied zur betrieblichen Teilung der Arbeit liegt darin, daß die stoffliche Beziehung der Teilarbeiter zueinander, der gesellschaftliche Stoffwechsel, die Reproduktion der Teilarbeiter vollständig gewährleisten muß, soweit sie nicht direkt die stofflichen Voraussetzungen ihrer Reproduktion selbst schaffen oder der Natur entnehmen. Im Rahmen eines Betriebes (Manufaktur bis Großbetrieb) vermittelt der stoffliche Zusammenhang zwischen den einzelnen Gliedern deren Reproduktion gar nicht (soweit horizontale Teilung der Arbeit) oder partiell (soweit vertikale Teilung der Arbeit, schafft die niedere Fertigungsstufe der höheren den Arbeitsgegenstand). Der stoffliche Zusammenhang im betrieblichen Rahmen vermittelt einzig und allein den Arbeitsprozeß der Herstellung einer Ware oder Warengruppe und findet dementsprechend nur statt, soweit er zur rationellen Durchführung dieser Arbeitsprozesse notwendig ist. In diesem Sinne ist es vielmehr ein *Stofffluß* als ein Stoffwechsel.

Der stoffliche Zusammenhang im gesellschaftlichen Rahmen vermittelt die Re-

15 K. Marx, Das Kapital, Erster Band, a. a. O., S. 366.

16 Ebenda, S. 531.

17 Ebenda, S. 407.

18 Ebenda, S. 350.

19 Ebenda, S. 375.

produktion aller Glieder der gesellschaftlichen Gesamtarbeit. Glied der Gesamtarbeit sein heißt nichts, als einen gesellschaftlichen Gebrauchswert schaffen, einen Gegenstand, mittels dessen Konsum sich die anderen Glieder des Gesamtarbeiters reproduzieren. Der stoffliche Zusammenhang im gesellschaftlichen Rahmen ist *Stoffwechsel.* Der Produktionsprozeß der verschiedenen Teilarbeiter (Individuen und produktive Gesamtarbeiter) verläuft selbständig, räumlich und zeitlich relativ unabhängig voneinander. Natürlich gibt es hier eine Vielzahl von Abstufungen, Übergängen und Differenzierungen. Ganz sicher gibt es insbesondere in den Produktionsmittel produzierenden Zweigen wesentliche gegenseitige Abhängigkeit. Aber wir haben hier den gesellschaftlichen Gesamtzusammenhang im Auge zu behalten, und die stoffliche Beziehung der verschiedenen Arbeitsweisen zueinander, aller zueinander, ist – wenngleich unbestreitbar vorhanden – vielfältig vermittelt, weitläufig und zudem variabel. Der Teilarbeiter schafft die Bedingungen seiner Reproduktion dadurch, daß er relativ unabhängig die stofflichen Voraussetzungen der Reproduktion anderer schafft und diese gegen Gegenstände, die Voraussetzung seiner eigenen Reproduktion (und Ergebnis der Arbeit anderer Teilarbeiter) sind, austauscht.

Die selbständige Arbeit des einzelnen Produzenten bzw. Gesamtarbeiters ist auf doppelte Weise Glied der gesellschaftlichen Arbeit. Erstens dadurch, daß sie Glied der Totalität verschiedener Arbeitsweisen ist (ein besonderer Zweig in einer Totalität von Zweigen). Zweitens dadurch, daß sie Glied der Gesamtheit einer besonderen Arbeitsweise ist (Arbeit eines einzelnen Produzenten einer Vielzahl Produzenten desselben Zweiges).
Sie hat sich also mit Bezug auf ihr Resultat in doppelter Weise als gesellschaftliche oder – philosophisch gesprochen – als allgemeine Arbeit zu bewähren:
a) indem sie ein Bedürfnis der Gesellschaft als Teil einer Totalität von Bedürfnissen befriedigt und
b) indem sie einen Teil des Gesamtbedürfnisses einer Art befriedigt.

Indem und in dem Maße, wie sie dies tut, gilt sie als allgemeine Arbeit: „Sobald die Arbeit einen durch den gesellschaftlichen Zusammenhang bestimmten Inhalt besitzt, – dies ist die stoffliche Bestimmtheit und Voraussetzung – gilt sie als allgemeine Arbeit. Die Form der Allgemeinheit der Arbeit bestätigt sich durch ihre Realität als Glied einer Totalität von Arbeiten, als besondre Existenzweise der gesellschaftlichen Arbeit.“[20]

Die Bewährung der einzelnen Arbeit als allgemeine Arbeit (als Glied der gesellschaftlichen Gesamtarbeit) erfolgt also durch ihr Resultat, *dadurch, daß* sie einen Gebrauchswert hervorbringt, *und in dem Maße, wie* sie Gebrauchswerte hervorbringt. Dies ist wichtig festzuhalten für die Bestimmung des Begriffs der gesellschaftlich notwendigen Arbeit, der sich unmittelbar aus dem der allgemeinen Arbeit herleitet. Arbeit gilt als allgemeine Arbeit, sofern sie mittels dem von ihr hervorgebrachten Gebrauchswert ein zahlungsfähiges gesellschaftliches Bedürfnis

[20] K. Marx, Grundrisse der Kritik der Politischen Ökonomie, a. a. O., S. 908.

befriedigen kann *und* sofern sie die Arbeit der Gesellschaft zur Herstellung eines bestimmten Gebrauchswertes ist. Die Arbeit des einzelnen als allgemeine Arbeit, ohne Unterschied von der des andern einzelnen, aller einzelnen, ist gesellschaftlich notwendige Arbeit.[21] Daß die arbeitsteilig verausgabte konkrete Arbeit (indem sie hinsichtlich ihres Resultats einen durch den gesellschaftlichen Zusammenhang bestimmten Inhalt besitzt) als allgemeine Arbeit gilt, ist notwendig, aber nicht hinreichend für einen durch die Zirkulation vermittelten gesellschaftlichen Stoffwechsel. Dieser Stoffwechsel hat als weitere Voraussetzung, daß die verschiedenen Arbeiten sich aufeinander als gleiche beziehen. Nur als solche sind sie quantitativ miteinander vergleichbar, austauschbar. Die Gleichheit der verschiedenen Arbeiten aber liegt nicht in ihrem Resultat. Gerade hinsichtlich ihres Resultates sind sie ja verschiedene und diese Verschiedenheit ist erste notwendige Voraussetzung des Austausches. Die Gleichheit der Arbeit liegt in ihrer Beschaffenheit.

Als zweiter Aspekt ist die Beschaffenheit der arbeitsteilig verausgabten Arbeit als abstrakte Arbeit zu bestimmen. Die abstrakte Arbeit ist nicht als Resultat des Denkens zu fassen, sondern es geht darum, die reale Abstraktheit der vom einzelnen Produzenten verausgabten Arbeit aufzuspüren. Die Arbeit ist nicht deshalb abstrakt allgemeine Arbeit, weil und insofern man sich ihre gebrauchswertschaffende Seite „wegdenkt", sondern weil und insofern die gebrauchswertschaffende, besondere Arbeit real abstrakt allgemein ist. Daß sie zu solcher wird, ist historischer Prozeß. „Wird das Quantum der Arbeit an sich, ohne Rücksicht auf die Qualität, als Wertmesser genommen, so setzt dies voraus, daß die einfache Arbeit der Angelpunkt der Industrie geworden ist. Sie setzt voraus, daß die Arbeiten durch die Unterordnung des Menschen unter die Maschine oder die äußerste Arbeitsteilung gleichgemacht sind, ... aber diese Gleichmachung der Arbeit ist keineswegs das Werk von Herrn Proudhons ewiger Gerechtigkeit. Sie ist ganz einfach ein Ergebnis der modernen Industrie. In der mit Maschinen arbeitenden Fabrik unterscheidet sich die Arbeit des einen Arbeiters fast in nichts mehr von der Arbeit eines anderen Arbeiters."[22] Diese reale Gleichmachung der Arbeit bedeutet, daß die Individualität des Arbeiters eine für die Auseinandersetzung mit der Natur gleichgültige Bestimmung ist: „Die Arbeit der Proletarier hat durch die Ausdehnung der Maschinerie und die Teilung der Arbeit allen selbständigen Charakter ... verloren. Er wird ein bloßes Zubehör der Maschine, von dem nur der einfachste, eintönigste, am leichtesten erlernbare Handgriff verlangt wird."[23]

In der Gleichgültigkeit des Produktionsprozesses gegenüber der Individualität des Produzierenden dokumentiert sich die im strengsten und vollgültigsten Sinne vorhandene reale Abstraktheit der vom einzelnen verausgabten Arbeit. „Die Gleichgültigkeit gegen die bestimmte Arbeit entspricht einer Gesellschaftsform,

[21] Vgl. K. Marx, Zur Kritik der Politischen Ökonomie, a. a. O., S. 19–20.

[22] K. Marx, Das Elend der Philosophie. Antwort auf Proudhons „Philosophie des Elends", in: MEW, Bd. 4, Berlin 1974, S. 85.

[23] K. Marx/F. Engels, Manifest der Kommunistischen Partei, in: MEW, Bd. 4, Berlin 1974, S. 468.

worin die Individuen mit Leichtigkeit aus einer Arbeit in die andre übergehn und die bestimmte Art der Arbeit ihnen zufällig, daher gleichgültig ist. Die Arbeit ist hier nicht nur in der Kategorie, sondern in der Wirklichkeit als Mittel zum Schaffen des Reichtums überhaupt geworden, und hat aufgehört als Bestimmung mit den Individuen in einer Besonderheit verwachsen zu sein. Ein solcher Zustand ist am entwickelsten in der modernsten Daseinsform der bürgerlichen Gesellschaften ... Hier also wird die Abstraktion der Kategorie ‚Arbeit', ‚Arbeit überhaupt', Arbeit sans phrase, der Ausgangspunkt der modernen Ökonomie, erst praktisch wahr."[24] Wenn Marx also im „Kapital" schreibt, daß abstrakte Arbeit Arbeit schlechthin, produktive Verausgabung von menschlichem Hirn, Muskel, Nerv, Hand usw. sei, so bedeutet diese auf den ersten Blick physiologische Bestimmung natürlich eine gesellschaftliche Bestimmung. Es ist eine bestimmte historische Phase der gesellschaftlichen Produktion, in der die Auseinandersetzung des einzelnen mit der Natur auf diese einfachen physiologischen Bestimmungen reduziert ist. „Diese Abstraktion der allgemein menschlichen Arbeit *existiert* in der Durchschnittsarbeit, die jedes Durchschnittsindividuum einer gegebenen Gesellschaft verrichten kann, eine bestimmte produktive Verausgabung von menschlichem Muskel, Nerv, Gehirn usw. Es ist *einfache* Arbeit ... Die einfache Arbeit bildet die bei weitem größte Masse aller Arbeit der bürgerlichen Gesellschaft ..."[25]

Hinsichtlich ihrer Beschaffenheit ist die einfache Arbeit die Verausgabung von Hirn, Muskel etc., ohne daß eine besondere individuelle Struktur dieser Verausgabung (wie etwa bei wissenschaftlicher oder künstlerischer Tätigkeit) von wesentlicher Bedeutung für die Auseinandersetzung mit der Natur wäre, gleiche Arbeit. Dies ist nicht zu verwechseln mit Gleichheit hinsichtlich ihres Wirkungsgrades, der in Abhängigkeit von der Organisation der Arbeit, den angewendeten Arbeitsmitteln, den Naturbedingungen etc. wechselt, ohne damit unmittelbar den Charakter als einfache Arbeit zu verändern.

„Es war ein ungeheurer Fortschritt von Adam Smith jede Bestimmtheit der reichtumzeugenden Tätigkeit fortzuwerfen ..."[26], ein Fortschritt, der erst auf einer bestimmten historischen Stuef dre materiellen Produktion möglich war und diese widerspiegelt. Es wäre allerdings ein ungeheurer Rückschritt, würde man diese Smith'sche Erkenntnis und die ihr zugrunde liegenden materiellen Verhältnisse für ewig nehmen. Daß es Smith so schwer fiel, die Arbeit schlechthin zu denken, weist ihn als Sohn seiner Zeit aus, einer Zeit, in der die menschliche Arbeit schlechthin erst begann, umfassende Realität zu werden. Manch heutiger Ökonom erweist sich allerdings nicht minder historisch befangen in der *unbedenklichen* Leichtigkeit, mit der er die Arbeit des einen Individuums der aller anderen gleichsetzt, indem er sie auf Arbeit schlechthin reduziert, ohne zu sehen, daß diese Gleichsetzung ihrer stofflichen Basis bedarf, der maschinellen Großproduk-

[24] K. Marx, Grundrisse der Kritik der Politischen Ökonomie, a. a. O., S. 25.
[25] K. Marx, Zur Kritik der Politischen Ökonomie, a. a. O., S. 18.
[26] K. Marx, Grundrisse der Kritik der Politischen Ökonomie, a. a. O., S. 24.

tion, also einer historischen Phase der Entwicklung der gesellschaftlichen Produktion. Natürlich kann man für alle vergangenen und alle zukünftigen Verhältnisse die Arbeit schlechthin als Verausgabung von Muskel, Hirn etc. denken, aber darum geht es nicht. Die Frage ist, ob man durch dieses Denken reale Verhältnisse, Wesentliches widerspiegelt.[27]

Die im Arbeitsprozeß vom Gesamtarbeiter kooperativ unter Leitung des Kapitalisten ein besonderes Produkt hervorbringende Arbeit ist besondere Arbeit, aber es ist eine armselige, jeglicher Individualität entbehrende Besonderheit. Die reiche Besonderheit des Produktes wie die arme (abstrakte) Besonderheit der dieses Produkt schaffenden Arbeit entspringen wesentlich *dem* Arbeitsmittel, dem die lebendige Arbeit der gesellschaftlichen Form und dem stofflichen Inhalt nach untergeordnet ist. „Die Tätigkeit des Arbeiters, auf eine bloße Abstraktion der Tätigkeit beschränkt, ist nach allen Seiten hin bestimmt und geregelt durch die Bewegung der Maschinerie, nicht umgekehrt ... Die Aneignung der lebendigen Arbeit durch die vergegenständlichte Arbeit ..., die im Begriff des Kapitals liegt, ist in der auf Maschinerie beruhnden Produktion als Charakter des Produktionsprozesses selbst, auch seinen stofflichen Elementen und seiner stofflichen Bewegung nach gesetzt. Der Produktionsprozeß hat aufgehört Arbeitsprozeß in dem Sinn zu sein, daß die Arbeit als die ihn beherrschende Einheit über ihn übergriffe."[28] Im gesellschaftlichen Stoffwechsel, vermittelt durch die Zirkulation, zählt die Arbeit jedes Individuums qualitativ wie die des anderen. Dies kann und muß aber nur deshalb so sein, weil die Individualität im Arbeitsprozeß und damit für die Bewährung als Glied der gesellschaftlichen Gesamtarbeit eine gleichgültige Bestimmung ist.

Indem die Arbeit des einzelnen abstrakte (gleiche) *und* allgemeine Arbeit ist, ist sie wertschaffende Arbeit, konstituiert sie das Wertverhältnis, also das Verhältnis, „... worin die Individuen an der Gesamtproduktion teilnehmen oder sich zu ihrer eignen Produktion als gesellschaftlicher verhalten."[29] Genau diese zwei (und keine weiteren) Bestimmungen sind es, die Marx als die gesellschaftlichen Bestimmungen der Tauschwert setzenden Arbeit hervorhebt. „Die Bedingungen der Tauschwert setzenden Arbeit, wie sie sich aus der Analyse des Tauschwerts ergeben, sind *gesellschaftliche Bestimmungen* der Arbeit oder Bestimmungen *gesellschaftlicher Arbeit*, aber gesellschaftlich nicht schlechthin, sondern in besonderer Weise ... Zunächst ist die unterschiedslose Einfachheit der Arbeit *Gleichheit* der Arbeiten verschiedener Individuen, wechselseitiges Beziehen ihrer Arbeiten

27 Eine der Hauptkritiken Böhm-Bawerks an Marx beruht darauf, daß er sich als unfähig erweist (oder unwillig), eine theoretische Abstraktion, die eine Realabstraktion ideell reflektiert, von einem bloßen Hirngespinst zu unterscheiden. Er wirft Marx vor, man könne ebensogut wie man die Arbeit schlechthin als Substanz des Wertes ansehe, auch den Gebrauchswert schlechthin so ansehen (vgl. E. von Böhm-Bawerk, Zum Abschluß des Marxschen Systems, a. a. O., S. 89).

28 K. Marx, Grundrisse der Kritik der Politischen Ökonomie, a. a. O., S. 584–585.

29 Ebenda, S. 888–889.

aufeinander als gleicher, und zwar durch tatsächliche Reduktion aller Arbeiten auf gleichartige Arbeit. Die Arbeit jedes Individuums, soweit sie sich in Tauschwerten darstellt, besitzt diesen gesellschaftlichen Charakter der Gleichheit, und sie stellt sich nur im Tauschwert dar, soweit sie auf die Arbeit aller andern Individuen als gleiche bezogen ist.

Ferner erscheint im Tauschwert die Arbeitszeit des einzelnen Individuums unmittelbar als *allgemeine Arbeitszeit* und dieser *allgemeine Charakter* der vereinzelten Arbeit als *gesellschaftlicher Charakter* derselben. Die im Tauschwert dargestellte Arbeitszeit ist Arbeitszeit des einzelnen, aber des einzelnen ohne Unterschied vom andern einzelnen, aller einzelnen, sofern sie gleiche Arbeit vollbringen, daher die von dem einen zur Produktion einer bestimmten Ware erheischte Arbeitszeit die *notwendige* Arbeitszeit ist, die jeder andre zur Produktion derselben Ware verwenden würde."[30]

Soweit in der sozialistischen Revolution die Aufhebung des Privateigentums an Produktionsmitteln erfolgt, erfolgt die Aufhebung des Privatcharakters der Produktion überhaupt. Der allgemeine Charakter der arbeitsteilig verausgabten Arbeit ist im Unterschied zur privaten Warenproduktion nicht „werdendes Resultat", sondern Voraussetzung, die Arbeit des einzelnen ist von vornherein als Glied der allgemeinen Produktion gesetzt, sie ist unmittelbar gesellschaftliche Arbeit. „In dieser Voraussetzung aber würde nicht erst der Austausch ihr (der Arbeit des einzelnen – H.-P. K.) den allgemeinen Charakter geben, sondern ihr vorausgesetzter gemeinschaftlicher Charakter würde die Teilnahme an den Produkten bestimmen. Der gemeinschaftliche Charakter der Produktion würde von vornherein das Produkt zu einem gemeinschaftlichen, allgemeinen machen."[31]

Die Bestimmung des Produktes als allgemeines Produkt ist eine qualitative Bestimmung. Auf zwei außerordentlich wichtige Ableitungen aus dieser qualitativen Bestimmung der Arbeit, die in ihrer Spezifik jenseits des Gegenstands der allgemeinen Werttheorie liegen, sei wenigstens verwiesen. Die erste ist die Bestimmung des Lohnes der produktiv Tätigen als individuellem Anteil am allgemeinen Produkt. Die zweite ist, daß im Unterschied zum Kapitalismus „die wichtigste progressive Funktion der Gesellschaft, die Akkumulation"[32], in den Händen der Gesellschaft liegt, statt in die Hände und Willkür der einzelnen gelegt zu sein. Quantitativ gesehen ist das vom einzelnen hervorgebrachte Produkt wie die von ihm verausgabte Arbeit natürlich Teil des allgemeinen Produkts, Teil der Gesamtarbeit. Auch im Sozialismus bedarf dieser Teil seiner quantitativen Messung, denn auch hier ist die lebendige Arbeit (noch) Hauptagent der Schaffung des gesellschaftlichen Reichtums, kann der gesellschaftliche Stoffwechsel nur dann die Reproduktion der Teilarbeiter gewährleisten, wenn die Gebrauchswerte sich

[30] K. Marx, Zur Kritik der Politischen Ökonomie, a. a. O., S. 19–20.

[31] K. Marx, Grundrisse der Kritik der Politischen Ökonomie, a. a. O., S. 88.

[32] F. Engels, Herrn Eugen Dührings Umwälzung der Wissenschaft („Anti-Dühring"), in: MEW, Bd. 20, Berlin 1975, S. 290.

gegenseitig als Arbeitsprodukte austauschen. Wodurch ist dieser Teil bestimmt? Woran mißt er sich? Für die erste Phase des Kommunismus kann es keinen Zweifel geben, er mißt sich an der Verausgabung abstrakt allgemeiner Arbeit. Die von Marx antizipierte Aufhebung des abstrakt allgemeinen Charakters der Arbeit innerhalb des kommunistischen Gemeinwesens ist durch das Setzen der Arbeit des einzelnen als allgemeiner von vornherein, wenngleich eingeleitet, so doch noch nicht vollzogen. Die als allgemein gesetzte besondere Arbeit bleibt zunächst ihrem stofflichem Inhalt nach bei maschineller Großproduktion, wie sie vom Kapitalismus als Voraussetzung übernommen bzw. sogar erst entwickelt werden muß, auf ein abstraktes Moment reduziert, auf unterschiedslose, einfache Arbeit. Natürlich ist einfache Arbeit historisch nicht nur im Sinne ihrer historischen Vergänglichkeit, sondern auch im Sinne ihrer historischen Entwicklung, und so ist einfache Arbeit im Sozialismus eine andere als im Kapitalismus zu Marx' Zeiten. „Der Charakter dieser Durchschnittsarbeit ist selbst verschieden in verschiedenen Ländern und verschiedenen Kulturepochen, erscheint aber als gegeben in einer vorhandenen Gesellschaft."[33] Der Prozeß der Schaffung und Entwicklung der sozialistischen Großproduktion (der die Brechung des kapitalistischen Bildungsmonopols voraussetzt) schafft einfache Arbeit auf höherem historischem Niveau und ist Voraussetzung ihrer Aufhebung, ohne bereits die Aufhebung selbst darzustellen.

Daß im Unterschied zum Kapitalismus unter sozialistischen Bedingungen die Individualität der Arbeiter Voraussetzung und Resultat des sozialistischen Reproduktionsprozesses ist, entspringt nicht ihrer Rolle als Hauptagent des Arbeitsprozesses und dessen stofflichem Inhalt, sondern ihrer Stellung als sozialistischer Eigentümer. Was z. B. Adolf Hennecke als unverwechselbare Persönlichkeit auszeichnet, ist nicht der besonderen Weise seiner Auseinandersetzung mit der Natur erwachsen, sondern der besonderen Weise seiner Auseinandersetzung mit der Gesellschaft. Er begriff den Arbeitsprozeß als Bestandteil der Reproduktion des sozialistischen gesellschaftlichen Eigentums und zog daraus die revolutionäre Schlußfolgerung der Notwendigkeit der Umgestaltung des Arbeitsprozesses, die er mit der ganzen Kraft seiner Persönlichkeit in Angriff nahm. Die Individualität liegt mit Bezug auf den Arbeitsprozeß nicht in der Ausübung der Arbeit, die als solche einfache Arbeit ist, sondern in der Verantwortung für seine rationelle Gestaltung und Umgestaltung entsprechend den modernsten Errungenschaften der Natur- und Gesellschaftswissenschaften.

Die Bewährung als Glied der Gesamtarbeit aber erfolgt nicht durch die Umgestaltung des Arbeitsprozesses, sondern durch den umgestalteten Arbeitsprozeß, und dieser ist zunächst wieder der Prozeß der Verausgabung einfacher Arbeit, wenn auch auf höherer Stufe. Die Aufhebung der einfachen Arbeit erfolgt durch die grundsätzliche Ersetzung der lebendigen Arbeit als Hauptagent der Schaffung des gesellschaftlichen Reichtums im Reproduktionsprozeß durch die Produktion des automatisierten Maschinensystems. „In dem Maße aber, wie die große In-

[33] K. Marx, Zur Kritik der Politischen Ökonomie, a. a. O., S. 18.

dustrie sich entwickelt, wird die Schöpfung des wirklichen Reichtums abhängig weniger von der Arbeitszeit und dem Quantum angewandter Arbeit, als von der Macht der Agentien, die während der Arbeitszeit in Bewegung gesetzt werden und die selbst wieder – deren powerful effectiveness – selbst wieder in keinem Verhältnis steht zur unmittelbaren Arbeitszeit, die ihre Produktion kostet, sondern vielmehr abhängt vom allgemeinen Stand der Wissenschaft und dem Fortschritt der Technologie, oder der Anwendung dieser Wissenschaft auf die Produktion ... Es ist nicht mehr der Arbeiter, der modifizierten Naturgegenstand als Mittelglied zwischen das Objekt und sich einschiebt; sondern den Naturprozeß, den er in einen industriellen umwandelt, schiebt er als Mittel zwischen sich und die unorganische Natur, deren er sich bemeistert. Er tritt neben den Produktionsprozeß, statt sein Hauptagent zu sein. In dieser Umwandlung ist es weder die unmittelbare Arbeit, die der Mensch selbst verrichtet, noch die Zeit, die er arbeitet, sondern die Aneignung seiner eignen allgemeinen Produktivkraft, sein Verständnis der Natur und die Beherrschung derselben durch sein Dasein als Gesellschaftskörper – in einem Wort die Entwicklung des gesellschaftlichen Individuums, die als der große Grundpfeiler der Produktion und des Reichtums erscheint ... Sobald die Arbeit in unmittelbarer Form aufgehört hat, die große Quelle des Reichtums zu sein, hört und muß aufhören die Arbeitszeit sein Maß zu sein ... Damit bricht die auf dem Tauschwert ruhnde Produktion zusammen, und der unmittelbare materielle Produktionsprozeß erhält selbst die Form der Notdürftigkeit und Gegensätzlichkeit abgestreift."[34]

Im Sozialismus ist mit der Aufhebung des privatkapitalistischen Eigentums an Produktionsmitteln die Unterordnung der lebendigen Arbeit unter die vergegenständlichte der gesellschaftlichen Form nach aufgehoben. Die lebendige Arbeit wird aus einem „Mittel, die aufgehäufte Arbeit zu vermehren" zu einem „Mittel, um den Lebensprozeß der Arbeiter zu erweitern, zu bereichern, zu befördern".[35] „In der bürgerlichen Gesellschaft herrscht also die Vergangenheit über die Gegenwart, in der kommunistischen die Gegenwart über die Vergangenheit."[36]

Mit der Entwicklung der sozialistischen Großindustrie zu einem durch den Menschen gesteuerten und geregelten Naturprozeß bildet sich der der neuen gesellschaftlichen Form gemäße stoffliche Inhalt des Reproduktionsprozesses heraus. Der gesellschaftlich freie Mensch befreit sich auch stofflich, indem er sich von der Unterordnung unter die Maschine befreit. Damit verliert die menschliche Arbeit ihren Doppelcharakter als konkrete und abstrakte Arbeit. Sie hört auf, warenproduzierende Arbeit zu sein. Mit der Umwälzung des stofflichen Inhalts des Arbeitsprozesses verschwindet die diesem stofflichen Inhalt gemäße gesellschaftliche Form des Arbeitsprodukts, die Warenform. Die Ursachen der Existenz der Warenproduktion im Sozialismus:

[34] K. Marx, Grundrisse der Kritik der Politischen Ökonomie, a. a. O., S. 592–593.
[35] K. Marx/F. Engels, Manifest der Kommunistischen Partei, a. a. O., S. 476.
[36] Ebenda.

- die arbeitsteilig verausgabte gesellschaftliche Arbeit ist Hauptquell des gesellschaftlichen Reichtums[37] (woraus folgt: der Austausch von Arbeitsprodukten ist notwendige Bedingung der Reproduktion);
- die Arbeit ist hinsichtlich ihrer Beschaffenheit überwiegend abstrakte, einfache Arbeit[38] (woraus folgt: das Maß des Austausches ist durch das Quantum der zur Reproduktion der Gebrauchswerte erforderten abstrakten Arbeit bestimmt);

erweisen sich als historisch und vergänglich. Die Aufhebung der Warenproduktion durch die Einführung einer gesellschaftlichen „Arbeitszeitrechnung" zu denken ist der unglückliche Versuch, die Warenproduktion dadurch als „überwunden" zu denken, daß man ihre stofflichen Grundlagen, nämlich die einfache Arbeit als dominierende Arbeitsform, für ewig nimmt.

Die historischen Bedingungen der Existenz des Wertes fallen also nicht zusammen mit den Bedingungen der Existenz einer bestimmten Gesellschaftsformation. Insofern ist der Wert ein Produktionsverhältnis, das in den verschiedensten Produktionsweisen existiert und über die spezifischen Eigenheiten dieser Produktionsweisen nichts aussagt. In diesem Sinne schreibt Marx: „Warenproduktion und Warenzirkulation sind aber Phänomene, die den verschiedensten Produktionsweisen angehören, wenn auch in verschiednem Umfang und Tragweite. Man weiß also noch nichts von der differentia specifica dieser Produktionsweisen und kann sie daher nicht beurteilen, wenn man nur die ihnen gemeinschaftlichen, abstrakten Kategorien der Warenzirkulation kennt."[39]

Das Wertverhältnis wird in die jeweilige Produktionsweise integriert, stellt einen Bestandteil im Gesamtsystem der Produktionsverhältnisse dar, dessen spezifischer sozialökonomischer Charakter durch das Eigentum an Produktionsmitteln

[37] Nach unserer Meinung schließt entwickelte gesellschaftliche Arbeitsteilung die vom Autorenkollektiv unter Leitung von W. Schließer hervorgehobene relative Selbständigkeit der Wirtschaftseinheiten ein (vgl. Autorenkollektiv, Wertgesetz und Wertkategorien in der sozialistischen Planwirtschaft. Eine politökonomische Studie, Berlin 1979, S. 19).

[38] Insofern scheint uns die Bemerkung von Lemmnitz, der ergänzend zu Schließer/Richter schreibt, daß es die noch bestehende Ungleichheit der Arbeit im Sozialismus sei, die Warenproduktion notwendig mache, irreführend: „Was sie (Schließer/Richter - H.-P. K.) aber weiter untersuchen müssen, ist, ob diese unmittelbar gesellschaftliche Arbeit auch gleiche allgemein menschliche Arbeit ist. Unter den Bedingungen des sozialistischen Eigentums an den Produktionsmitteln ist die Waren produzierende Arbeit zwar unmittelbar gesellschaftliche, aber noch keine gleiche gesellschaftliche Arbeit" (A. Lemmnitz, Wertform und Philosophie, in: Deutsche Zeitschrift für Philosophie, 7/1981, S. 773).
Hat man die Beschaffenheit der Arbeit im Auge, so ist es nicht die Ungleichheit, sondern umgekehrt die noch bestehende Gleichheit der Arbeit, die Bedingung der Warenproduktion ist. Hat man aber den Wirkungsgrad im Auge, so scheint es uns unrichtig, „noch" zu sagen, denn der Wirkungsgrad hängt zunehmend von der Umsetzung von Wissenschaft und Organisation ab, die sich ihrer Natur gemäß nicht in allen Wirtschaftseinheiten gleichermaßen und gleichmäßig durchsetzen können.

[39] K. Marx, Das Kapital, Erster Band, a. a. O., S. 128.

geprägt ist. Nicht der Wert, also das Verhältnis der Menschen, das sich aus der Verausgabung individueller Arbeit als Teil der Gesamtarbeit ergibt, unterscheidet die Produktionsweisen voneinander, sondern das Eigentum, das sich aus der Stellung der Menschen zu den Produktionsmitteln ergebende Verhältnis der Menschen zueinander. „Welches immer die gesellschaftlichen Formen der Produktion, Arbeiter und Produktionsmittel bleiben stets ihre Faktoren ... Damit überhaupt produziert werde, müssen sie sich verbinden. Die besondre Art und Weise, worin diese Verbindung bewerkstelligt wird, unterscheidet die verschiednen ökonomischen Epochen der Gesellschaftsstruktur.“[40]

Diese Integration des Wertes in das Gesamtensemble der Produktionsverhältnisse erfolgt in drei Richtungen:

Erstens. Das sich im Austausch der Waren offenbarende Wertverhältnis erscheint als Verhältnis der Eigentümer. Dies ergibt sich daraus, daß als Subjekte des Austausches nicht unmittelbar die Produzenten, die diese Waren hervorgebracht haben, auftreten, sondern die Eigentümer der Waren. Das Recht, Waren zu zirkulieren, ist abgeleitet vom Eigentum an den Waren. „Zunächst erscheinen die Subjekte des Austauschprozesses als *Eigentümer* von Waren ... *Wie sie zu Eigentümern dieser Waren geworden sind*, ist ein Prozeß, der hinter dem Rücken der einfachen Zirkulation vorgeht, und der erloschen ist, bevor sie beginnt.“[41] Dies bedeutet natürlich nicht, daß die Metamorphose des Wertes notwendig Eigentumswechsel einschließt. Im Kapitalismus und noch mehr im Sozialismus sind Warenbeziehungen auch innerhalb des Eigentums möglich und notwendig. Ob die Metamorphose des Werts Eigentumswechsel einschließt oder nicht, sie hat der Reproduktion des Eigentums zu dienen.

Zweitens. Die Bildung und Realisierung der Waren als Werte wird Moment und Oberfläche eines tieferliegenden Prozesses, der Reproduktion der Eigentumsverhältnisse, und ist damit in seiner gesamten Bewegung durch die Erfordernisse dieser Reproduktion bestimmt. Das kapitalistische Eigentum ist Ausdruck und Reproduktion der Trennung des Produzenten von den Produktionsmitteln. Der Prozeß der Wertbildung geht von vornherein unter solchen gesellschaftlichen Bedingungen vor sich, die dem Arbeiter sein Produkt entfremden, es als ihm nicht gehörig entstehen lassen, ist bloßes Moment der Schaffung des Kapitals, seiner Verwertung. Die Ware enthält als Frucht des kapitalistischen Produktionsprozesses den der Exploitation des Lohnarbeiters entspringenden Mehrwert und ist als solche Kapital. In der Realisierung des Warenwerts realisiert sich der kapitalistische Ausbeutungsprozeß. „Solange bei jedem Austauschakt – einzeln genommen – die Gesetze des Austausches eingehalten werden, kann die Aneignungsweise eine totale Umwälzung erfahren, ohne das, der Warenproduktion gemäße, Eigentumsrecht irgendwie zu berühren. Dieses selbe Recht steht in Kraft, wie am Anfang, wo das Produkt dem Produzenten gehört, und wo dieser, Äquivalent

[40] K. Marx, Das Kapital, Zweiter Band, in: MEW, Bd. 24, Berlin 1963, S. 42.
[41] K. Marx, Grundrisse der Kritik der Politischen Ökonomie, a. a. O., S. 902.

gegen Äquivalent austauschend, sich nur durch eigne Arbeit bereichern kann, so auch in der kapitalistischen Periode, wo der gesellschaftliche Reichtum in stets steigendem Maß das Eigentum derer wird, die in der Lage sind, sich stets aufs neue die unbezahlte Arbeit andrer anzueignen.
Dies Resultat wird unvermeidlich, sobald die Arbeitskraft durch den Arbeiter selbst als Ware frei verkauft wird."[42]

Der Gesamtprozeß der Bildung und Realisierung der Werte ist durch seine Funktion als Moment der Reproduktion des Kapitals bestimmt. „Es ist nie zu vergessen, daß es sich bei der kapitalistischen Produktion nicht direkt um Gebrauchswert, sondern um Tauschwert handelt und speziell um Vermehrung des Surpluswerts. Dies ist das treibende Motiv der kapitalistischen Produktion, und es ist eine schöne Auffassung, die ... von der Basis derselben abstrahiert und sie zu einer Produktion macht, die auf unmittelbare Konsumtion der Produzenten gerichtet ist."[43] Als kapitalistischer Wertbildungs- und Realisierungsprozeß ist er der Prozeß der gewaltigsten Entwicklung der Produktivkräfte. Gleichzeitig ist es der Prozeß ihrer gewaltigsten Deformation und Verschwendung. Die dem Wertgesetz immanente Funktion der proportionalen Verteilung der gesellschaftlichen Arbeit auf die verschiedenen Zweige vermag sich unter kapitalistischen Bedingungen nur als andauernde Disproportionalität durchzusetzen, was im Unterschied zur privaten einfachen Warenproduktion nicht nur strukturelles Ungleichgewicht der Zweige, sondern auch zyklisch wiederkehrende allgemeine Überproduktion einschließt. Und mehr noch, selbst ständige Proportionalität unterstellt (im Sinne der Übereinstimmung von Angebot und Nachfrage), ist die Deformation und Verschwendung keineswegs aufgehoben. Das unter kapitalistischen Bedingungen auf dem Markt repräsentierte Bedürfnis nach Waren ist quantitativ und zunehmend qualitativ wesentlich vom wirklichen gesellschaftlichen Bedürfnis verschieden. Massenhafte Nichtbefriedigung grundlegender menschlicher Bedürfnisse steht ebensowenig in Widerspruch zu einem ausgeglichenen Verhältnis von Angebot und Nachfrage wie umgekehrt die massenhafte Befriedigung von Scheinbedürfnissen. Was für die Nachfrage gilt, gilt auch für das Angebot. Dieses ist nicht durch das vorhandene produktive Potential der Gesellschaft, die vorhandenen Arbeitskräfte und Produktionskapazitäten, sondern durch das *kapitalistisch verwertbare Potential* bestimmt, was wesentlich vom ersteren unterschieden ist. Massenarbeitslosigkeit und brachliegende Produktionskapazitäten begleiten den Kapitalismus seit seiner Herausbildung und sind nicht nur vereinbar, sondern gesetzmäßige Begleiterscheinung einer im kapitalistischen Sinne ausgeglichenen Wirkung von Angebot und Nachfrage.

Mit der Umwandlung des kapitalistischen Privateigentums in sozialistisches gesamtgesellschaftliches Eigentum werden Wertbildungs- und Realisierungsprozeß

[42] K. Marx, Das Kapital, Erster Band, a. a. O., S. 613.

[43] K. Marx, Theorien über den Mehrwert, Zweiter Teil, in: MEW, Bd. 26.2., Berlin 1974, S. 495.

Momente der Reproduktion entwickelter Produktionsverhältnisse, die ihrer qualitativen Natur nach dem Kapital diametral entgegengesetzt sind. Die Bildung der Werte, d. h. die Verausgabung von Arbeit als Teil der gesellschaftlichen Gesamtarbeit, ist Teil eines Prozesses, der die planmäßige und kollektive Produktion von Gebrauchswerten als Eigentum der Produzenten, d. h. die Schaffung des gesellschaftlichen materiellen Reichtums als Reichtum der Gesellschaft und der einzelnen Mitglieder derselben, zum Inhalt hat.

Vermittels des Austausches der Waren realisieren die Produzenten das von ihnen geschaffene Mehrprodukt. Der spezifisch sozialistische Charakter der Waren als sozialistischer Warenfonds erwächst hier aus seiner spezifischen Funktion bei der Reproduktion des Eigentums. Dem entspricht seine planmäßige Bewegung.

Der entscheidende Gegensatz der Bildung und Realisierung der Werte im Kapitalismus und Sozialismus liegt also in den Funktionen, die diesem Prozeß bei der Reproduktion der gegensätzlichen Eigentumsverhältnisse zukommen, und davon abgeleitet in der unterschiedlichen Art ihrer Bewegung. Die anarchische Bewegung als die dem Kapital entsprechende Bewegungsform ist typisch für die Bewegung der Werte im Kapitalismus, die planmäßige Bewegung typisch für den Sozialismus. Die qualitative Bestimmtheit der Werte ist durch diese gegensätzlichen Funktionen natürlich in keiner Weise aufgehoben. Umgekehrt, gerade dadurch, daß sie in vollem Umfang erhalten ist, vermag der Prozeß der Bildung und Realisierung der Werte Moment und Oberfläche der Reproduktion des Eigentums zu sein.

Drittens. Das Eigentum an den Produktionsmitteln bestimmt die spezifische Art und Weise, in denen der Wert in Erscheinung tritt, welche Gestalt die Wertsubstanz annimmt. Ob kapitalistischer Produktionspreis oder sozialistischer fondsbezogener Planpreis, ob Börsenpreis oder planmäßig gebildeter Industriepreis, ob floatender Wechselkurs oder abgestimmter Valutakurs im Rahmen des RGW, jede dieser Entfaltungsstufen des Wertes ist in der spezifischen Art ihrer Ausprägung von der Funktion, die sie bei der Reproduktion des Eigentums zu erfüllen hat, gekennzeichnet. (Ebenso, wie sich die Organe eines Organismus den Funktionen, die sie dauerhaft auszuüben haben, anpassen.)

Kohlmey schrieb zu diesem Problemkreis bereits im Jahre 1955: „Es sind nicht das Geld als Wertform und nicht der Handel als Form des Austausches, die den Inhalt der gesellschaftlichen Rolle des Geldes und des Handels im Kapitalismus bestimmen. Geld und Handel sind vielmehr im Kapitalismus deshalb Instrumente der Ausbeutung, weil kapitalistische Eigentumsverhältnisse bestehen, die solche Kategorien wie Geldkapital, Handelskapital usw. erzeugen. Also ist es möglich, Ware, Geld, Handel usw., nachdem sie ihres kapitalistischen Inhalts entledigt wurden, in den Dienst des sozialistischen Aufbaus und der sozialistischen Wirtschaft zu stellen.

Dabei muß erkannt und stets berücksichtigt werden, daß die Warenform nicht nur einen bestimmten gesellschaftlichen Inhalt ... in sich *aufnimmt*, sondern auch von diesem Inhalt *durchdrungen* und *umgewandelt* wird."[44] Das abstrakte Wesen des Wertes existiert innerhalb beider Produktionsweisen in vermittelter und besonderer Weise in Kategorien, die sich von der des Wertes unterscheiden, ihr widersprechen, sie gleichzeitig anreichern und vertiefen. Irrig wäre die Annahme, daß das Wesen des Werts in seinen besonderen Existenzweisen ausgelöscht sei. Ganz im Gegenteil: Der Wert ist im Produktionspreis wie auch in allen anderen „Wertkategorien" nicht bei einem anderen, sondern schlechthin bei sich selbst. In einem Referat vor der Akademie der Wissenschaften, das anzuführen er mir gestattete, machte Kohlmey ausdrücklich auf dieses Problem aufmerksam: „In der heutigen weltwirtschaftlichen Realität begegnen wir kapitalistischen und sozialistischen Wertbildungsprozessen, volkswirtschaftlich wie auch international. Die einfachen, allgemeinen Wertkategorien sind hier in bestimmte ökonomische Systeme integriert. Dabei verlieren sie natürlich nicht ihre Grundeigenschaften, wie sie diesen dünnen Abstrakta beigegeben sind."[45]

Die Schwierigkeit, den Wert einerseits als ein allgemeines, mehreren Produktionsweisen immanentes Produktionsverhältnis, andererseits in der einer spezifischen Gesellschaft entsprechenden besonderen Gestalt und Funktion zu denken, hat dazu geführt, daß er verschiedentlich entweder in der einen (allgemeinen) oder in der anderen (besonderen) Bestimmung festgehalten wurde. Dabei gerät dann der Wert unter der Hand entweder zu einer ewigen oder zu einer ausschließlich einer Produktionsweise zuzuordnenden Kategorie. Auf das letztere scheint uns der folgende Standpunkt hinauszulaufen: „Die Substanz des Wertes im Sozialismus ist die sozialistische Arbeit (als abstrakte Arbeit), also ausbeutungsfreie, unmittelbar gesellschaftliche Arbeit, die sich im Produkt der sozialistischen Betriebe und Kombinate vergegenständlicht und in Warenform vermittels des Geldes ausgetauscht wird. Im Wertverhältnis verkörpern sich gesellschaftliche Beziehungen der von Ausbeutung befreiten Menschen, die kollektiv und planmäßig für sich selbst produzieren. Diese Beziehungen sind gekennzeichnet durch kameradschaftliche Zusammenarbeit und gegenseitige Hilfe. Durch diesen neuen Charakter der im Wert verkörperten gesellschaftlichen Beziehungen sind alle Wertkategorien spezifische, sozialistisch bestimmte Kategorien."[46]

Wir stimmen völlig mit dem Autorenkollektiv dahingehend überein, daß die Arbeit im Sozialismus in ihrer gesellschaftlichen Grundqualität direkt auf das Wohl der gesamten Gesellschaft und der einzelnen Individuen gerichtete Arbeit, unmittelbar gesellschaftliche Arbeit ist. Insofern ist es auch völlig berechtigt, zu schreiben, daß sich im Wert Beziehungen von Menschen verkörpern, die von Ausbeutung befreit sind und kollektiv und planmäßig für sich selbst produzieren.

[44] G. Kohlmey, Der demokratische Weltmarkt. Entstehung, Merkmale und Bedeutung für den sozialistischen Aufbau, Berlin 1955, S. 204–205.

[45] G. Kohlmey, Karl Marx' Theorie von den internationalen Werten. Vortrag, gehalten anläßlich des 163. Geburtstages von Karl Marx (Manuskript).

[46] Autorenkollektiv, Wertgesetz und Wertkategorien in der sozialistischen Planwirtschaft, a. a. O., S. 31.

Das bestimmt die spezifische Funktionsweise des Wertes und der durch seine Entfaltung entstehenden Kategorien im Reproduktionsprozeß bzw., wie Marx es einmal ausdrückte, „Umfang und Tragweite“ der Rolle des Wertes in der sozialistischen Produktionsweise.

Daß der Wert Verhältnisse von Menschen zum Inhalt hat, die frei von Ausbeutung planmäßig und kollektiv für sich produzieren, heißt allerdings keineswegs, daß er damit das Verhältnis zum Inhalt hat, was der Arbeit dieser Menschen die Qualität der von Ausbeutung freien, kollektiven, planmäßigen und auf das Wohl der Gesellschaft gerichteten Arbeit verleiht. Diese Qualität der Arbeit ist doch nicht der Tatsache geschuldet, daß die Erzeugnisse im Sozialismus als Waren (und damit als Werte) produziert werden, sondern vielmehr der Tatsache, daß sie unter dem viel entwickelteren Verhältnis des sozialistischen gesamtgesellschaftlichen Eigentums produziert werden. Der Wert als eine in der Zirkulation erscheinende Seite des Daseins der gesellschaftlichen Arbeit bringt zum Ausdruck, wie die in der Ware verkörperte Arbeit sich als Glied der Totalität gesellschaftlicher Arbeit bewährt. Ob es sich dabei um freie, schöpferische Arbeit, um eigene oder fremde angeeignete Arbeit handelt, ob die Arbeit auf die Befriedigung der Bedürfnisse aller Mitglieder der Gesellschaft oder einer privilegierten Klasse gerichtet ist, liegt jenseits dieses Verhältnisses, geht weit über das hinaus, was in der Kategorie des Wertes erfaßt wird.

Uns scheint, daß Marx es ebenso sieht, wenn er schreibt: „Die Aneignung von Mehrwert . . ., obgleich eingeleitet durch den Kauf und Verkauf der Arbeitskraft, ist ein innerhalb des Produktionsprozesses selbst sich vollziehender Akt und bildet ein wesentliches Moment desselben . . .

Zugleich aber ändert diese Aneignung von Mehrwert oder diese Scheidung der Wertproduktion in Reproduktion von vorgeschoßnem Wert und Produktion von kein Äquivalent ersetzendem Neuwert (Mehrwert) durchaus nichts an der Substanz des Werts selbst und der Natur der Wertproduktion. Die Substanz des Werts ist und bleibt nichts außer verausgabter Arbeitskraft – Arbeit, unabhängig von dem besondren nützlichen Charakter dieser Arbeit –, und die Wertproduktion ist nichts als der Prozeß dieser Verausgabung. So gibt der Leibeigne während sechs Tagen Arbeitskraft aus, arbeitet während sechs Tagen und macht es für die Tatsache dieser Verausgabung als solcher keinen Unterschied, daß er z. B. drei dieser Arbeitstage für sich auf seinem eignen Feld und drei andre für seinen Gutsherrn auf dessen Feld verrichtet. Seine freiwillige Arbeit für sich und seine Zwangsarbeit für seinen Herrn sind gleichmäßig Arbeit; soweit sie als Arbeit mit Bezug auf die von ihr geschaffnen Werte oder auch nützlichen Produkte betrachtet wird, findet kein Unterschied in seiner sechstägigen Arbeit statt. Der Unterschied bezieht sich nur auf die verschiednen Verhältnisse, wodurch die Verausgabung seiner Arbeitskraft während der beiden Hälften der sechstägigen Arbeitszeit veranlaßt wird. Ebenso verhält es sich mit der notwendigen und der Mehrarbeit des Lohnarbeiters.

Der Produktionsprozeß erlischt in der Ware. Daß in ihrer Herstellung Arbeitskraft verausgabt worden ist, erscheint jetzt als dingliche Eigenschaft der Ware, daß sie Wert besitzt; die Größe dieses Werts ist gemessen durch die Größe der verausgabten Arbeit; in ein weiteres löst sich der Warenwert nicht auf und besteht aus nichts andrem."[47]

Marx stellt hier zweifelsfrei fest, daß die Substanz des Wertes durch die verschiedenen Eigentumsverhältnisse nicht affiziert wird, daß also die Unterschiedlichkeit der Stellung des Werts in den verschiedenen Produktionsweisen keinesfalls in verschiedenen Wertsubstanzen gesucht werden darf; gerade umgekehrt: die Wertsubstanz verkörpert das Kontinuum, eben weil sie nicht direkt berührt ist, ist es überhaupt berechtigt, von *dem* Wert in *den* verschiedenen Gestalten und Funktionen unter *den* verschiedenen herrschenden Eigentumsverhältnissen zu sprechen. Die Substanz des Wertes wird durch die Tatsache, daß die Arbeit als Lohnarbeit (im Kapitalismus) oder als freie, auf das Gemeinwohl gerichtete Arbeit (im Sozialismus) verausgabt wird, nicht berührt. „Obgleich die Form der Arbeit als Lohnarbeit entscheidend für die Gestalt des ganzen Prozesses und für die spezifische Weise der Produktion selbst, ist nicht die Lohnarbeit wertbestimmend. In der Wertbestimmung handelt es sich um die gesellschaftliche Arbeitszeit überhaupt, das Quantum Arbeit, worüber die Gesellschaft überhaupt zu verfügen hat und dessen relative Absorption durch die verschiednen Produkte gewissermaßen deren respektives gesellschaftliches Gewicht bestimmt."[48]

Das Autorenkollektiv unter Schließer subsumiert den Wert *unvermittelt* unter das Eigentum. Indem der Wert nicht nur hinsichtlich Gestalt und Funktion, sondern ausdrücklich seiner Substanz nach als sozialökonomisch spezifisch begriffen wird, verkürzt es den historischen Horizont der Warenproduktion (eigentlich jetzt: der Warenproduktionen) auf die jeweilige Produktionsweise. P. Ruben dagegen löst diesen Horizont völlig auf, wenn er fordert, „daß man aufhören muß, sich romantischen Träumen von einem wertfreien Kommunismus hinzugeben"[49].

Die Frage nach den Ursachen des Entstehens von Werten wird von Ruben/Wagner folgendermaßen beantwortet: Werte „sind deshalb wirklich, weil die menschliche Arbeit a priori *gesellschaftlich* ist und im aktuellen Vollzug des Aufwands von Arbeitskraft zugleich so *gerichtet* ist, daß die Realisierung dieses Aufwands erneut konkrete Arbeit real ermöglichen muß"[50]. Statt also jene spezifische Form der Gesellschaftlichkeit der Arbeit herauszuarbeiten, die sie zur wertschaffenden Arbeit macht, wird kurzerhand auf die a priorische Gesellschaftlichkeit der Arbeit verwiesen, ohne auch nur den Versuch einer näheren Bestimmung zu unterneh-

[47] K. Marx, Das Kapital, Zweiter Band, a. a. O., S. 384–385.

[48] K. Marx, Das Kapital, Dritter Band, in: MEW, Bd. 25, Berlin 1970, S. 889; vgl. auch K. Marx, Das Kapital, Zweiter Band, a. a. O., S. 386.

[49] P. Ruben, Lenins Dialektik-Konzept und die materialistische Widerspruchslehre, in: Deutsche Zeitschrift für Philosophie, 3/1980, S. 304.

[50] P. Ruben/H. Wagner, Sozialistische Wertform und dialektischer Widerspruch. Überlegungen zur entwicklungstheoretischen Auffassung des Arbeitswerts in der sozialistischen Produktion, in: Deutsche Zeitschrift für Philosophie, 10/1980, S. 1222.

men. Statt zu untersuchen, warum die stoffliche Reproduktion der Gesellschaft als Ganzes wie ihrer einzelnen Glieder über die Bildung und Realisierung von Werten vermittelt wird, wird die Notwendigkeit der Reproduktion selbst mit der Notwendigkeit der Wertbildung gleichgesetzt.

Aber so ist die Ewigkeit nicht zu gewinnen.

Es ist eben nicht die Arbeit schlechthin, die Werte hervorbringt, sondern ihr abstrakt allgemeiner Charakter. Diese Einsicht trennt den Marxisten vom Ricardianer. Marx überwand Ricardos mangelnde Einsicht in die qualitative Natur des Wertes, der „die spezifische Form, worin die Arbeit Element des Werts ist, nicht gefaßt hat, namentlich nicht, daß die einzelne Arbeit sich als abstrakt allgemeine und in dieser Form als *gesellschaftliche* darstellen muß"[51]. Sehr zu Recht schreiben Ruben/Wagner: „Die abstrakte Arbeit als Wertsubstanz *wird* also nicht durch die erkennende Abstraktion ... Man hat vielmehr, ehe man subjektiv abstrahiert und darin den Begriff erzeugt, die Sache längst vorausgesetzt."[52] Aber nicht, wie zu erwarten wäre, die real abstrakte Arbeit, sondern eine Abstraktion von der Arbeit präsentieren Ruben/Wagner schlußfolgernd als Substanz des Wertes. „Und diese Sache ist stets und niemals etwas anderes als das gesellschaftliche Arbeitsvermögen für sich, d. h. ohne Rücksicht auf die verschiedenen Arten seiner individuellen und kollektiven Träger."[53] Es heißt ausdrücklich: „Die *Substanz* des Werts ist das sich in der *genetischen Folge* der aktuellen Arbeitsakte erhaltende und erweiternde *Arbeitsvermögen.*"[54]

Wie soll „Arbeitsvermögen für sich" Wert hervorbringen, dessen Substanz bilden? Potenz allein zeugt keine Kinder, gleiche sowenig wie verschiedene. Die Verschiedenheit der individuell verausgabten Arbeit ist beseitigt – um den Preis der Beseitigung der Arbeit überhaupt. Damit ist der Weg für eine ahistorische Betrachtung frei, ist die Arbeit weg, so ist auch die Dialektik ihrer historischen Entwicklung weg. Die einfache Arbeit als dominierende Arbeitsform im Kapitalismus und in der ersten Phase des Kommunismus bleiben ebenso außerhalb des Blickfeldes wie ihre Herabsetzung auf ein „qualitativ ... zwar unentbehrliches, aber subalternes Moment gegen die allgemeine wissenschaftliche Arbeit, technologische Anwendung der Naturwissenschaften nach der einen Seite, wie gegen die aus der gesellschaftlichen Gliederung in der Gesamtproduktion hervorgehende allgemeine Produktivkraft"[55]. Außerhalb des Blickfeldes bleibt die Aufhebung der einfachen Arbeit als dominierende Arbeitsform, was Wunder, daß von der Aufhebung des Wertes nicht die Rede ist. Wer als Wertsubstanz nicht die Arbeit denkt, braucht sich über Arbeit ohne Wert keine Gedanken zu machen.

[51] K. Marx, Theorien über den Mehrwert, Dritter Teil, a. a. O., S. 135.

[52] P. Ruben/H. Wagner, Sozialistische Wertform und dialektischer Widerspruch. Überlegungen zur entwicklungstheoretischen Auffassung des Arbeitswerts in der sozialistischen Produktion, a. a. O., S. 1223.

[53] Ebenda.

[54] Ebenda, S. 1222.

[55] K. Marx, Grundrisse der Kritik der Politischen Ökonomie, a. a. O., S. 587.

Wagner versucht das Problem, den Wert einerseits als Kontinuum mehrerer Produktionsweisen, andererseits sozialökonomisch spezifisch zu begreifen, dadurch zu lösen, daß er zwischen der Wertform als solcher, ihrem allgemeinen Forminhalt, und dem politökonomischen Inhalt, dem diese Form als Bewegungsform diene, unterscheidet.[56] Die Wertform als solche, W-G-W, bringe die Identität zweier Gegenstände zum Ausdruck, eine Identität hinsichtlich der Gattungsmerkmale bei Abstraktion des über diese Gattungsmerkmale hinausgehenden Reichtums des Besonderen und Einzelnen. Weit entfernt, den Universalitätsanspruch der von Wagner vorgestellten Form als solcher zu bestreiten,[57] fragen wir vielmehr: Mit welchem Recht nennt Wagner sie Wertform?

Wagner hat aus der Wertform den politökonomischen Inhalt ausgesondert. Was bleibt, ist eine gedankliche Abstraktion, die inhaltslose Form an sich, die, wie Wagner selbst hervorhebt, „nicht nur eine Angelegenheit der Ökonomie, geschweige denn der politischen Ökonomie des Kapitalismus (ist)."[58] Sehr zu Recht ist es in der politischen Ökonomie nicht üblich, zwischen der Wertform als solcher und ihrem politökonomischen Inhalt zu unterscheiden. Politökonomische Fragen muß man in der politischen Ökonomie lösen, nicht jenseits dieser Wissenschaft. Die Form an sich liegt aber gerade jenseits dieser Wissenschaft. Wenn die Frage nach der Form für den Politökonomen fruchtbar sein soll, muß nach der Einheit von Form und Inhalt gefragt werden. Nicht der Triumph, daß auch die Ökonomie sich in allgemeinen dialektischen Formen bewegt, sondern die sich in diesen Formen bewegenden ökonomischen Inhalte sollten den Politökonomen bewegen. Warum formt sich der Inhalt auf diese Weise, was beinhaltet diese Form?

Mit dem Nachweis der allgemeinen dialektischen Form an sich in der Ökonomie der verschiedenen Produktionsweisen ist hinsichtlich der Frage nach dem historischen Kontinuum nichts geleistet. Warum, so ist vielmehr zu fragen, ist die Arbeit der Individuen im Kapitalismus und auch in der ersten Phase des Kommunismus ihrer Form nach abstrakt allgemeine Arbeit, warum ist ihre Allgemeinheit auch im Sozialismus noch nicht eine den ganzen Reichtum des Besonderen in sich fassende Allgemeinheit?[59] Gerade das aber macht Wagner nicht. Die allgemeine Form einmal auf dem Wege der gedanklichen Abstraktion gewonnen, behandelt er sie wie eine leere Hülse, die nun wieder nachträglich geladen wird, unbekümmert des durchaus sehr konkreten und keineswegs abstrakten Inhaltes, nämlich dem spezifisch gesellschaftlich historischen Inhalt der Arbeit, der durch das Grundgesetz bestimmt ist. Daß Marx mit seinem Begriff der Wertform jene inhaltslose Form an sich im Auge hatte, scheint uns nicht haltbar. Wie

[56] H. Wagner, Die Darstellung der Wertformanalyse und Wertformentwicklung durch Marx und ihre methodologische Bedeutung in der Gegenwart. in: Deutsche Zeitschrift für Philosophie, 2/1980, S. 198–204.

[57] Ebenda, S. 204.

[58] Ebenda, S. 203–204.

[59] Vgl. W. I. Lenin, Konspekt zu Hegels „Wissenschaft der Logik", in: Werke, Band 38, Berlin 1973, S. 91.

jedes andere Produktionsverhältnis ist auch der Wert soziale Bewegungsform der Produktivkräfte, es ist sein politökonomischer Inhalt, Form der Produktivkräfte zu sein. Deshalb spricht Marx von *Wertform.*

Der Wert ist eine historische – wenngleich nicht sozialökonomisch spezifisch historische – Form der Gesellschaftlichkeit der Arbeit, die in den verschiedenen Produktionsweisen unterschiedliche Tragweite, Funktion und Gestalt hat.

1.2. Die internationale Entfaltung des Wertverhältnisses unter den Bedingungen der Existenz zweier entgegengesetzter Weltwirtschaftssysteme

Der Grad der Entfaltung des Wertes hängt vom Ausmaß der Teilung der gesellschaftlichen Arbeit in Tiefe und Breite ab, diese ihrerseits wird angezeigt durch die Ausdehnung der Märkte. Lenin schreibt, „... daß der Begriff ‚Markt' auf keinen Fall von dem Begriff der gesellschaftlichen Arbeitsteilung zu trennen ist ... Der ‚Markt' bildet sich dort und insoweit, wo und inwieweit gesellschaftliche Arbeitsteilung und Warenproduktion auftreten. Der Umfang des Marktes hängt untrennbar mit dem Grad der Spezialisierung der gesellschaftlichen Arbeit zusammen."[60] Die der kapitalistischen Produktionsweise adäquate Entfaltungsstufe des Marktes ist der Weltmarkt. „Die große Industrie hat den Weltmarkt hergestellt ..." „Das Bedürfnis nach einem stets ausgedehnteren Absatz für ihre Produkte jagt die Bourgeoisie über die ganze Erdkugel. Überall muß sie sich einnisten, überall anbauen, überall Verbindungen herstellen. Die Bourgeoisie hat durch ihre Exploitation des Weltmarkts die Produktion und Konsumtion aller Länder kosmopolitisch gestaltet. Sie hat zum großen Bedauern der Reaktionäre den nationalen Boden der Industrie unter den Füßen weggezogen ... An die Stelle der alten lokalen und nationalen Selbstgenügsamkeit und Abgeschlossenheit tritt ein allseitiger Verkehr, eine allseitige Abhängigkeit der Nationen voneinander."[61]

Diese von Marx und Engels für den Kapitalismus der freien Konkurrenz aufgezeigte Tendenz der gewaltigsten extensiven und intensiven Ausdehnung der Teilung der Arbeit über alle nationalen und regionalen Schranken hinaus vertieft sich mit der Entwicklung des Kapitalismus in seinem monopolistischen Stadium, dem Imperialismus. Von den fünf ökonomischen Merkmalen des Imperialismus, die Lenin herausarbeitet,[62] haben drei unmittelbar Bezug auf die internationale,

[60] W. I. Lenin, Zur sogenannten Frage der Märkte, in: Werke, Bd. 1, Berlin 1972, S. 91.

[61] K. Marx/F. Engels, Manifest der Kommunistischen Partei, a. a. O., S. 463 u. 465–466.

[62] „Der Imperialismus ist der Kapitalismus auf jener Entwicklungsstufe, wo die Herrschaft der Monopole und des Finanzkapitals sich herausgebildet, der Kapitalexport hervorragende Bedeutung gewonnen, die Aufteilung der Welt durch die internationalen Trusts begonnen hat und die Aufteilung des gesamten Territoriums der Erde durch die größten kapitalistischen Länder abgeschlossen ist." (W. I. Lenin, Der Imperialismus als höchstes Stadium des Kapitalismus, in: Werke, Bd. 22, Berlin 1981, S. 271.)

globale Arbeitsteilung. Uns interessiert an dieser Stelle nicht die gegensätzliche Form, die der Arbeitsteilung als kapitalistischer aufgeprägt ist, sondern der Zusammenhang der internationalen Arbeitsteilung mit der Bildung und Realisierung von Werten. Marx schreibt über diesen Zusammenhang: „Der abstrakte Reichtum, Wert, Geld – hence die abstrakte Arbeit entwickelt sich in dem Maße, worin die konkrete Arbeit zu einer den Weltmarkt umfassenden Totalität verschiedener Arbeitsweisen entwickelt."[63] In ähnlicher Weise heißt es im „Kapital": „Im Welthandel entfalten die Waren ihren Wert universell. Ihre selbständige Wertgestalt tritt ihnen daher hier auch gegenüber als Weltgeld. Erst auf dem Weltmarkt funktioniert das Geld in vollem Umfang als die Ware, deren Naturalform zugleich unmittelbar gesellschaftliche Verwirklichungsform der menschlichen Arbeit in abstracto ist."[64]

Mit der Entstehung und Entwicklung des sozialistischen Weltwirtschaftssystems entwickelte sich ein qualitativ neuer Typ der internationalen Arbeitsteilung, der der von Ausbeutung und Konkurrenz geprägten kapitalistischen Arbeitsteilung diametral entgegensteht. „Es existiert heute die allgemeine Weltwirtschaft mit dem allgemeinen Weltmarkt; beide sind sozialökonomisch jedoch nicht einheitlich; sie bestehen aus zwei Weltwirtschafts- bzw. Weltmarktsystemen und den Verbindungen zwischen ihnen."[65] Während diese These Kohlmeys heute unter marxistischen Ökonomen unumstritten ist, ist seine daraus folgende Ableitung bezüglich der internationalen Wertentfaltung bis heute Gegenstand kontroverser Diskussion. Kohlmey leitet aus der Spaltung der Weltwirtschaft in zwei Weltwirtschaftssysteme ab: *„Entsprechend gibt es im Bereich des Wertgesetzes und seiner Kategorien die Tendenz zur Bildung spezifischer internationaler Werte des kapitalistischen und spezifischer internationaler Werte des sozialistischen Weltsystems und schließlich die Tendenz zu allgemeinen internationalen Werten oder auch Weltwerten.*

Diese Tendenzen durchkreuzen einander; in welchem Maße, das hängt von der Entwicklungsetappe der weltwirtschaftlichen Übergangsperiode und von konkreten historischen Umständen ab...."[66]

Dagegen heißt es in der bereits zitierten Broschüre „Wertgesetz und Wertkategorien in der sozialistischen Planwirtschaft": „Die Kategorie des universellen Wertes ist an die Existenz einer sozialökonomisch einheitlichen Weltwirtschaft (mit dem entsprechenden Weltmarkt) gebunden."[67] Vom Autorenkollektiv „Internationale Wirtschaftsbeziehungen" wird darauf hingewiesen, daß „... zu Marx' Zeiten

[63] K. Marx, Theorien über den Mehrwert, Dritter Teil, a. a. O., S. 250.

[64] K. Marx, Das Kapital, Erster Band, a. a. O., S. 156.

[65] G. Kohlmey, Karl Marx' Theorie von den internationalen Werten mit einigen Schlußfolgerungen für die Preisbildung im Außenhandel zwischen den sozialistischen Staaten, in: Probleme der Politischen Ökonomie, Bd. 5, Berlin 1962, S. 81.

[66] Ebenda, S. 82.

[67] Autorenkollektiv, Wertgesetz und Wertkategorien in der sozialistischen Planwirtschaft, a. a. O., S. 268.

die Bildung und Realisierung internationaler Werte Ausdruck und Resultat der Entwicklung der sozialökonomisch einheitlichen, weltumspannenden kapitalistischen Produktionsweise war."[68] Bezüglich der heutigen Tendenzen wird hier insofern vorsichtiger argumentiert, als es heißt: „Zugleich muß man jedoch feststellen, daß der Aspekt der sozialökonomischen Universalität beim Übergang vom Kapitalismus zum Sozialismus im Weltmaßstab nicht gegeben ist."[69] Daß von sozialökonomischer Universalität nicht die Rede sein kann, ist unbestritten; dies liegt schon im Begriff der Übergangsperiode selbst.

Was aber die sozialökonomische Einheitlichkeit der Weltwirtschaft zu Marx Zeiten betrifft, so liegt wohl ein Irrtum vor. Hören wir Marx selbst: „Innerhalb seines Zirkulationsprozesses, wo das industrielle Kapital entweder als Geld oder als Ware fungiert, durchkreuzt sich der Kreislauf des industriellen Kapitals, sei es als Geldkapital oder als Warenkapital, mit der Warenzirkulation der verschiedensten sozialen Produktionsweisen, soweit letztre zugleich Warenproduktion ist. Ob die Ware das Produkt der auf Sklaverei gegründeten Produktion, oder von Bauern, (Chinesen, indische Ryots), oder Gemeinwesen (holländisch Ostindien), oder der Staatsproduktion (wie solche, auf Leibeigenschaft gegründet, in früheren Epochen der russischen Geschichte vorkommt), oder halbwilder Jägervölker etc.: als Waren und Geld treten sie gegenüber dem Geld und den Waren, worin sich das industrielle Kapital darstellt und gehn ein ebensosehr in den Kreislauf desselben, wie in den des vom Warenkapital getragnen Mehrwerts, sofern letztrer als Revenue verausgabt wird ... Der Charakter des Produktionsprozesses, aus dem sie herkommen, ist gleichgültig; als Waren fungieren sie auf dem Markt, als Waren gehn sie ein in den Kreislauf des industriellen Kapitals, wie in die Zirkulation des von ihm getragnen Mehrwerts."[70]

Der eigentliche theoretische Hintergrund für die Auseinandersetzung mit Kohlmeys These einer Tendenz zu allgemeinen internationalen Werten liegt darin, daß der Wert ausschließlich in seiner sozialökonomisch spezifischen Gestalt gefaßt wird oder, anders gesagt, daß in der spezifisch sozialökonomischen Gestalt, in der der Wert in den verschiedenen Produktionsweisen auftritt, sein Wesen nicht als aufgehoben, sondern als ausgelöscht angesehen wird. Damit ist erkenntnistheoretisch der Weg zum Erfassen einer Reihe wesentlicher Prozesse der internationalen Arbeitsteilung versperrt, insbesondere der intersystemaren Arbeitsteilung und der wechselseitigen Beeinflussung der Wertbildung und -realisierung im Kapitalismus und Sozialismus. Daraus, daß der Wert nur in vermittelter Weise in sozialökonomisch spezifischer Funktion und Gestalt in den verschiedenen Produktionsweisen existiert, kann man nicht schlußfolgern, daß er sich nicht universell entfalten kann, daraus kann man lediglich ableiten, daß die bestimmte Existenzweise sich nicht universell entfalten kann. Obwohl letzteres nie von marxistischen

[68] Autorenkollektiv, Internationale Wirtschaftsbeziehungen, Berlin 1981, S. 170.
[69] Ebenda, S. 171.
[70] K. Marx, Das Kapital, Zweiter Band, a. a. O., S. 113.

Ökonomen behauptet wurde, wird der Nachweis der Nichtuniversalität der spezifischen Existenz- und Funktionsweisen immer wieder als Argument gegen eine Tendenz der universellen Wertentfaltung ins Feld geführt.

Der schlagendste Beweis, daß das Wesen des Wertes nicht erloschen ist, sofern er in spezifischer Funktion und Gestalt auftritt, ist, daß sich unter sozialistischen Bedingungen und unter kapitalistischen Bedingungen produzierte Waren gegeneinander austauschen. Natürlich gilt auch hier, daß quantitativ miteinander vergleichbar nur, was qualitativ gleicher Substanz ist. Begreift man den kapitalistischen Produktionspreis und den sozialistischen Fondspreis nicht als Modifikationen ein und derselben Substanz, der abstrakten Arbeit respektive des Wertes, müßte man konsequenterweise die prinzipielle Nichtvergleichbarkeit und damit Nichtaustauschbarkeit sozialistisch und kapitalistisch produzierter Waren konstatieren. Das aber widerspricht offensichtlich den Tatsachen. Die Realität zeigt, daß die im Kapitalismus und im Sozialismus produzierten Waren eine Gemeinsamkeit aufweisen, die ihre Austauschfähigkeit bedingt, und das ist ihre Eigenschaft als Ware, als Träger von Wert. „Auf Basis welcher Produktionsweise auch immer die Produkte produziert wurden, die als Waren in die Zirkulation eingehn ..., es ändert dies nichts an ihrem Charakter als Waren, und als Waren haben sie den Austauschprozeß und die ihn begleitenden Formveränderungen durchzumachen."[71]

Klose, der ein entschiedener Gegner der Auffassung von einer Tendenz zur universellen Wertentfaltung ist, schreibt: „Die Austauschfähigkeit der Waren in den intersystemaren Wirtschaftsbeziehungen basiert nicht darauf, daß ein systemneutraler universeller Wert existiert, sondern hier werden unter den Bedingungen der Warenproduktion in beiden Systemen menschliche Arbeiten miteinander gleichgesetzt und gegeneinander ausgetauscht, die jeweils unter sozialökonomisch bestimmten Verhältnissen, entweder der kapitalistischen oder der sozialistischen Produktionsweise, als Teil der jeweiligen gesellschaftlichen Gesamtarbeit verausgabt wurden. Über den intersystemaren Austausch gehen sie in den Reproduktionsprozeß des jeweils entgegengesetzten Wirtschaftssystems als Kostenelemente ein."[72]

Weiterhin heißt es bei ihm: „Die in den intersystemaren Wirtschaftsbeziehungen durch sozialistische Staaten ausgetauschten Waren drücken ihren Tauschwert in anderen, auf Welthandelsmärkten ausgetauschten Waren aus, die ... heute noch überwiegend kapitalistisch bestimmt sind."[73]

Es sei ein Vergleich aus den Naturwissenschaften gestattet. Angenommen, Forscher wollten Untersuchungen über den Wasserhaushalt der Erde anstellen und untersuchten zu diesem Zweck die jährlichen Niederschlagsmengen auf der Erde. Würde man einer Argumentation folgen, die lautet: „Global gesehen, gibt es keine Niederschläge. An den Polen gibt es nur Schnee und in den Tropen nur Regen. Schnee ist ja bekanntlich etwas anderes als Regen. Daß sie in den gemein-

[71] K. Marx, Das Kapital, Dritter Band, a. a. O., S. 337.

[72] J. Klose, Zu einigen Fragen der Wirkungsweise des Wertgesetzes in den intersystemaren Wirtschaftsbeziehungen, in: Wirtschaftswissenschaft, 1/1982, S. 73.

[73] Ebenda, S. 78.

samen Wasserkreislauf der Erde eingehen, beweist hinsichtlich der globalen Existenz einer gemeinsamen Substanz gar nichts, hier werden nur Schnee und Regen einander gleichgesetzt und wandeln sich ineinander um."

Weist nicht gerade die Tatsache, daß sie einander gleichgesetzt werden und sich ineinander umwandeln, auf ihre gemeinsame Substanz hin? Und ist denn mit der Anerkennung der Tatsache, daß Schnee und Regen Modifikationen derselben Substanz, nämlich H_2O, sind, in irgendeiner Weise bestritten, daß es sich um unterschiedliche Modifikationen handelt? Und was anderes als die Tatsache, daß die Modifikationen in ihrer Gesamtheit über die Welt verteilt auftreten, beweist die globale Existenz dieser Substanz?

Die Tatsache, daß unabhängig davon, welche Produktionsweise wir betrachten, der Wert das Verhältnis der Produzenten zur Gesamtarbeit zum Ausdruck bringt, ermöglicht den Austausch von Waren zwischen Produzenten, die unterschiedlichen gesellschaftlichen Systemen angehören. Unter den heutigen Bedingungen ist der Wert aufgrund der ihm innewohnenden Tendenz zur Universalität ein internationales Produktionsverhältnis geworden. Er ist das Verhältnis der durch den Weltmarkt verbundenen, arbeitsteilig produzierenden Wirtschaftssubjekte, das durch den von ihnen erbrachten Anteil an der in den auf dem Weltmarkt zirkulierenden Waren verkörperten Gesamtarbeit bestimmt ist.

Die Wirtschaftssubjekte sind unter den Bedingungen des Kapitalismus vor allem die Monopole sowie nichtmonopolisierte kapitalistische Eigentümer, im Sozialismus ist es der Staat. Sehr deutlich wurde die Unterschiedlichkeit der Wirtschaftssubjekte von Širjaev bestimmt: „Jedoch bleibt, ungeachtet einiger Besonderheiten in der Sphäre der kapitalistischen Weltwirtschaft, das private Kapital das Hauptsubjekt der ökonomischen Beziehungen, und der Markt dient als Realisierungssphäre des Wertes und auch des Mehrwertes."[74] „Die Entwicklung und die Stärkung der staatsmonopolistischen Regulierung der Außenwirtschaftstätigkeit ändert im Prinzip nichts am Wesen der Sache, da sich auf dem kapitalistischen Weltmarkt nicht Staaten, sondern Kapitalisten als Warenbesitzer gegenüberstehen ...

Im Sozialismus erhält die Kategorie des nationalen Eigentums einen klar umrissenen, realen Inhalt. Die führende Rolle des staatlichen (gesamtgesellschaftlichen) Eigentums an den Produktionsmitteln ermöglicht es dem sozialistischen Staat, seine ökonomische Funktion nicht nur innerhalb des Landes, sondern auch bei der Organisation der Wirtschaftsbeziehungen mit anderen Ländern auszuüben. Darüber hinaus bewirkt die führende Rolle des staatlichen Eigentums innerhalb der einzelnen Länder, daß der sozialistische Staat auch international der souveräne und integrale Repräsentant der gesamten nationalen ökonomischen Interessen ist."[75]

[74] J. Schirjajew, Die internationale sozialistische Arbeitsteilung – Fragen der Theorie, Berlin 1979, S. 59.

[75] Ebenda, S. 78–79.

Treten sich sozialistische und kapitalistische Produzenten (bzw. deren Repräsentanten) auf dem Markt gegenüber, so erscheinen sie zunächst nur als Eigentümer von Waren. „In der Zirkulation selbst, dem Austauschprozeß ... gibt jeder nur, indem er nimmt und nimmt nur, indem er gibt. Um das eine oder andere zu tun, muß er *Haben*. Die Prozedur, wodurch er sich in den Zustand des Habens gesetzt hat, bildet keines der Momente der Zirkulation selbst."[76] Ihre Beziehung zueinander ist zunächst nur bestimmt durch den Anteil an der gesellschaftlichen Gesamtarbeit, über den jeder von beiden verfügt. Da aber, indem sie gegenseitig ihre Waren als Teile der gesellschaftlichen Gesamtarbeit akzeptieren und gegeneinander austauschen, der kapitalistische Produzent den Mehrwert als Teil des Wertes, der unbezahlte fremde Arbeit verkörpert, realisiert, andererseits der sozialistische Produzent das von ihm planmäßig und kollektiv für sich verausgabte Quantum Arbeit realisiert, einschließlich des Teils dieser Arbeit, der Mehrarbeit ist, ist also derselbe Prozeß der einfachen Zirkulation sowohl Bestandteil der Reproduktion des Kapitals als auch des sozialistischen Eigentums, ist also der Prozeß der Zirkulation Teil der Reproduktion des antagonistischen Widerspruches zwischen Kapital und sozialistischem Eigentum auf erweiterter Stufenleiter, ist also die Zirkulation von Waren zwischen Kapitalisten und sozialistischen Eigentümern so weit entfernt davon, den Gegensatz zwischen ihnen aufzuheben, als sie diesen Gegensatz auf erweiterter Stufenleiter reproduzieren hilft.

Der enge Zusammenhang zwischen der Entwicklungsstufe der internationalen Arbeitsteilung und des Marktes und der Entfaltung des Wertes ist von wesentlicher Bedeutung für die Bestimmung der Wertgröße. Detailliert ist dieser Gedanke bei Marx so entwickelt: „Im Austausch bewähren sich die Produkte der einzelnen erst als Produkte der allgemeinen Arbeit, indem sie sich als *Geld* darstellen. Diese Relativität liegt aber schon darin, daß sie sich als Dasein der allgemeinen Arbeit darstellen müssen und nur auf es als relative, als quantitativ verschiedne Ausdrücke der gesellschaftlichen Arbeit reduziert werden. Aber der Austausch selbst gibt ihnen nicht die *Wertgröße*. In ihm werden sie als allgemein gesellschaftliche Arbeit dargestellt; und wieweit sie sich als solche darstellen können, hängt selbst vom Umfang ab, worin sie sich als gesellschaftliche Arbeit darstellen können, also vom Umfang der Waren, wogegen sie sich austauschen können, also von der Ausdehnung des Markts, des Handels, von der Reihe der Waren, worin sie sich als Tauschwert ausdrücken."[77] Die genaue Beachtung dieser Marx'schen Definition der Größe eines Marktes als, wir wiederholen es, dem Umfang der Waren, wogegen sich die Produkte der Arbeit des einzelnen austauschen können, also der Reihe der Waren, worin sie sich als Tauschwerte ausdrücken, ist von entscheidender Bedeutung, will man Aussagen über die Wertgröße gleicher Waren auf dem Markt treffen.

[76] K. Marx, Grundrisse der Kritik der Politischen Ökonomie, a. a. O., S. 903.

[77] K. Marx, Theorien über den Mehrwert, Erster Teil, in: MEW, Bd. 26.1., Berlin 1974, S. 175–176.

Für den in *diesem* Sinne definierten Markt schrieb Marx: „Ob der wirkliche Marktpreis der Größe nach, quantitativ, in einem gegebnen Augenblick diesem Marktwert entspricht oder nicht, jedenfalls hat er die qualitative Bestimmung mit demselben gemein, daß alle auf dem Markt befindlichen Waren derselben Produktionssphäre (Qualität natürlich gleich vorausgesetzt) denselben Preis haben oder faktisch den allgemeinen Wert der Waren dieser Sphäre repräsentieren."[78] Heute wird in der marxistischen Theorie die Größe eines Marktes häufig anders bestimmt, indem man z. B. die Gesamtheit der Käufe und Verkäufe einer Ware als Markt bezeichnet (Erdölmarkt, Steinkohlemarkt usw.) oder indem eine bestimmte Gruppe von ökonomisch und geographisch ähnliche Merkmale aufweisenden Ländern gebildet wird, deren Zirkulationsbeziehungen als Markt bezeichnet werden. Es gibt noch eine Vielzahl anderer Kriterien.

Eine besondere Bedeutung hat die Unterscheidung der Zirkulationsbeziehungen hinsichtlich ihrer sozialökonomischen Spezifika. Sie liegen der Definition des RGW-Marktes wesentlich zugrunde. So schreiben Gräbig, Brendel, Dubrowsky: „Die sozialökonomischen Wesenszüge des sozialistischen Weltmarktes sind gegenwärtig auf dem RGW-Markt als Kern des sozialistischen Weltmarktes am ausgeprägtesten. Ausdruck dafür sind

- die Entwicklung des Außenhandels als organisch eingefügtem Element im Gesamtsystem der zwischen den RGW-Ländern vor sich gehenden sozialistischen ökonomischen Integration;
- die Entwicklung des Außenhandels auf der Basis einer sich verstärkenden planmäßigen und bewußten Kooperation in Wissenschaft und Technik;
- der gegenseitige Warenaustausch auf der Basis der Koordinierung der Pläne der Volkswirtschaften der RGW-Länder;
- eine gemeinsame kollektive sozialistische Währung (transferabler Rubel) bei der Verrechnung des Warenaustausches;
- die Bildung der Außenhandelspreise auf der Grundlage einheitlicher Preisbildungsprinzipien;
- die Abwicklung des Warenaustausches, des Kundendienstes und der Montageleistungen auf der Basis einheitlicher gemeinsam erarbeiteter allgemeiner Bedingungen, durch die eine weitgehende Vereinfachung der notwendigen rechtlichen Vereinbarungen durch Unifizierung möglich ist."[79]

Die Notwendigkeit der Differenzierung der Zirkulationsbeziehungen hinsichtlich obengenannter Kriterien soll in gar keiner Weise bestritten werden. Im Gegenteil. Man muß jedoch stets beachten, daß den Marx'schen Aussagen über den Zusammenhang von Marktgröße und Wertgröße natürlich die Marx'sche Definition der Marktgröße zugrunde liegt. Definiert man die Größe eines Marktes anhand anderer Kriterien, kann man nicht automatisch die von Marx getroffenen Aussa-

[78] K. Marx, Theorien über den Mehrwert, Zweiter Teil, a. a. O., S. 203.

[79] G. Gräbig/G. Brendel/H.-J. Dubrowsky, Ware-Geld-Beziehungen in der sozialistischen ökonomischen Integration, Berlin 1979, S. 48.

gen über den Zusammenhang von Wert- und Marktgröße übernehmen. Das scheint uns besonders bedeutungsvoll für die Untersuchung der Wertgrößen auf dem RGW-Markt zu sein. Der RGW-Markt ist ein regionaler Markt, der sich durch eine Vielzahl Besonderheiten – insbesondere sozialökonomischer Natur – von anderen Märkten abhebt. Gleichzeitig ist er jedoch Teil eines größeren Marktganzen, des Weltmarktes. Er ist also regionaler Markt nicht vor allem in dem Sinne, daß die Reihe Waren, worin sich die Produkte als Tauschwerte ausdrücken, regional beschränkt sei, sondern in dem Sinne, daß aus dem durch diese Reihe definierten Marktganzen ein bestimmter Teil anhand qualitativer Kriterien herausgehoben und in der Kategorie des RGW-Marktes ausgedrückt wird.

Die entscheidende Schlußfolgerung ist die, daß die von Marx hervorgehobene Einheitlichkeit des Marktwertes und damit Marktpreises zumindest als Tendenz über den RGW-Markt hinaus existiert, denn sie wirkt im Rahmen des (von Marx definierten) Marktganzen, obwohl dieser in der Tendenz einheitliche Marktwert seinen Ausdruck in unterschiedlichen Währungen finden mag, und obwohl die RGW-Länder ein Aufwandsniveau haben, das von dem der Gesamtheit der durch den Weltmarkt zusammengeschlossenen Länder unterschieden ist. Seinen sichtbaren Ausdruck findet das in einer tendenziellen Annäherung der Preisrelationen auf dem RGW-Markt an die des Weltmarktes insgesamt. Entsprechend den unterschiedlichen Graden der Marktentfaltung bei den verschiedenen Waren und Warengruppen wirkt diese Tendenz mit unterschiedlicher Intensität. Kohlmey weist auf diesen Zusammenhang hin: „Die Größe und der Grad der Einheitlichkeit, der Geschlossenheit, des Zusammenhangs des Marktes, der die einzelnen Warenproduzenten zu einem gesellschaftlichen Ganzen verknüpft, ist auch heute keineswegs für alle Waren einheitlich. Hier bildet sich eine ganze Stufenleiter von den typischen Welthandelswaren, mit dem Gold an der Spitze, bis hin zu Erzeugnissen, die ganz oder weitgehend auf lokale Märkte beschränkt sind. So haben also einige Waren internationale Wertgrößen und andere wiederum nicht. Aber auch hier muß die historische Tendenz im Auge behalten werden: Entfaltung des universellen Charakters der abstrakten Arbeit."[80]

Bezüglich der genannten Tendenz zur Universalisierung der Wertgrößen ergeben sich also für bestimmte Warengruppen wesentliche Einschränkungen.
Erstens: Das Wertgesetz führt nur dann zu einer tendenziellen Universalität der Wertgrößen, wenn die reale Möglichkeit des Kaufes und Verkaufes der betrachteten Ware oder Warengruppe auf dem gesamten Weltmarkt gegeben ist. Diese Möglichkeit ist aber für eine Vielzahl von Waren, die in Ländern der sozialistischen Gemeinschaft produziert werden, aufgehoben bzw. eingeschränkt. Es handelt sich um Waren,
– die ausschließlich innerhalb des RGW produziert und zirkuliert werden, und

[80] G. Kohlmey, Karl Marx' Theorie von den internationalen Werten mit einigen Schlußfolgerungen für die Preisbildung im Außenhandel zwischen den sozialistischen Staaten, a. a. O., S. 37–38.

es existieren keine (oder noch keine) vergleichbaren Repräsentanten auf den kapitalistischen Hauptwarenmärkten;

- die aufgrund ihrer gebrauchswertmäßigen Beschaffenheit (z. B. extrem leichte Verderblichkeit bei bestimmten Lebensmitteln oder Blumen oder extrem hoher Transportaufwand pro Gebrauchswert im Vergleich zu den Produktionsaufwendungen im engeren Sinn) nur begrenzt regional zirkulieren, obwohl über den gesamten Weltmarkt verteilt;
- die aufgrund der spezifischen Rolle, die ihr Gebrauchswert im gesellschaftlichen Reproduktionsprozeß spielt, nur in begrenzten Größenordnungen im intersystemaren Warenverkehr gehandelt werden.

Eine einheitliche Marktwertgröße auf dem Weltmarkt kann sich hier deshalb nicht herausbilden, weil das Konkurrenzverhältnis zumindest partiell unterbrochen ist.[81] Der Verkauf der Waren zu einem einheitlichen Marktwert setzt aber dieses uneingeschränkte Konkurrenzverhältnis voraus, denn es „... müssen die verschiednen individuellen Werte zu einem gesellschaftlichen Wert, dem ... Marktwert, ausgeglichen sein, und dazu ist eine Konkurrenz unter den Produzenten derselben Art Waren erfordert, ebenso wie das Vorhandensein eines Marktes, auf dem sie gemeinsam ihre Waren anbieten“[82].

Zweitens: Einen besonderen Charakter nimmt die internationale Wertbildung unter sozialistischen Bedingungen an, wenn die Länder eine kollektive Verantwortung für das Aufwandsniveau bei der Produktion bestimmter Waren tragen. Darauf weist Kohlmey hin. „Durch die Entwicklung von direkten internationalen Produktionsbeziehungen mittels Integration entstehen mehr internationale Werte und gehen mehr dieser Werte in die Bildung der volkswirtschaftlichen Werte ein. Aber nicht nur das. Neu wird vor allem sein, daß nunmehr in zunehmendem Maße internationale Werte direkt durch gemeinsame gesellschaftlich notwendige Arbeit entstehen. Das ist ein anderer internationaler Wertbildungsprozeß als bei nationaler Eingrenzung der Produktivkräste und Verbindung von Volkswirtschaften nur über die Zirkulation ... Hier ist die internationale Wertgröße der Durchschnitt der volkswirtschaftlichen Werte oder eine, je nach den Relationen von langfristigem Aufwand und Bedarf, von diesem Durchschnitt ... abweichende Größe. Zu unterstreichen ist, daß der sozialistische Weltmarkt auch die Bildung und die Realisierung der im gemeinsamen Produktionsprozeß entstehenden internationalen Werte vermitteln muß.“[83] Das unmittelbare kollektive Zusammenwirken von Produzenten verschiedener sozialistischer Länder bedeutet, daß die Arbeit unmittel-

[81] Wir fassen die Konkurrenz hier nicht in ihrer spezifischen Form als kapitalistische Konkurrenz, sondern in dem allgemeinen Sinne, in dem Lenin schrieb: „Das Verhältnis zwischen isolierten Produzenten, die für einen gemeinsamen Markt arbeiten, wird Konkurrenz genannt“ (W. I. Lenin, Zur sogenannten Frage der Märkte, a. a. O., S. 88).

[82] K. Marx, Das Kapital, Dritter Band, a. a. O., S. 190.

[83] G. Kohlmey, Wahl von Produktionsstandorten und internationale Mobilität von Produktivkräften in der Wirtschaftsintegration der RGW-Länder, in: Wirtschaftswissenschaft, 9/1973, S. 1309.

bar als Teil der gesellschaftlichen Gesamtarbeit dieser Länder verausgabt wird, unabhängig davon, ob die Verausgabung der Arbeit außerhalb oder innerhalb der Landesgrenzen erfolgt. Daher nimmt die Arbeit, obwohl international ausgetauscht, nicht den Charakter einer universell abstrakten Arbeit an. Die in den Waren verkörperte Arbeit hat sich nicht als Teil einer aller durch den Weltmarkt miteinander verbundenen Volkswirtschaften umfassenden Gesamtarbeit zu bewähren, sondern lediglich als Teil der Gesamtarbeit der den Produktionsprozeß kollektiv betreibenden Länder.

Obwohl die genannten Einschränkungen der Tendenz der universellen Entfaltung des Wertes für einzelne Warengruppen von wesentlicher Bedeutung sind, heben sie nach unserer Meinung die Grundtendenz nicht auf. Wir teilen deshalb nicht die Ansicht einer Reihe marxistischer Ökonomen, daß im Verlaufe der weiteren historischen Entwicklung die Grundtendenz der internationalen Entfaltung des Wertes darin bestehe, daß in zunehmendem Maße die Wertbildung und -realisierung regionalen Charakter annehme.[84] Dieses ist ebensowenig der Fall, wie die weltweite Arbeitsteilung sich zunehmend auf regionale Arbeitsteilung reduziert. Wir verstehen umgekehrt die regionalen Werte als Entfaltungsstufen des Wertes, die Ausdruck der ihm immanenten Tendenz zur Universalität sind.

[84] O. Tarnovskij/N. Mitrofanova, Stojmost' i cena na mirovom socialističeskom rynke, Moskva 1968, S. 37 ff.

2. Das Wesen der komparativen Vorteile und ihre Wirkung auf die Volkswirtschaften der arbeitsteilig produzierenden Länder bei äquivalentem Warenaustausch

2.1. Problemstellung

Die Marx'schen Erkenntnisse über die Wirkung des Wertgesetzes auf internationaler Ebene sind von prinzipieller ökonomischer und politischer Bedeutung für die Gestaltung der Wirtschaftsbeziehungen der sozialistischen Länder untereinander sowie mit Ländern des kapitalistischen Weltwirtschaftssystems. Marx traf Aussagen über Modifikationen der internationalen Wirkungsweise des Wertgesetzes in dreierlei Richtungen: 1. Wie wirkt eine unterschiedliche durchschnittliche nationale Intensität der Arbeit im internationalen Austausch? 2. Wie wirkt eine unterschiedliche nationale Produktivität der Arbeit im internationalen Austausch? 3. Wie wirkt eine unterschiedliche nationale Kompliziertheit der Arbeit im internationalen Austausch?

Die Aussagen lauten: „In jedem Lande gilt eine gewisse mittlere Intensität der Arbeit, unter welcher die Arbeit bei Produktion einer Ware mehr als die gesellschaftlich notwendige Zeit verbraucht, und daher nicht als Arbeit von normaler Qualität zählt. Nur ein über den nationalen Durchschnitt sich erhebender Intensitätsgrad ändert, in einem gegebenen Lande, das Maß des Werts durch die bloße Dauer der Arbeitszeit. Anders auf dem Weltmarkt, dessen integrierende Teile die einzelnen Länder sind. Die mittlere Intensität der Arbeit wechselt von Land zu Land; sie ist hier größer, dort kleiner. Diese nationalen Durchschnitte bilden also eine Stufenleiter, deren Maßeinheit die Durchschnittseinheit der universellen Arbeit ist. Verglichen mit der weniger intensiven, produziert also die intensivere nationale Arbeit in gleicher Zeit mehr Wert, der sich in mehr Geld ausdrückt. Noch mehr aber wird das Wertgesetz in seiner internationalen Anwendung dadurch modifiziert, daß auf dem Weltmarkt die produktivere nationale Arbeit ebenfalls als intensivere zählt, sooft die produktivere Nation nicht durch die Konkurrenz gezwungen wird, den Verkaufspreis ihrer Ware auf ihren Wert zu senken."[1]

„Und selbst die Theorie R(icardos) betrachtet ... können sich 3 Arbeitstage eines Landes gegen einen eines andren austauschen. Das Gesetz des Werts erhält hier wesentliche Modifikation. Oder wie sich innerhalb eines Landes skilled, composed labour zur unskilled, simple verhält, so können sich die Arbeitstage verschiedner Länder verhalten."[2]

[1] K. Marx, Das Kapital, Erster Band, a. a. O., S. 583–584.

[2] K. Marx, Theorien über den Mehrwert, Dritter Teil, a. a. O., S. 101.

Alle drei von Marx aufgeworfenen Fragen laufen letztlich darauf hinaus, daß die unterschiedliche Qualität der in den verschiedenen Volkswirtschaften verausgabten Arbeit bezüglich Intensität, Produktivität und Kompliziertheit dazu führt, daß „... die verschiednen Warenquanta derselben Art, die in verschiednen Ländern in gleicher Arbeitszeit produziert werden, ... also ungleiche internationale Werte (haben), die sich in verschiednen Preisen ausdrücken ..."[3]. Wir können den Sachverhalt auch andersherum formulieren: Dasselbe Quantum Gebrauchswert wird in den verschiedenen Ländern in Abhängigkeit vom Intensitäts-, Produktivitäts- und Kompliziertheitsgrad der Arbeit in verschiedener Arbeitszeit hergestellt, hat also verschiedene nationale Werte trotz eines einheitlichen internationalen Wertes. Mit dieser Differenz zwischen nationaler und internationaler Wertgröße ist ein ganzer Problemkreis aufgeworfen, dessen Kernfragen folgende sind:

1. Ist es mit dem Wesen des Prinzips des äquivalenten Austausches vereinbar, daß auf dem internationalen Markt ständig und massenhaft Waren gegeneinander ausgetauscht werden, deren Herstellung einen unterschiedlichen nationalen Arbeitsaufwand erfordert? Vollzieht sich auf diese Weise nicht eine ständige Umverteilung von Ergebnissen nationaler Arbeit aus den Ländern, die ein überdurchschnittliches Quantum Arbeit erbringen müssen, um dieselbe Menge Gebrauchswerte hervorzubringen, in diejenigen, die diese Menge Gebrauchswerte in geringerer Arbeitszeit schaffen?
2. Was ist das Wesen der Vorteile, die eine Volkswirtschaft und die ein einzelner Exporteur oder Importeur aus der internationalen Arbeitsteilung zieht?

Bis heute gibt es zu beiden Fragen (die meist getrennt diskutiert werden) ein breites Spektrum von Ansichten. Kohlmey kommt nach ausführlicher theoretischer Erörterung zu folgender These: „Der internationale Handel, immer noch Austausch zu internationalen Werten angenommen, ist Umverteilung nationaler Arbeitsaufwendungen, nationaler Arbeitsergebnisse von einem Land, dem weniger produktiven, in das andere, in das produktivere. Das ist eine Kernthese der Marx'schen Theorie der internationalen Werte. Hier entsteht zwar kein qualitativ neues Wertproblem, wohl aber eine wesentliche Modifikation des allgemeinen Wertproblems."[4] Seine Auffassung ist bis heute Grundlage der meisten Darstellungen zu diesem Gegenstand in der DDR. „Infolge eines unterschiedlichen Niveaus der nationalen Arbeitsproduktivität und -intensität befinden sich die verschiedenen Länder im internationalen Handel auch dann in einer ungleichen Lage, wenn ihre Marktpreise dem internationalen Wert entsprechen. Obwohl auch bei einem solchen internationalen Warenaustausch das industriell entwickelte Land mehr Wert realisiert, als produziert wurde, und ein anderes, weniger entwickeltes

[3] K. Marx, Das Kapital, Erster Band, a. a. O., S. 584.

[4] G. Kohlmey, Karl Marx' Theorie von den internationalen Werten mit einigen Schlußfolgerungen für die Preisbildung im Außenhandel zwischen den sozialistischen Staaten, a. a. O., S. 47.

Land produzierten Wert nicht realisieren kann, ist es ein *äquivalenter Warenaustausch.*"[5]

Ähnliche Auffassungen werden von sowjetischen Autoren vertreten, auch sie sprechen von Wertrealisierung höher entwickelter Länder zu Lasten weniger entwickelter. So stellt G. M. Sorokin fest: „Indem Waren zu Weltmarktpreisen mit einem Wert, der unter dem internationalen liegt, verkauft werden, können sie für dieses Land einen Teil des Wertes, der in anderen Ländern geschaffen wird, realisieren."[6] In ähnlicher Weise äußert sich Bautina. Sie weist zusätzlich darauf hin, daß die Frage der Umverteilung immer (auch im nationalen Rahmen) steht, wenn die individuellen Werte vom gesellschaftlichen abweichen.[7] Ein Autorenkollektiv der Parteihochschule beim ZK der KPdSU unter Leitung von G. A. Koslov spricht in diesem Zusammenhang sogar von Nichtäquivalenz: „Es ist möglich, daß nationaler und internationaler Wert nicht übereinstimmen und daß in gewissem Maße ein nichtäquivalenter Austausch erfolgt, wenn der nationale Warenwert höher als der internationale Wert ist."[8] Die Einschränkung, daß die Nichtäquivalenz nur dann auftritt, wenn die nationalen Werte höher sind als die internationalen, scheint nicht ganz durchdacht, denn wenn man eine solche theoretische Konzeption der prinzipiellen Nichtäquivalenz im internationalen Austausch vertritt, muß man sie gleichfalls für den Fall akzeptieren, daß der nationale Wert niedriger als der internationale Wert ist.

Bürgerliche Autoren griffen diesen Ansatz auf und benutzen ihn für Angriffe gegen die Gemeinschaft der RGW-Länder. „Tausch zu internationalen Werten impliziert die Existenz von unterschiedlichen nationalen Werten ... In dem Maße nun, in dem bei den Außenhandelswaren die nationalen Werte von dem internationalen Wert abweichen, wird nationale Arbeit international umverteilt ... Aus dem Gesagten folgt auch, daß im Handel zwischen sozialistischen Staaten notwendig internationale Ausbeutung stattfindet."[9] Hier ist also nicht nur von Umverteilung die Rede, sondern aus den Differenzen zwischen nationalem und internationalem Wert wird kurzerhand auf Ausbeutung geschlossen. Mandel konstatiert den Tausch ungleicher Arbeitsquanta auf dem kapitalistischen Weltmarkt und sieht als erste Hauptquelle „... die Tatsache, daß auf dem Weltmarkt die Arbeit der industrialisierten Länder als intensiver, d. h. wertproduktiver gilt als die der unterentwickelten."[10] Schoeller meint, es käme auf den Standpunkt an: Nähme man den Weltmarkt zur Basis der Wertbemessung, fände bei Austausch zu internationalen Werten keine Umverteilung statt; nähme man aber den nationalen Markt

[5] Autorenkollektiv, Politische Ökonomie des Kapitalismus, Lehrbuch, Berlin 1980, S. 401.

[6] Autorenkollektiv, Nationaleinkommen im Sozialismus, Berlin 1976, S. 212.

[7] Vgl. N. Bautina, Soveršenstvovanie ėkonomičeskich vzaimootnošenij stran-členov SEV, Moskva 1972, S. 107–109.

[8] Autorenkollektiv, Politische Ökonomie, Bd. 4, Berlin 1974, S. 302.

[9] W. Bärtschi/H.-D. Jacobsen, Kritische Einführung in die Außenhandelstheorie, Hamburg 1976, S. 34 und 97.

[10] E. Mandel, Der Spätkapitalismus, Frankfurt/Main 1972, S. 325.

als diese Basis, ließe sich Wertübertragung begründen. Und er fügt hinzu: „Aus Marx' Äußerungen zum Weltmarkt und zum internationalen Handel kann durchaus geschlossen werden, daß er davon ausgeht, daß der nationale Markt die Grundlage für die Wertbildung im auswärtigen Handel ist."[11]

Eine Reihe von Autoren sozialistischer Staaten schreibt im Unterschied zu den bisher dargelegten Positionen marxistischer Autoren, daß es gerade die Durchsetzung der Prinzipien der Äquivalenz und des gegenseitigen Vorteils erfordere, daß die Arbeit des produktiveren Landes international als intensivere anerkannt wird. So formuliert ein Autorenkollektiv der Parteihochschule beim ZK der SED: „Die Durchsetzung des Wertgesetzes auf dem sozialistischen Weltmarkt erfordert die untrennbare Verbindung der Prinzipien des gegenseitigen Vorteils und des äquivalenten Austausches. Da die auf dem Weltmarkt ausgetauschten Waren gesellschaftlich notwendige Arbeit mit unterschiedlichem Produktivitätsgrad verkörpern, können diese Prinzipien nur gewahrt werden, wenn die Arbeit mit höherer Produktivität als Arbeit einer höheren Intensität anerkannt wird. Darin besteht die Modifizierung des Wertgesetzes auf dem Weltmarkt. Sie verhindert, daß Arbeit höherer Produktivität unterbewertet wird und dem Land mit einer niedrigeren Arbeitsproduktivität einseitige ökonomische Vorteile sichert. Nur in dieser modifizierten Form kann das Wertgesetz auf dem sozialistischen Weltmarkt als ein Faktor wirken, der die Steigerung der Arbeitsproduktivität stimuliert."[12]

Ein sowjetisches Autorenkollektiv unter Leitung von Smirnov und Buch legt in „Ware-Geld-Beziehungen im Sozialismus" seinen Standpunkt folgendermaßen dar: „Der internationale Wert wird bestimmt durch die Arbeitsaufwendungen, die im Rahmen der Weltwirtschaft gesellschaftlich notwendig sind. Die Besonderheit des internationalen Werts besteht darin, daß die durchschnittliche gesellschaftliche Arbeit ‚der produktiveren Nation' in ein und derselben Zeiteinheit einen größeren Wert schafft als die Arbeit der weniger produktiven Nation.

Es kann die Frage entstehen: Erweist sich der Austausch zu internationalen Werten als eine Form des nichtäquivalenten Austausches? Der internationale Wert ist eine objektive Erscheinung und der Austausch vollzieht sich auf der Grundlage und in Übereinstimmung mit dem Wertgesetz, das seinen Platz in den Grenzen jedes einzelnen Landes hat. Ähnlich wie der individuelle Wert der Ware von ihrem gesellschaftlichen Wert abweichen kann, d. h. der Menge Arbeitszeit, die notwendig ist für die Produktion einer bestimmten Warenart unter durchschnittlichen Bedingungen für eine gegebene Gesellschaft und ein gegebenes Land, so kann auch der nationale Wert der Ware, die auf den Weltmarkt gelangt, von ihrem internationalen Wert abweichen. Dabei wird der internationale Wert der

11 W. Schoeller, Werttransfer und Unterentwicklung – zur neueren Diskussion um Weltmarkt, Unterentwicklung und Akkumulation des Kapitals in unterentwickelten Ländern (anhand von E. Mandel, Der Spätkapitalismus), in: Probleme des Klassenkampfes, Heft 6, Berlin 1976, S. 112.

12 Autorenkollektiv, Ökonomische Gesetze in der entwickelten sozialistischen Gesellschaft, Berlin 1975, S. 363.

Ware von der gesellschaftlich notwendigen Arbeitszeit bei durchschnittlichen internationalen Bedingungen ihrer Produktion bestimmt. Ungeachtet der Differenz im Niveau des nationalen und internationalen Wertes ein und derselben Waren, hat solch ein Austausch die Möglichkeit einer direken Einsparung durch die Ausnutzung des internationalen Handels zur Folge. Natürlich, das unterschiedliche Niveau der nationalen Produktionskosten bei ein und denselben Erzeugnissen in den einzelnen Ländern bedeutet, daß die für die Produktion von Erzeugnissen aufgewandte nationale Arbeit auf dem Weltmarkt verschiedene Bewertung erfährt."[13]

In einem ähnlichen Sinn stellt auch O. T. Bogomolov die Frage: „Wenn man den Austausch zu internationalen Werten als nichtäquivalent, als nicht dem beiderseitigen Vorteil der Beteiligten dienend ansieht und ihn demzufolge als ungerecht empfindet, so erhebt sich die Frage, was denn eigentlich unter einem äquivalenten, gerechten Austausch zum beiderseitigen Vorteil zu verstehen wäre ... Solange die Warenproduktion besteht und das Wertgesetz innerhalb der Länder sowie auf internationaler Ebene wirkt, ist es unumgänglich, daß die individuellen Arbeitsaufwendungen auf die gesellschaftlich notwendigen, die nationalen auf die internationalen Aufwendungen zurückgeführt werden."[14]

Wir stellen also fest, daß eine Vielzahl marxistischer Autoren der Auffassung ist, daß der Austausch zu internationalen Werten notwendig die Umverteilung nationaler Arbeit einschließt. Unterschiede existieren dahingehend, daß eine Reihe von Autoren, schlußfolgernd aus dieser Tatsache, den Austausch zu internationalen Werten als nichtäquivalenten Austausch ansieht, während andere trotz Anerkennung o. g. Tatsache vom äquivalenten Austausch sprechen. Die Auffassung bürgerlicher Ökonomen, daß im sozialistischen Weltwirtschaftssystem Ausbeutung, resultierend aus den Umverteilungsprozessen nationaler Arbeit, stattfindet, wird von diesen Autoren zurückgewiesen, ohne daß jedoch die Tatsache der Umverteilung selbst bestritten wird. Einige marxistische Autoren sprechen davon, daß die produktivere Nation in kürzerer Zeit einen größeren internationalen Wert schaffe als die weniger produktive; dies sei die Besonderheit des Wirkens des Wertgesetzes auf internationaler Ebene. Diesen Sachverhalt gilt es also im folgenden zu untersuchen.

Eng mit der Frage nach dem Wesen der Äquivalenz verbunden ist die Frage nach dem Wesen der Effekte, die sich aus der internationalen Arbeitsteilung ergeben. Unseres Wissens existieren hierzu bisher zwei grundsätzliche Auffassungen. Gemeinsam ist beiden, daß sie den Effekt der internationalen Arbeitsteilung

- in der Umwandlung der produzierten Struktur der Gebrauchswerte entsprechend dem Bedarf der Volkswirtschaft sowie
- in der Erhöhung des verfügbaren Quantums Gebrauchswerte auf der Grundlage der Einsparung gesellschaftlicher Arbeit sehen.

Der entscheidende Unterschied wird aus dem Vergleich der Zitate von zwei

[13] Autorenkollektiv, Tovarno-denežnye otnošenija pri socializme, Moskva 1973, S. 309–310.

[14] O. T. Bogomolow, Theorie und Methodologie der internationalen sozialistischen Arbeitsteilung, Berlin 1969, S. 113 und S. 112.

typischen Vertretern der verschiedenen Standpunkte deutlich. So schreibt Rybakov: „Im Ergebnis der Außenhandelsoperation vollzieht sich ein Wachstum des physischen Umfanges des Nationaleinkommens, weil sich bei denselben Arbeitsaufwendungen (für die Produktion der Exportwaren) die qualitative Zusammensetzung der Waren verändert. Dabei wendet das Land so viel gesellschaftlich notwendige Arbeit auf, um die Importware zu erhalten, wie für die Exportwaren notwendig war. Deshalb ist es in diesem Falle falsch, die Frage des Wachsens des Wertes des Nationaleinkommens zu betrachten: es vergrößert sich der physische Umfang des Nationaleinkommens."[15] In der DDR ist die Auffassung, daß die wertmäßige Größe des Nationaleinkommens durch den Außenhandel direkt nicht berührt werde, vor allem mit dem Namen Fröhlich verbunden.[16] Bleßing vertritt dagegen folgende Meinung: „Nach unserer Ansicht wird ... durch den Außenhandel neben der gebrauchswertmäßigen Veränderung des gesellschaftlichen Gesamtprodukts auch die Wertsumme des Nationaleinkommens beeinflußt. Von allen Diskussionsteilnehmern ist unbestritten, daß der Volkswirtschaft über den Außenhandel eine größere Menge an Gebrauchswerten zur Verfügung gestellt werden kann. Es tritt also eine ähnliche Wirkung auf das verfügbare Nationaleinkommen ein wie bei einer Steigerung der Arbeitsproduktivität im Zuge des wissenschaftlich-technischen Fortschritts. Der Unterschied besteht lediglich darin, daß im letztgenannten Fall unmittelbar das produzierte und damit zugleich das verfügbare Nationaleinkommen erhöht wird, während die Effekte aus der Außenhandelstätigkeit als Differenz zwischen dem produzierten und dem verfügbaren Nationaleinkommen erscheinen. Bei unserer Argumentation stützen wir uns auf die Erkenntnisse von Karl Marx in seiner Auseinandersetzung mit Ricardo über die Wirkung des Wertgesetzes in den internationalen ökonomischen Beziehungen eines Landes."[17]

Es geht also um die Frage, wie internationale Arbeitsteilung und Außenhandel Einfluß auf das Nationaleinkommen in den Ländern nehmen. Und wir müssen diese Frage noch weiterführen, denn die Wirtschaftspraxis stellt mit Recht die Forderung, nicht nur deutlich zu machen, welche Effekte sich für die gesamte Volkswirtschaft ergeben, sondern ebenso zu klären, wo diese Effekte erscheinen, welche Gestalt sie annehmen. Dies ist Bedingung dafür, daß die Effektivität richtig bestimmt und die Leitung der Volkswirtschaft im Sinne der höchsten Effektivität erfolgen kann.[18] Die Einigkeit der Ökonomen in diesem (vergleichsweise

[15] O. Rybakov, Ėkonomičeskaja ėffektivnost' sotrudničestva SSSR s socialističeskimi stranami, Moskva 1975, S. 40.

[16] Vgl. G. Fröhlich, Nutzeffekt der internationalen Arbeitsteilung Gebrauchswert – Wert, in: Sozialistische Außenwirtschaft, 7/8/1971; sowie: G. Fröhlich, Ein theoretisches Problem außenwirtschaftlicher Effektivität, in: Wirtschaftswissenschaft, 4/1982.

[17] Autorenkollektiv, Effektivität der Außenwirtschaftsbeziehungen der sozialistischen Volkswirtschaft, Berlin 1977, S. 73.

[18] Wir betrachten die Effektivität nur soweit, wie sie mit dem oben aufgeworfenen Problem der Differenz zwischen nationalen und internationalen Werten zusammenhängt. Damit ist

sekundären) Aspekt der Frage kann naturgemäß nicht größer sein als bei dem Grundproblem des Wesens des Gesamteffektes.

Der Ausgangspunkt für die Behandlung aller aufgeworfenen Fragen ist die Klärung der Prozesse, die zu einer Differenzierung von individuellem und gesellschaftlichem bzw. von nationalem und internationalem Wert führen. Wir werden uns im folgenden aus die Frage der differenzierten Entwicklung von Produktivität und Intensität der Arbeit beschränken.

Zum unterschiedlichen Kompliziertheitsgrad der Arbeit in den verschiedenen Ländern sei hier nur folgendes bemerkt: Komplizierte Arbeit – so Marx – gilt als potenzierte einfache Arbeit.[19] Dieser Satz schließt wenigstens drei wichtige Aspekte ein. Zunächst wäre festzuhalten, daß komplizierte Arbeit nicht einfache Arbeit ist, *wäre* sie es, bräuchte sie nicht als solche zu *gelten*. Komplizierte Arbeit ist eine besondere Weise der Verausgabung von Hirn, Nerv, Muskel etc., die vom Durchschnittsindividuum voraussetzungslos nicht zu erbringen ist. Es ist ihre spezifische Beschaffenheit, derzufolge es zu ihrer Ausübung besonderen Talents, besonderer Erfahrung (nicht nur individueller, sondern auch über Generationen vermittelter) und/oder besonderer Ausbildung bedarf. Komplizierte Arbeit ist der Gegensatz zu einfacher Arbeit. Zweitens soll komplizierte Arbeit als einfache gelten, was letztlich nichts anderes bedeutet, als daß die spezifische Beschaffenheit dieser Arbeit der aller anderen gleichgesetzt oder als gleichgültig gesetzt wird. Daß die Beschaffenheit der Arbeit als gleichgültig gesetzt ist, obwohl sie tatsächlich ungleich ist, funktioniert unter der historischen Voraussetzung, daß die dominierende Arbeitsweise die Verausgabung einfacher Arbeit ist. Der komplizierte Arbeit verausgabende Teilarbeiter bedarf zu seiner Reproduktion wesentlich der Produkte einfacher Arbeit, also Arbeit, die in bestimmten Quanta gegeneinander ausgetauscht werden kann, weil ihre Beschaffenheit gleich ist. Komplizierte Arbeit muß sich als Bedingung ihrer Reproduzierbarkeit dieser ihr widersprechenden Voraussetzung unterwerfen, sie wird formell unter die Voraussetzung der Warenproduktion – Gleichheit der verausgabten Arbeiten – subsumiert. Drittens gilt sie nun nicht schlechthin als einfache, sondern als zusammengesetzte, multiplizierte oder potenzierte einfache Arbeit. Welchen Marx'schen Ausdruck wir auch immer wählen, immer steckt darin, daß komplizierte Arbeit ein Mehrfaches einfacher Arbeit. Soweit ein Unterschied zwischen einfacher und komplizierter Arbeit gilt, ist es ein quantitativer. Das Aufheben des qualitativen Unterschiedes und das Setzen des Quantitativen ist ein identischer Akt. Die Arbeit hat sich gleichgültig gegen die Beschaffenheit ausschließlich unter dem Gesichtspunkt ihres Resultates zu bewähren. Das von ihr hervorgebrachte Resultat wird entweder als Ergebnis einfacher Arbeit spezifischen Wirkungsgrades (produktivere)

von vornherein nur ein – wenn auch wesentlicher – Teil der Gesamteffekte angesprochen. Fragen der optimalen Losgrößen u. ä. werden nicht untersucht.

19 Vgl. K. Marx, Das Kapital, Erster Band, a. a. O., S. 59. „Kompliziertere Arbeit gilt nur als *potenzierte* ... einfache Arbeit, so daß ein kleineres Quantum komplizierter Arbeit gleich einem größeren Quantum einfacher Arbeit."

oder als Ergebnis der Zusammenballung einfacher Arbeit durchschnittlichen Wirkungsgrades (intensivere) beurteilt. Im nächsten Abschnitt wird sich zeigen, inwieweit diese beiden Bestimmungen zusammenfallen. Wenn wir also im folgenden die differenzierte Produktivität und Intensität der Arbeit in ihrer Wirkung auf die Wertbildung untersuchen, so heißt das nicht, daß der differenzierte Kompliziertheitsgrad der Arbeit nicht Berücksichtigung fände. Er findet soweit Berücksichtigung, wie er für das Wertgesetz, das gemeinschaftliche Substanz aller Werte unterstellt, relevant ist, soweit also, wie der differenzierte Kompliziertheitsgrad Resultate hervorbringt, die denen differenzierter Produktivität oder Intensität gleichen.

2.2. Produktivitäts- und Intensitätssteigerungen der Arbeit in ihrer Wirkung auf die Wertbildung

Marx erörtert im ersten Band des „Kapital" ausführlich die Wirkung von Erhöhung der Produktivität und Intensität der Arbeit auf den Wert der einzelnen Ware und die Gesamtsumme der in einer fixierten Zeiteinheit produzierten Werte. Die entscheidende Stelle in diesem Zusammenhang findet sich im 15. Kapitel (Größenwechsel von Preis der Arbeitskraft und Mehrwert), wo es heißt: „Wachsende Intensität der Arbeit unterstellt vermehrte Ausgabe von Arbeit in demselben Zeitraum. Der intensivere Arbeitstag verkörpert sich daher in mehr Produkten als der minder intensive von gleicher Stundenzahl. Mit erhöhter Produktivkraft liefert zwar auch derselbe Arbeitstag mehr Produkte, aber im letztern Fall sinkt der Wert des einzelnen Produkts, weil es weniger Arbeit als vorher kostet, im erstern Fall bleibt er unverändert, weil das Produkt nach wie vor gleichviel Arbeit kostet. Die Anzahl der Produkte steigt hier ohne Fall ihres Preises. Mit ihrer Anzahl wächst ihre Preissumme, während dort dieselbe Wertsumme sich nur in vergrößerter Produktenmasse darstellt."[20]

Erhöhung der Intensität der Arbeit heißt also Verausgabung einer größeren Menge Arbeit in gleichem Zeitraum mit dem Ergebnis einer größeren Menge produzierter Gebrauchswerte in diesem Zeitraum. Erhöhung der Produktivität der Arbeit heißt Erhöhung des Wirkungsgrades der gleichen Menge Arbeit im gleichen Zeitraum mit dem Ergebnis einer größeren Menge produzierter Gebrauchswerte in diesem Zeitraum. Im ersten Falle stellt sich also entsprechend dem Wertgesetz die Arbeit in einer größeren Wertsumme dar, im zweiten bleibt die Wertsumme unverändert, denn: „Produktivkraft ist natürlich stets Produktivkraft nützlicher, konkreter Arbeit und bestimmt in der Tat nur den Wirkungsgrad zweckmäßiger produktiver Tätigkeit in gegebnem Zeitraum ... Da die Produktivkraft der konkreten nützlichen Form der Arbeit angehört, kann sie natürlich die Arbeit nicht mehr berühren, sobald von ihrer konkreten nützlichen Form abstrahiert

[20] K. Marx, Das Kapital, Erster Band, a. a. O., S. 547.

wird. Dieselbe Arbeit ergibt daher in denselben Zeiträumen stets dieselbe Wertgröße, wie immer die Produktivkraft wechsle."[21] Das Wertprodukt bleibt also bei Produktivitätserhöhung unverändert. Es verteilt sich auf ein größeres Quantum Gebrauchswerte, der Wert pro Produkt sinkt. Letzteres gilt allerdings nur, sofern die Produktivitätserhöhung die durchschnittliche zweigliche Arbeit betrifft. Wenn der einzelne Produzent seine Produktivität erhöht, hat er eine andere Wirkung im Auge als die der Senkung des Werts seiner Waren, denn die Menge Gebrauchswerte, die er durch den Verkauf seiner Waren erhält, ist um so größer, je größer das in seinen Waren verkörperte Quantum gesellschaftlich notwendiger Arbeit. Dem einzelnen Produzenten geht es bei der Produktivitätserhöhung um die relative Produktivität[22], d. h., er will das in seinen Waren verkörperte Quantum allgemeiner, gesellschaftlich notwendiger Arbeitszeit in möglichst geringer individueller Arbeitszeit erbringen. Daß er, indem er die individuelle senkt, auch die gesellschaftlich notwendige in gewisser Proportion senkt, ist ungewolltes Resultat. Was er im Auge hat, ist dies: „Die Arbeit von ausnahmsweiser Produktivkraft wirkt als potenzierte Arbeit oder schafft in gleichen Zeiträumen höhere Werte als die gesellschaftliche Durchschnittsarbeit derselben Art."[23] Im Hinblick auf die von uns zu erörternde Problematik können wir diesen Satz auch folgendermaßen lesen: Die Arbeit von ausnahmsweiser Produktivkraft wirkt als intensivere Arbeit oder schafft in gleichen Zeiträumen höhere Werte als die gesellschaftliche Durchschnittsarbeit derselben Art. Die Ursache dafür, daß produktivere Arbeit unter bestimmten Bedingungen als intensivere zählt, liegt darin, daß gemäß dem Wertgesetz die Waren nicht entsprechend der in ihnen verkörperten individuellen Arbeitszeit ausgetauscht werden, sondern entsprechend der gesellschaftlich notwendigen Arbeitszeit, die zur Reproduktion der Waren erheischt ist.

Das Wertgesetz vereinigt so zwei einander diametral entgegenstehende Bestimmungen in sich. Die Erhöhung der Produktivität der Arbeit senkt den Wert der Waren (im Maße der Senkung des Aufwandes allgemeiner, gesellschaftlich notwendiger Arbeit) und erhöht die wertschöpfende Potenz der Arbeit (im Maße der Erhöhung der relativen Produktivität der individuellen Arbeit). Seine Wirkung ist nur aus der Einheit dieser einander widersprechenden Bestimmungen erklärbar. Ausführlich stellt Marx in den „Theorien über den Mehrwert" dar, wie sich diese widersprüchliche Wirkung vermittels der innerzweiglichen Konkurrenz durchsetzt. „Die Konkurrenz teils der Kapitalisten untereinander, teils der Käufer der Waren mit ihnen und unter sich, bewirkt hier also, daß der Wert jeder einzelnen Ware in einer besonderen Produktionssphäre bestimmt ist durch die Gesamtmasse der gesellschaftlichen Arbeitszeit, die die Gesamtmasse der Waren dieser besondren gesellschaftlichen Produktionssphäre erheischt, und nicht durch die individu-

[21] Ebenda, S. 60–61.

[22] Mathematisch: Der Quotient aus der gesellschaftlich notwendigen Arbeitszeit und der individuellen Arbeitszeit pro Gebrauchswert.

[23] K. Marx, Das Kapital, Erster Band, a. a. O., S. 337.

ellen Werte der einzelnen Waren oder die Arbeitszeit, die die einzelne Ware ihrem besondren Produzenten und Verkäufer gekostet hat. ... Die unter den günstigeren Bedingungen produzierte Ware enthält weniger Arbeitszeit als die unter ungünstigeren produzierte, verkauft sich aber zum selben Preis, hat denselben Wert, als ob sie dieselbe Arbeitszeit, die sie nicht enthält, enthielte."[24]

Für die behandelte Problematik erweist sich als bedeutsam, daß produktivere Arbeit dann, nur dann, als intensivere zählt, wenn innerhalb desselben Zweiges Produzenten niederer Produktivität auftreten, weil die Konkurrenz der Produzenten eines Zweiges die Herausbildung des Marktwertes bewirkt, dem die Verausgabung von Arbeit gesellschaftlich notwendiger Intensität und Produktivität zugrunde liegt. Wir betonen ausdrücklich, daß es sich hier um *Vorgänge innerhalb des Zweiges* handelt, weil, wie wir später sehen werden, die Nichtbeachtung dieses Umstandes bei der Beurteilung internationaler Austauschprozesse Ursache vielfältiger Verwechslung ist. Uns interessiert nun die Frage, ob beim Verkauf der Waren zum einheitlichen Marktwert das dem produktiveren Produzenten zufallende Surplus[25] in Höhe der Differenz zwischen seinem individuellen und dem gesellschaftlichen Wert Umverteilungsprozessen entspringt, oder ob nicht vielmehr dieses Surplus Ausdruck des vom Produzenten in der Produktionssphäre selbst geschaffenen Vorteils ist?

Ein Beispiel soll das Problem verdeutlichen. Zwei Produzenten sollen je eine Tonne eines beliebigen Stoffes in 11 Stunden produzieren und diese auf dem Markt verkaufen. Der Marktwert für diesen Stoff, gesetzt beide Tonnen finden Absatz und sättigen die Nachfrage und es tritt kein weiterer Produzent auf, würde 11 Stunden pro Tonne betragen. Angenommen, es gelänge einem der Produzenten durch Produktivitätssteigerung, diese Tonne Stoff in 9 Stunden zu produzieren und er wendete tatsächlich nur diese 9 Stunden für die Produktion auf und wendet die überflüssigen 2 Stunden für ein anderes Produkt auf, so würde sich ein Marktwert von 10 Stunden pro Tonne herausbilden. Jeder der beiden Produzenten würde 50 % des geschaffenen und realisierten Werts für sich beanspruchen, obwohl der eine 55 % der Gesamtarbeitszeit, der andere nur 45 % der Gesamtarbeitszeit aufwendete.

Gehen wir zunächst einmal von der These aus, daß das Surplus des produktiveren Produzenten von 1 Stunde, dem der Verlust des weniger produktiven von 1 Stunde entspricht, durch Umverteilung von individueller Arbeit des weniger produktiven zugunsten des produktiveren entsteht. Versuchen wir, uns das gebrauchswertmäßig vorzustellen. Der weniger produktive verliere 1 Stunde individueller Arbeitszeit. Das entspricht 0,0909 Tonnen des Stoffes. Der produktivere gewinne 1 Stunde individueller Arbeitszeit. Dieser 1 Stunde entsprechen aber ge-

[24] K. Marx, Theorien über den Mehrwert, Zweiter Teil, a. a. O., S. 203–204.

[25] Da es uns hier um die spezifisch gesellschaftliche Form als kapitalistischer Extramehrwert oder sozialistischer Extragewinn geht, verwenden wir in Anlehnung an Marx den Ausdruck „Surplus".

mäß seiner Produktivität 0,11 Tonnen Stoff. Offensichtlich ist es unmöglich, daß die vom Produzenten A in 1 Stunde hervorgebrachten Gebrauchswerte quantitativ gleich den vom Produzenten B hervorgebrachten Gebrauchswerten sind. Daraus folgt ebenso offensichtlich, daß der weniger produktive Produzent niemals in der Lage sein kann, innerhalb der 1 Stunde, die er angeblich verliert, eine solche Menge Gebrauchswerte hervorzubringen, um dem produktiveren Produzenten einen Surplus von ebenfalls 1 Stunde zu ermöglichen. Er bedürfte dazu einer größeren Arbeitszeit. Da nun aber, unabhängig davon, wie viele Produzenten wir in die Betrachtung einbeziehen, die gesellschaftlich notwendige Arbeitszeit im Normalfall gleich der durchschnittlichen Arbeitszeit innerhalb des Zweiges ist, es andererseits den Durchschnitt auszeichnet, daß die Summe der positiven und negativen Abweichungen Null ergibt, d. h. in jedem Falle die „zuviel" verausgabte Arbeitszeit gleich der „zuwenig" verausgabten ist, entsteht ein offenkundiger Widerspruch.

Auch mit der Annahme, daß nicht individuelle Arbeit, sondern Wert umverteilt wird, gerät man in Widersprüche. Wenn man der Auffassung ist, daß das Surplus seine Quelle in der Umverteilung von Wert hat, der von weniger produktiven Produzenten geschaffen wurde zugunsten produktiverer Produzenten, so heißt das mit anderen Worten, daß der weniger produktive Produzent gesellschaftlich notwendige Arbeit verausgabt, die er nicht realisieren kann, weil gleiche Mengen gesellschaftlich notwendiger Arbeit ausgetauscht werden, d. h. zum Wert ausgetauscht wird. Entsprechend unserem Beispiel müßte man gleichzeitig der Auffassung sein, daß 11 Stunden gesellschaftlich notwendig sind (darin läge die Quelle des Umverteilten, denn der weniger produktive Produzent müßte ja 11 Stunden gesellschaftlich notwendige Arbeit verausgabt haben, d. h. einen Wert von 11 Stunden geschaffen haben, von dem ihm im Austausch 1 Stunde „wegverteilt" wird) und daß 10 Stunden gesellschaftlich notwendig sind (darin läge die Ursache der Umverteilung, denn der weniger produktive kann ja gerade deshalb seine 11 Stunden nicht realisieren, weil nur 10 Stunden als gesellschaftlich notwendig anerkannt wurden).

Ganz offensichtlich wird zwischen den Produzenten weder individuelle Arbeit noch Wert umverteilt. Indem der weniger produktive Produzent 11 Stunden seiner individuellen Arbeit verausgabt, verausgabt er 10 Stunden gesellschaftlich notwendiger Arbeit, jene 11 Stunden sind diese 10 Stunden, es ist dieselbe Menge derselben Arbeit, weil größere Menge Arbeit minderer Qualität (geringeren Wirkungsgrades). Umgekehrt beim produktiveren Produzenten. Er hat, indem er 9 Stunden seiner produktiveren individuellen Arbeit verausgabt, 10 Stunden gesellschaftlich notwendiger Arbeit verausgabt. Jeder der beiden Produzenten – der produktivere wie auch der minder produktive – realisiert genau seine Menge aufgewendeter individueller Arbeit, indem er das dieser Menge individueller Arbeit entsprechende Quantum gesellschaftlich notwendiger Arbeit realisiert. Das, was er realisiert, sind 10 Stunden gesellschaftlich notwendiger Arbeit, das heißt Arbeit gesellschaftlich notwendiger Produktivität, die er jetzt auf seine individuelle Arbeit, Arbeit individueller Produktivität, umrechnen muß. Erforderte die Umrechnung der individuellen Arbeitszeit in gesellschaftlich notwendige die Multiplikation seiner individuellen Stundenzahl mit seiner relativen Produktivität, so erfordert die jetzige Aufgabe nichts als die Umkehrung dieser Operation. Tatsächlich wirft einer mehr Arbeit in die Zirkulation, als ihm zurückfließt, und der andere weniger. Aber es heißt dem äußeren Schein folgen, wenn man daraus schlußfolgert, daß deshalb dem einen etwas „wegverteilt", dem anderen etwas „zugeteilt" wird. Der eine gibt mehr Arbeit geringeren spezifischen Gewichts gegen weniger Arbeit höheren spezifischen Gewichts, der andere weniger Arbeit höheren spezifischen Gewichts gegen mehr Arbeit geringeren spezifischen Gewichts. Es werden beim Äquivalentenaustausch ungleiche Mengen ungleicher individueller Arbeit ausgetauscht dadurch, daß gleiche Mengen gleicher gesellschaftlicher Arbeit ausgetauscht werden. Gleiche Mengen gleicher gesellschaftlicher Arbeit heißt gleiche Mengen Arbeit gleicher relativer Produktivität und Intensität, gleich schwere Momente der allgemeinen gesellschaftlichen Arbeitszeit (Marx).

Der Produzent höherer Produktivität und Intensität ist im Vorteil gegenüber dem niederer Produktivität und Intensität, so wie der von zwei für den eigenen Bedarf produzierenden Weinbauern im Vorteil ist, der mehr Wein produziert als der andere in gleicher Zeit. Der Unterschied ist nur, daß bei ihnen der Vorteil nicht über die Zirkulation vermittelt ist, da sie den von ihnen benötigten Gebrauchswert selbst herstellen. Angenommen, sie würden abstinent und würden einen anderen Stoff dem von ihnen selbst produzierten vorziehen, was hätte sich nach vollzogener Zirkulation für sie geändert?

Der produktivere Weinbauer würde im Vergleich zu seinem weniger produktiven Kollegen statt über ein größeres Quantum Wein nun über ein größeres Quantum jenes anderen Stoffes, z. B. Tuch, verfügen. Das ist sein Vorteil. Aber stammt dieser Vorteil aus der Zirkulation? Die Zirkulation hat lediglich den gebrauchswertmäßigen Ausdruck dieses Vorteils verändert, sie hat ihn weder geschaffen noch seine Größe verändert. Ist der eine Weinbauer doppelt so produktiv wie der andere, so verfügt er jetzt statt über doppelt so viel Wein über doppelt so viel Tuch, sofern die Gesamtmenge des produzierten Weines in die Zirkulation geworfen wurde. Haben beide die gleiche Menge Wein in die Zirkulation geworfen, so werden beide die gleiche Menge Tuch herausziehen. Der produktivere Weinbauer braucht für diese Menge Wein resp. Tuch nur die Hälfte an Arbeit aufzuwenden wie sein Kollege. Dies aber doch nur deshalb, weil seine Arbeit, im Vergleich zu der seines Kollegen, Arbeit höherer Qualität ist, weil er in der Hälfte der Zeit dasselbe Arbeitsergebnis hervorzubringen imstande ist wie sein Kollege in der vollen Zeit.

Jeder Produzent erhält in Form der Produkte anderer Zweige für das Geld, das er erlöst, so viele Gebrauchswerte zurück, wie ein Produzent gleicher relativer Produktivität und Intensität jener Zweige im gleichen Zeitraum hervorbringen würde. Die weitverbreitete Ansicht, daß ein unterdurchschnittlich produktiver Produzent die Arbeitszeit, die er über das gesellschaftlich notwendige Maß hinaus für die Produktion des Gebrauchswertes aufwendet, in der Zirkulation nicht realisieren kann, ist also genau genommen nicht exakt. Jede Minute seiner Arbeitszeit wird voll anerkannt – anerkannt allerdings als das, was sie ist, als Arbeit minderer Qualität, niederen spezifischen Gewichts. Analog beim produktiveren Produzenten: Seine Arbeit wird in der Zirkulation als Arbeit höheren spezifischen Gewichts anerkannt, und das ist sie auch. Wenn die Zirkulation ein bestimmtes Quantum individueller Arbeit (individuellen Werts) einem größeren Quantum gesellschaftlich notwendiger Arbeit (gesellschaftlichen Werts) gleichsetzt, weil die Produktivität der individuellen Arbeit überdurchschnittlich ist (die relative Produktivität > 1 ist) oder ein bestimmtes Quantum individueller Arbeit (individuellen Werts) einem kleineren Quantum gesellschaftlich notwendiger Arbeit (gesellschaftlichen Werts) gleichsetzt, weil die Produktivität der individuellen Arbeit unterdurchschnittlich ist (die relative Produktivität < 1 ist), so ist das nicht eine Reduktion von quantitativ Ungleichem gleicher Qualität, sondern eine Reduktion von quantitativ Ungleichem ungleicher Qualität auf quantitativ Gleiches gleicher Qualität. Das ist der Punkt, der übersehen wird, wenn von Umverteilung gesprochen wird, sofern Produzenten einen gesellschaftlichen Wert realisieren, der sich quantitativ von ihrem individuellen Wert unterscheidet.

Die Reduktion individueller auf gesellschaftliche, allgemeine Arbeit ist ein qualitativer Prozeß. Ungleiche individuelle Arbeit wird auf qualitativ gleiche Arbeit (Marx: Arbeit des einzelnen ohne Unterschied von andern einzelnen) reduziert und damit vergleichbar gemacht. *Gleiche Mengen gleicher allgemeiner Arbeit werden gegeneinander ausgetauscht, das ist das Wesen der Äquivalenz.* Ist der individuelle Wert der Ware eines Produzenten niedriger als der gesellschaftliche Wert, so ist das Indikator dafür, daß seine Arbeit überdurchschnittlicher Qualität ist. „Der Unterschied von Marktwert und individuellem Wert eines Produkts kann sich ... nur auf die verschiedenen degress of productivity beziehn, womit bestimmtes Quantum Arbeit verschiedne Portionen des Gesamtprodukts hervorbringt."[26] Diese höhere Qualität seiner Arbeit verwertet sich für ihn als Surplus. Entsprechend (umgekehrt) beim weniger produktiven Produzenten.

Marx untersuchte diese Frage anhand des Extramehrwerts, der kapitalistischen Form des Surplus, der der überdurchschnittlichen Produktivität der Arbeit einzelner Produzenten entspringt. Die ausführliche Darstellung findet sich im Manuskript von 1861–1863: „Der Werth der Waare ist durch die in ihr enthaltne *gesellschaftlich nothwendige* Arbeitszeit bestimmt. Bei Einführung neuer Maschinerie, so lange die Masse der Production noch auf Grundlage der alten Productionsmittel fortdauert, kann der Capitalist die Waare *unter* ihrem gesellschaftlichen Werth verkaufen, obgleich er sie über ihrem individuellen Werth verkauft, d. h. über der *Arbeitszeit* die er unter dem neuen Productionsproceß zu ihrer Herstellung bedarf. Hier scheint also der Mehrwerth für ihn aus dem Verkauf – der Uebervortheilung der andren Waarenbesitzer, dem Steigen des Preisses der Waare über ihren Werth,

[26] K. Marx, Theorien über den Mehrwert, Zweiter Teil, S. 269.

herzustammen, nicht aus der Verminderung der nothwendigen Arbeitszeit und der Verlängerung der Surplusarbeitszeit. Indeß ist auch das nur Schein. Durch die ausnahmsweise Productivkraft, die die Arbeit hier im Unterschied von der Durchschnittsarbeit in demselben Geschäftszweig erhalten, wird sie im Verhältniß zu derselben höhre Arbeit, so daß z. B. eine Arbeitsstunde derselben gleich $\frac{5}{4}$ Arbeitsstunden der Durchschnittsarbeit, einfache Arbeit auf höherer Potenz. Der Capitalist zahlt sie aber wie die Durchschnittsarbeit. Eine geringere Zahl Arbeitsstunden wird so gleich einer grösseren Zahl Arbeitsstunden der Durchschnittsarbeit. Er bezahlt sie als Durchschnittsarbeit und verkauft sie als das, was sie ist, höhere Arbeit, von der ein bestimmtes Quantum = einem höheren Quantum der Durchschnittsarbeit. Der Arbeiter braucht hier also nur geringre Zeit zu arbeiten, unter der Voraussetzung, als der Durchschnittsarbeiter, um denselben Werth zu produciren. Er arbeitet also in der That geringere Arbeitszeit – als der Durchschnittsarbeiter – um das Equivalent für seinen Arbeitslohn oder die zur Reproduction seines Arbeitsvermögens nöthigen Lebensmittel zu produciren. Er giebt also eine grössre Zahl Arbeitsstunden als Surplusarbeit dem Capitalisten, und es ist nur diese relative Surplusarbeit, die dem letztern beim Verkauf den Ueberschuß des Preisses der Waare über ihren Werth liefert. Er realisirt diese Surplusarbeitszeit, oder was dasselbe, diesen Surpluswerth nur im Verkauf, der also nicht aus dem Verkauf, sondern aus der Verkürzung der nothwendigen Arbeitszeit und daher der relativen Vermehrung der Surplusarbeitszeit herstammt.“[27]

Marx verwirft also mit aller Entschiedenheit die Auffassung, daß der Extramehrwert aus dem Verkauf, der Übervorteilung anderer Kapitalisten stamme. Der Extramehrwert entspringt einzig und allein der produktiveren Arbeit der dem Kapitalisten unterstellten Arbeiter. Bei Marx ist nicht von Umverteilung die Rede. Produktivere Arbeit als die der Konkurrenten, d. h. Arbeit höherer relativer Produktivität, ist Arbeit höherer wertschöpfender Potenz, und diese verwertet der Kapitalist, indem er sie als solche verkauft, aber nicht als solche zahlt, denn er zahlt überhaupt nicht die Arbeitskraft, soweit sie Wert schafft, sondern soweit sie Wert hat.

Die unterschiedliche relative Produktivität der verschiedenen Produzenten innerhalb der verschiedenen Zweige ist von entscheidender Bedeutung für die Richtung der Entwicklung der Arbeitsteilung und des Austausches. Bevor wir uns der Frage der internationalen Austauschbeziehungen zuwenden, müssen wir diesen Zusammenhang näher betrachten. Marx schreibt: „Soweit es sich um den Gebrauchswert handelt, ist es klar, daß beide Austauscher gewinnen können. Beide veräußern Waren, die ihnen als Gebrauchswert nutzlos, und erhalten Waren, deren sie zum Gebrauch bedürfen. Und dieser Nutzen mag nicht der einzige sein. A, der Wein verkauft und Getreide kauft, produziert vielleicht mehr Wein, als Getreidebauer

[27] K. Marx, Zur Kritik der politischen Ökonomie, (Manuskript 1861–1863), in: MEGA II., Bd. 3.1., Berlin 1979, S. 292–293.

B in der selben Arbeitszeit produzieren könnte, und Getreidebauer B in der selben Arbeitszeit mehr Getreide, als Weinbauer A produzieren könnte. A erhält also für denselben Tauschwert mehr Getreide und B mehr Wein, als wenn jeder von den beiden, ohne Austausch, Wein und Getreide für sich selbst produzieren müßte. Mit Bezug auf den Gebrauchswert also kann gesagt werden, daß ‚der Austausch eine Transaktion ist, worin beide Seiten gewinnen'. Anders mit dem Tauschwert."[28] Dieses Zitat weist darauf hin, wie über den Austausch von Äquivalenten Vorteile realisiert werden, die sich aus der gesellschaftlichen Arbeitsteilung, der Spezialisierung einzelner Produzenten auf bestimmte Zweige, ergeben. Es geht wohlgemerkt um gebrauchswertmäßige Vorteile für beide Produzenten, die sich aus der Einsparung von Arbeitszeit bei der Produktion derselben Menge Gebrauchswerte bzw. der Erhöhung der produzierten Menge Gebrauchswerte in derselben Arbeitszeit ergeben. Es handelt sich also wiederum um die Frage der Erhöhung der Produktivkraft der Arbeit und die Verteilung der sich daraus ergebenden Einsparungen beim Austausch von Äquivalenten, gleichen Mengen allgemeiner Arbeit.

Wir wollen zunächst untersuchen, unter welchen Bedingungen die Aufnahme einer spezialisierten Produktion bei Äquivalentenaustausch vorteilhaft ist. Untersuchen wir dazu 3 Fälle.

Fall 1: Beim Produzenten A betrage die individuelle Arbeitszeit 9 Stunden bei der Herstellung eines Fasses Wein, und um 1 Tonne Getreide herzustellen brauche er 9,5 Stunden individuelle Arbeitszeit. Die allgemeine Arbeitszeit für die Herstellung jedes dieser Gebrauchswerte betrage 10 Stunden. Wir haben es also mit einem Produzenten zu tun, der sowohl bei der Produktion von Wein als auch bei der von Getreide überdurchschnittlich produktiv ist. Es ist für ihn vorteilhaft, da seine relative Produktivität bei Wein höher ist als bei Getreide, die Produktion von Getreide einzustellen und sich die erforderliche Menge Getreide durch den Verkauf von Wein, dessen Produktionsumfang er vergrößert hat, zu besorgen. Allerdings ist diese Spezialisierung nur unter bestimmten Bedingungen vorteilhaft. Wir müssen bedenken, daß er als ehemals relativ produktiver Produzent von Getreide jetzt nicht mehr in die Bestimmung der allgemeinen Arbeitszeit eingeht, und das entsprechende Quantum Getreide nun vielleicht von einem weniger produktiven hergestellt wird. In diesem Falle würde der Marktwert des Getreides steigen. Der umgekehrte Fall tritt bei der Produktion von Wein auf. Hier nimmt er dadurch, daß er seinen Produktionsumfang vergrößerte, vielleicht einen größeren Raum unter den Produzenten von Wein ein, und der Marktwert für Wein sinkt und nähert sich seinem individuellen Wert. Somit verringert sich seine relative Produktivität bei der Weinherstellung, vergrößert sich andererseits seine, nur noch als theoretische Berechnung existierende, relative Produktivität der Getreideherstellung. Nur unter der Bedingung, daß auch nach dieser Bewegung der Marktwerte, die der Spezialisierungsfreude unseres produktiven Produzenten offensichtlich zu-

[28] K. Marx, Das Kapital, Erster Band, a. a. O., S. 171–172.

widerläuft, die relative Produktivität beim Wein höher ist als die fiktive beim Getreide, wird er wirklich die Spezialisierung aufnehmen.

Fall 2: Bei einem Produzenten B betrage die individuelle Arbeitszeit bei der Herstellung 1 Fasses Wein 11 Stunden, die individuelle Arbeitszeit für 1 Tonne Getreide sei 12 Stunden. Die allgemeine Arbeitszeit betrage in beiden Fällen wiederum 10 Stunden. Hier haben wir es also mit einem Produzenten zu tun, der sowohl bei Wein als auch bei Getreide weniger produktiv als seine Konkurrenten ist. Auch bei ihm ist die relative Produktivität bei Wein höher als bei Getreide, auch für ihn besteht also der Anreiz, sich auf die Produktion von Wein zu spezialisieren. Die Bewegung der Marktwerte infolge seiner Spezialisierung steht dem nicht entgegen, denn er fällt als unproduktiver Produzent beim Getreide heraus, was dessen Marktwert nur verringern kann, und er geht als unproduktiver Produzent mit höherem Gewicht in die Bestimmung der allgemeinen Arbeitszeit für die Weinproduktion ein. Somit steigt also infolge der Marktwertbewegung seine relative Produktivität beim Wein und sinkt dieselbe bei Getreide.

Fall 3: Bei einem Produzenten C betrage die individuelle Arbeitszeit für die Produktion von 1 Faß Wein 9 Stunden und für die Herstellung von 1 Tonne Getreide 11 Stunden. Die allgemeine Arbeitszeit betrage in beiden Fällen 10 Stunden. Er ist also ein Produzent, der bei der Produktion von Wein produktiver als seine Konkurrenten, bei der Produktion von Getreide dagegen weniger produktiv als diese ist. Natürlich ist es auch für ihn vorteilhafter, sich auf die Produktion von Wein zu spezialisieren. Die Bewegung des Marktwertes für Wein verringert zwar seine relative Produktivität bei der Weinherstellung, aber die Bewegung des Marktwerts für Getreide ist günstig, da er als relativ unproduktiver Produzent aus dessen Bestimmung herausfällt.

Die 3 Beispiele zeigen uns, daß ganz unabhängig davon, ob ein Produzent in einem, beiden oder keinem der beiden Zweige produktiver als der Durchschnitt ist, die Spezialisierung für ihn vorteilhaft sein kann. Entscheidend ist lediglich, daß er sich auf den Zweig spezialisiert, in dem seine relative Produktivität (sei sie nun > 1 oder < 1) höher ist als in dem, auf dessen Produktion er verzichtet. *Es kommt also nur darauf an, daß bei der Produktion, auf die man sich spezialisiert, die individuelle Arbeitszeit der allgemeinen in einer günstigeren Proportion gleichgesetzt wird als bei der, auf die man verzichtet.* Immer, wenn dem so ist, konzentriert der Produzent sein Arbeitsvermögen auf denjenigen Zweig, in dem er Arbeit höherer Qualität zu vollbringen imstande ist als in dem, auf dessen Produktion er verzichtet. In dem Zweig, auf dessen Produktion er sich konzentriert, kann er mittels der gleichen Menge individueller Arbeit eine größere Menge gesellschaftlich notwendiger Arbeit leisten als in dem, auf dessen Produktion er verzichtet, bzw. mittels geringerer Menge individueller Arbeit kann er die gleiche Menge gesellschaftlich notwendiger Arbeit leisten. Gebrauchswertmäßig heißt das, der Produzent kann in dem Zweig, auf dessen Produktion er sich spezialisiert, mit dem gleichen Anteil an der Gesamtarbeitszeit des Zweiges einen größeren Anteil an der Gesamtmenge der produzierten Gebrauchswerte dieser Art erbringen als in dem anderen Zweig bzw. mittels geringeren Anteils seiner individuellen Arbeitszeit an der Gesamtarbeitszeit des Zweiges den gleichen Anteil Gebrauchswerte an der Gesamtmenge der produzierten Gebrauchswerte erbringen. Da zwischen den Zweigen gleiche Mengen gesellschaftlich notwendiger Arbeit oder, was dasselbe ist, gleiche Mengen Arbeit gleicher relativer Produktivität ausgetauscht werden, kann er mittels der von ihm in dem Zweig, auf den er sich spezialisiert, verausgabten Menge gesellschaftlich notwendiger Arbeit eine größere Menge Gebrauchswerte erlangen, als dann, würde er sein Arbeitsvermögen direkt für die Produktion dieser Gebrauchswerte einsetzen bzw. würde er sich die gleiche Menge Gebrauchswerte bei Spezialisierung in kürzerer Arbeitszeit beschaffen können, als wenn er die Gebrauchswerte selbst herstellte.

Das oben zitierte Marx'sche Beispiel[29] ist ein Spezialfall des eben von uns dargestellten insofern, da hier die allgemeine Arbeitszeit nach der Spezialisierung gleich der individuellen Arbeitszeit des Produzenten ist, denn jeder Produzent tritt nach der Spezialisierung als einziger Repräsentant eines Zweiges auf. Dies engt die Bedingungen ein, unter denen die Spezialisierung für die Produzenten vorteilhaft ist, denn es gilt nach wie vor, daß die individuelle Arbeitszeit in dem Zweig, auf den sich der Produzent spezialisiert, der allgemeinen in günstigerer Proportion gleichgesetzt werden muß als in dem, auf dessen Produktion er verzichtet.

In dem Zweig, auf den er sich spezialisiert, ist die relative Produktivität 1. Somit muß die relative Produktivität (der Hätte-Produktion, denn er produziert ja in der Tat in dem anderen Zweig nicht mehr) im anderen Zweig kleiner als 1 sein. Das heißt aber nichts anderes, als daß er im anderen Zweig weniger produktiv ist als sein Kontrahent. Gleiches gilt für den Kontrahenten. Eine gegenseitig vorteilhafte Spezialisierung ist also nur dann möglich, wenn jeder der beiden Kontrahenten in einem der Zweige produktiver ist als der andere, insofern – und das ist hier stets Bedingung – die Ware zu ihrem Wert ausgetauscht wird. So geht auch K. Marx in seinem Beispiel davon aus, daß einer mehr Wein als der andere in gleicher Zeit herstellen kann und der andere mehr Getreide als der erste in gleicher Zeit.

Was würde passieren, wenn ein Produzent sowohl bei Wein als auch bei Getreide produktiver als der andere wäre? Zum Beispiel solle A für ein Faß Wein 9 Stunden und für 1 Tonne Getreide 10 Stunden benötigen; B dagegen für 1 Faß Wein 12 Stunden und für 1 Tonne Getreide 11 Stunden. Würde A sich auf Wein spezialisieren und B sich auf Getreide, brauchten beide zusammen für die Herstellung der gleichen Menge Gebrauchswert 2 Stunden weniger. Da aber A der einzige Produzent von Wein ist und B der einzige von Getreide, würde der Marktwert für Wein 9 Stunden betragen, der für Getreide dagegen 11 Stunden. Laut unserer Voraussetzung, nämlich dem Austausch von Äquivalenten, können sich aber nicht 9 Stunden gegen 11 Stunden austauschen. Müßte andererseits der Produzent A das Ergebnis von 11 Stunden Weinproduktion als Äquivalent für

[29] Vgl. Ebenda.

1 Tonne Getreide hingeben, wäre die Spezialisierung für ihn ein reiner Verlust. Gäbe es etwas, was einen ungleichen Austausch von 9 gegen 11 Stunden zustandebringt, wäre es möglich, daß sich beide Produzenten spezialisieren und beide dabei Arbeitszeit einsparen.

Bevor wir die Frage untersuchen, was eine solche Austauschrelation bewirken könnte, sollen die Grenzen festgestellt werden, innerhalb derer sich der Preis für die Waren bewegen kann, damit die Spezialisierung für beide Produzenten vorteilhaft ist. Wir nehmen an, der Wein würde zu seinem Wert verkauft. Dann müßte offensichtlich Getreide unter dem Wert verkauft werden. (Die umgekehrte Annahme, daß Getreide zum Wert und Wein über dem Wert verkauft wird, würde, wie man bald sehen wird, nichts Grundsätzliches ändern. Natürlich ist auch ein Fall denkbar, in dem Wein in gewisser Proportion über dem Wert und Getreide in gewisser Proportion unter dem Wert verkauft wird.) Die Grenzen für den Getreidepreis lassen sich jetzt exakt bestimmen, denn es gilt die Bedingung: für jeden der Produzenten muß die relative Produktivität in dem Zweig, auf den er sich spezialisiert, höher sein als in dem, auf dessen Produktion er verzichtet. Die Obergrenze des Getreidepreises setzt A. Seine relative Produktivität bei Wein ist 1. Also muß die bei Getreide kleiner als 1 sein. Der Getreidepreis muß unter seinem individuellen Wert für seine frühere bzw. potentielle Getreideproduktion liegen, d. h. unter 10 Stunden. Analog beim Produzenten B. Für ihn steht die relative Produktivität des Zweiges fest, in dem er nicht produziert. Sie beträgt 0,75 (der Quotient aus 9 Stunden allgemeiner und 12 Stunden individueller Arbeitszeit bei der Produktion von Wein). Also muß die relative Produktivität beim Getreide mindestens 0,75 betragen. Sein individueller Wert bei Getreide ist 11. Dieses multipliziert mit 0,75 ergibt 8,25. Der Preis für Getreide muß sich also zwischen 10 und 8,25 bewegen, sofern Wein zum Wert verkauft wird. (Analog könnte man den Weinpreis berechnen, sofern Getreide zum Wert verkauft wird, oder Kombinationen zwischen den beiden Fällen bilden.)

Was bewirkt, daß der Preis sich zwischen 8,25 und 10 einpendelt? Der Vulgärökonom hätte natürlich die Antwort sofort zur Hand. Es sind Angebot und Nachfrage, die alles das erklären sollen, was er nicht klären kann. Es ist aber offensichtlich, daß diese Annahme in unserem Beispiel unzutreffend wäre, denn was sollte wohl den Getreideproduzenten dazu bringen, ein Überangebot von Getreide zu schaffen, nur damit er die Arbeitszeit, die er aufgewendet hat, nicht realisieren kann? Angebot und Nachfrage helfen offensichtlich nicht weiter. Es gibt nur zwei Möglichkeiten, die bewirken, daß der Getreideproduzent sein Korn zu einem Preis unter 10 Stunden verkauft. Die eine besteht darin, daß er seine Produktivität so erhöht, daß er weniger als 10 Stunden aufwendet. Dann verlassen wir aber die Voraussetzungen unseres Beispiels, denn somit wäre A nicht mehr in beiden Zweigen produktiver als B. Oder es treten Mitkonkurrenten beim Getreide auf, die bewirken, daß sich die allgemeine Arbeitszeit für 1 t Getreide unter 10 Stunden senkt. (In der Tat haben wir dies schon stillschweigend unterstellt, als wir der Relation Getreidepreis zu individueller Arbeitszeit den Namen relative Produktivität gaben.) Auch damit verlassen wir unsere Voraussetzungen, denn es war Bedingung, daß nur zwei Produzenten auftreten.

Wir stellen also fest: Obwohl es für das Gesamtsystem vorteilhafter wäre und zur Einsparung gesellschaftlicher Arbeitszeit führen würde, wird keine Spezialisierung stattfinden, weil für den produktiveren Produzenten die Bedingung nicht erfüllt werden kann, daß seine relative Produktivität beim Wein höher sein muß als die bei Getreide. Wir konnten zu keinem anderen Ergebnis kommen. Schon Quesnay hat den Widerspruch festgestellt, daß Ziel der Produzenten die Vermehrung von Tauschwert durch Steigerung der Produktivkraft der Arbeit ist, und auf der anderen Seite eben diese Steigerung der Produktivkraft die Werte senkt.[30] *Ziel eines Warenproduzenten ist eben nicht die Verringerung der Arbeitszeit schlechthin, sondern die Verringerung der individuellen Arbeitszeit im Vergleich zu seinen Konkurrenten, die Erhöhung der relativen, nicht die der absoluten Produktivität.*

Fällt die Senkung der individuellen Arbeitszeit mit der dadurch verursachten Senkung der allgemeinen Arbeitszeit zusammen, ist er also der einzige Produzent seines Zweiges, erlischt jedes Interesse an der Verkürzung der Arbeitszeit (es sei denn, er setzt aufgrund seines Monopols einen Preis über den gesellschaftlichen Wert). Die Produktivkrafterhöhung verwertet sich nicht für ihn, produktive Arbeit zählt nicht als intensive, weil sie seine relative Produktivität nicht erhöht. Wir sehen also, daß die Tatsache, ob ein oder zwei Produzenten in einem Zweig produzieren, nicht lediglich einen quantitativen Unterschied ausmacht, sondern einen wesentlichen qualitativen. Warenproduktion funktioniert begriffsgemäß nur dann, wenn mehrere Produzenten eines Zweiges auftreten, deren individuelle Arbeitszeit sich zu einer allgemeinen ausgleicht. „Die Konkurrenz zwischen den Anbietenden sowohl wie die Konkurrenz zwischen den Nachfragenden bildet ein notwendiges Element des Kampfes zwischen Käufern und Verkäufern, dessen Ergebnis der Tauschwert ist."[31] Wie wir später sehen werden, leugnet die Vulgärökonomie dies mit gutem Grund und erfreut sich an solchen Beispielen, in denen ein Produzent einen Zweig vertritt.

2.3. Der äquivalente Warenaustausch auf dem Weltmarkt und die komparativen Vorteile

Ricardo gebraucht nicht den Ausdruck einer Modifikation in der Wirkung des Wertgesetzes, aber inhaltlich konstatiert er eine solche, indem er schreibt: „Dieselbe Regel, die den relativen Wert der Waren innerhalb eines Landes bestimmt, bestimmt nicht den relativen Wert der zwischen zwei oder mehreren Ländern ausgetauschten Waren."[32]

[30] Marx verweist hierauf im „Kapital" (Vgl. K. Marx, Das Kapital, Erster Band, a. a. O., S. 339).

[31] K. Marx, Das Elend der Philosophie, a. a. O., S. 76.

[32] D. Ricardo, Über die Grundsätze der Politischen Ökonomie und der Besteuerung, Berlin 1979, S. 114.

An anderer Stelle heißt es bekräftigend: „Die Menge Wein, die es (Portugal – H.-P. K.) im Austausch gegen das englische Tuch hingeben muß, wird nicht durch die für die Produktion jeder der beiden Waren aufgewendeten Arbeitsquanta bestimmt, wie es der Fall wäre, wenn beide in England oder Portugal erzeugt würden."[33]

Wie kommt Ricardo als Klassiker der Arbeitswertlehre zu einer solchen Ansicht? Seine Begründung lautet: „Der diesbezügliche Unterschied zwischen einem einzelnen und mehreren Ländern ist leicht zu begreifen, wenn man die Schwierigkeit in Rechnung stellt, mit der Kapital von einem Land in das andere wandert, um eine profitablere Anlage zu untersuchen und die Beweglichkeit berücksichtigt, mit der es sich fortwährend innerhalb eines Landes von einer Provinz zur anderen bewegt . . . Auch in jedem anderen Falle, in dem Kapital ungehindert in jene Länder fließt, in denen es am profitabelsten angelegt werden kann, kann es keinen Unterschied in der Profitrate geben und keinen anderen Unterschied in dem wirklichen oder in Arbeit ausgedrückten Preis der Waren als den auf der zusätzlichen Quantität Arbeit beruhenden, die für ihren Transport auf die verschiedenen Märkte, wo sie verkauft werden sollen, notwendig ist."[34] Ricardos Argumentation ist also folgende: Da die Wanderung von Kapital zwischen verschiedenen Ländern behindert ist, kann sich keine allgemeine Profitrate für mehrere Länder herausbilden, sondern innerhalb jedes Landes bildet sich eine allgemeine Profitrate heraus, die von der der anderen Länder unterschieden ist. Gerade die Herstellung der allgemeinen Profitrate durch die Konkurrenz der Kapitalisten bewirke aber, so nimmt Ricardo an, daß die Waren sich entsprechend den in ihnen verkörperten Quanta Arbeitszeit austauschen.

Dieser Schluß aber ist falsch. Er beruht auf der Verwechslung des Wertes mit dem Produktionspreis. Wenn verschiedene Kapitale gleicher Größe ungleiche Mengen lebendiger Arbeit anwenden und ungleiche Umschlagzeiten haben, ist die Masse Mehrwert, die sie produzieren, sehr verschieden. Beim Verkauf der Waren zu ihren Werten müßten also die Profitraten der in den verschiedenen Sphären angelegten Kapitalien ganz verschieden sein. Stellt die Konkurrenz eine allgemeine Profitrate her, so bewirkt sie genau das Gegenteil dessen, was Ricardo annimmt. Sie bewirkt, daß die Waren nicht zu ihrem Wert ausgetauscht werden. Inwieweit dieser Prozeß durch eine internationale Immobilität von Kapital berüht wird, interessiert uns auf dieser Stufe der Entwicklung nicht. Wir werden darauf im nächsten Kapitel im Zusammenhang mit der Rolle der Wertmodifikation in den internationalen Austauschbeziehungen zurückkommen. Uns interessiert hier die Konkurrenz, soweit sie bewirkt, daß die Waren entsprechend der in ihnen enthaltenen gesellschaftlichen Arbeitszeit ausgetauscht werden – der Prozeß der Ausgleichung der individuellen Werte zum Marktwert.[35]

[33] Ebenda, S. 115–116. [34] Ebenda, S. 116–117.

[35] Daß wir zunächst diese Art der Konkurrenz, und nur diese, betrachten, ist berechtigt, denn sie geht sowohl logisch als auch historisch jener voraus. Wir berühren hier die Frage der Profitrate nur, weil Ricardo sie hineingebracht hat.

Für diesen Prozeß ist die von Ricardo richtig festgestellte Tatsache der Existenz unterschiedlicher nationaler allgemeiner Profitraten zunächst ohne Interesse, denn die Herstellung des Marktwertes ist gleichgültig gegen den Umstand, inwieweit unterschiedliche Profitraten innerhalb des Zweiges existieren (er schafft diese sogar). Für die Ausgleichung der individuellen Werte zum Marktwert ist lediglich „... eine Konkurrenz unter den Produzenten derselben Art Waren erfordert, ebenso wie das Vorhandensein eines Marktes, auf dem sie gemeinsam ihre Waren anbieten."[36] Dies gilt auch, wenn die nationalen Werte sich zu einem internationalen Marktwert ausgleichen. Die Bedingungen, die für die Herstellung eines internationalen Marktwerts erforderlich sind, werden durch die von Ricardo hervorgehobene internationale Immobilität von Kapital nicht affiziert. Deshalb schreibt Marx auch, daß „... im internationalen Handel die Verschiedenheit der Profitraten bei den verschiedenen Nationen für ihren Warenaustausch ein gleichgültiger Umstand ist."[37]

K. Marx kritisierte die Verwechslung der zwei Arten der Konkurrenz durch Ricardo in den „Theorien über den Mehrwert"[38]: „Ricardo nun braucht zu seiner Aufstellung der Renttheorie zwei Sätze, die nicht nur *nicht dieselbe,* sondern die *entgegengesetzte* Wirkung der Konkurrenz ausdrücken. Der erste ist, daß die Produkte derselben Sphäre sich *zu einem und demselben Marktwert* verkaufen, daß die Konkurrenz also *verschiedene Profitraten,* Abweichungen von der allgemeinen Profitrate, erzwingt. Der zweite ist, daß die *Profitrate* für jede Kapitalanlage *dieselbe* sein muß oder daß die Konkurrenz eine allgemeine Profitrate schafft. Das erste Gesetz gilt für die verschiedenen selbständigen Kapitalien, die in *derselben Produktionssphäre* angelegt sind. Das zweite gilt für die Kapitalien, soweit sie in *verschiedenen Produktionssphären* angelegt sind. Durch die erste Aktion schafft die Konkurrenz den *Marktwert,* d. h. denselben Wert für Waren *derselben Produktionssphäre,* obgleich dieser *identische Wert* differente Profite erzeugen muß, also *denselben* Wert *trotz oder vielmehr durch differente Profitraten.* Durch die zweite Aktion (die übrigens auch anders bewerkstelligt wird; das ist die Konkurrenz der Kapitalisten in den *verschiedenen* Sphären, die das Kapital aus der einen in die andre wirft, während die andre Konkurrenz, soweit sie sich nicht auf die Käufer bezieht, unter den Kapitalisten *derselben* Sphäre stattfindet) schafft die Konkurrenz den *Kostenpreis,* d. h. *dieselbe Profitrate* in den verschiedenen Produktionssphären, obgleich diese *identische Profitrate* der Ungleichheit der Werte widerspricht, also nur durch von den Werten *unterschiedne prices* erzwungen werden kann."[39]

Mit dieser Verwechslung der zwei Arten der Konkurrenz und der daraus resultierenden falschen Auffassung von der Wirkung des Wertgesetzes in den inter-

[36] K. Marx, Das Kapital, Erster Band, a. a. O., S. 190.

[37] Ebenda, S. 186.

[38] K. Marx benutzt hier den Begriff Kostenpreis, den er später im dritten Band des „Kapital" durch den exakteren Terminus Produktionspreis ersetzt hat.

[39] K. Marx, Theorien über den Mehrwert, Zweiter Teil, a. a. O., S. 204.

nationalen Austauschbeziehungen geht Ricardo an die Untersuchung der Vorteile heran, die ein Land aus der internationalen Arbeitsteilung zieht. „England kann in einer solchen Lage sein, daß die Erzeugung des Tuches die Arbeit eines Jahres von 100 Leuten erfordert, und wenn es versucht, den Wein herzustellen, so wird vielleicht die Arbeit gleicher Zeitdauer von 120 Leuten benötigt werden. England wird daher finden, daß es seinen Interessen entspricht, Wein zu importieren, und ihn mit Hilfe der Ausfuhr von Tuch zu kaufen. Um den Wein in Portugal herzustellen, ist vielleicht nur die Arbeit von 80 Leuten während eines Jahres erforderlich, und um das Tuch in diesem Lande zu produzieren, braucht es vielleicht die Arbeit von 90 Leuten während der gleichen Zeit. Es ist daher für Portugal von Vorteil, Wein im Austausch für Tuch zu exportieren. Dieser Austausch kann sogar stattfinden, obwohl die von Portugal importierte Ware dort selbst mit weniger Arbeit als in England produziert werden kann. Wenngleich es das Tuch vermittels der Arbeit von 90 Leuten erzeugen kann, wird Portugal dieses doch aus einem Lande einführen, wo man zu seiner Herstellung die Arbeit von 100 Leuten benötigt, da es für Portugal von größerem Vorteil ist, sein Kapital in der Produktion von Wein anzulegen, wofür es von England mehr Tuch bekommt, als es durch Übertragung eines Teiles seines Kapitals vom Weinbau zur Tuchfabrikation produzieren könnte.

England gibt damit das Arbeitsprodukt von 100 Leuten für das von 80 hin. Ein solcher Austausch kann zwischen Personen des gleichen Landes nicht stattfinden."[40]

Wir haben bereits gesehen, daß der letzte Satz des Zitats von Ricardo falsch ist. Es können sich sehr wohl, obwohl alle Waren zu ihrem Wert verkauft werden, 80 Stunden eines Produzenten gegen 100 eines anderen Produzenten austauschen. Austausch zum Wert heißt Austausch gleicher Quanta allgemeiner Arbeitszeit, nicht gleicher individueller Arbeitszeit. Andererseits können sich sowohl national als auch international nicht 80 Stunden gegen 100 Stunden austauschen, sofern es sich hierbei um Stunden allgemeiner Arbeit, um allgemeine Arbeitszeit handelt. Da Ricardo nun aber ein Beispiel wählt, in dem nach der Spezialisierung jedes Land einen Zweig repräsentiert (Portugal die Weinproduktion, England die Tuchproduktion), ist auch seine Annahme falsch, daß sich 80 Stunden von Portugal gegen 100 von England austauschen können. Sie ist, und das sei noch einmal ganz ausdrücklich hervorgehoben, falsch unter den Voraussetzungen, unter die Ricardo sein Beispiel stellt. Es kann nicht die produktivere Arbeit Portugals als Arbeit höherer wertschöpfender Potenz zählen, da es sich unmittelbar um die allgemeine Arbeit des Zweiges handelt. Ricardo konnte mit dem Hinweis auf die internationale Immobilität von Kapital keinen Grund nennen, der dieses allgemeine Gesetz der Warenproduktion international außer Kraft setzt. Produktivere Arbeit zählt national wie international nur dann als Arbeit höherer wertschöpfender Po-

[40] D. Ricardo, Über die Grundsätze der Politischen Ökonomie und der Besteuerung, a. a. O., S. 116.

tenz, als intensivere, wenn sie die relative Produktion des Produzenten innerhalb des Zweiges erhöht.[41]

Die Vulgärökonomie knüpft an diesen Fehler Ricardos an und versucht, von hieraus die Arbeitswerttheorie insgesamt zu leugnen. So schreibt z. B. Mill: „Was verursacht, daß in dem angenommenen Falle ein Faß Wein aus Spanien in England für gerade jene Menge Tuch ausgetauscht wird? Wir haben gesehen, daß es nicht die Produktionskosten sind. Wenn Tuch und Wein beide in Spanien hergestellt wären, würden sie sich in Spanien zu ihren Produktionskosten austauschen lassen; wären sie beide in England erzeugt, würden sie sich in England ebenso zu ihren Produktionskosten austauschen lassen; da aber alles Tuch in England hergestellt ist und aller Wein in Spanien, so befinden sie sich in Verhältnissen, auf die, wie wir bereits hingewiesen haben, das Gesetz von den Produktionskosten nicht anwendbar ist." „Es kann daher als ausgemacht gelten, daß, wenn zwei Länder miteinander mit zwei Waren Handel treiben, der Tauschwert dieser Waren im Verhältnis zueinander sich den Neigungen der Verbraucher auf beiden Seiten anpassen wird, in der Weise, daß die von jedem Lande verlangten Mengen der Gegenstände, die es von seinem Nachbarlande einführt, genau ausreichen werden, einander zu bezahlen. Wie die Neigungen und Verhältnisse der Verbraucher nicht auf eine bestimmte Regel zurückgeführt werden können, so kann es auch nicht das Verhältnis, in dem die beiden Waren sich austauschen lassen werden."[42]

Wir wissen, daß wir den Fehler Ricardos dadurch korrigieren können, daß wir in die Betrachtung mehrere Länder einbeziehen, denn nur so ist in Übereinstimmung mit dem Wertgesetz eine Austauschrelation von 80 Stunden Portugals gegen 100 Stunden Englands möglich. Es handelt sich hier nicht lediglich um eine Erweiterung oder Vervollkommnung des Ricardoschen Beispiels, sondern um seine prinzipielle Richtigstellung. (Leider wird dieser Unterschied auch von marxistischen Ökonomen nicht genügend beachtet.) Gerade deshalb ist Mill so interessiert daran, keine weiteren Länder in die Betrachtung mit einzubeziehen, und er schreibt: „Der Handel zwischen jeder beliebigen Anzahl von Ländern und jeder beliebigen Zahl von Gütern muß unter denselben wesentlichen Gesetzen vorsichgehen, wie der Handel zwischen zwei Ländern und in zwei Gütern."[43]

Wie unser folgendes Beispiel zeigen wird, stellen sich durch die Einführung mehrerer Länder auch die Quellen der Austauscheffekte anders dar, denn bei dem von Ricardo ausdrücklich unterstellten Austausch von Nichtäquivalenten sind die Effekte der Länder zumindest teilweise tatsächlich Ergebnis der Umverteilung

41 Wie wenig sich selbst namhafte marxistische Ökonomen von den Fehlern Ricardos zu lösen vermögen, zeigt folgendes Zitat: „Die Produktivität der Arbeit wirkt in der Regel aufgrund der Beschränktheit der internationalen Mobilität von Kapital und Arbeit auf die Substanz des Werts genauso wie die Intensität der Arbeit" (O. Tarnovskij/N. Mitrofanova, Stojmost' i cena na mirovom socialističeskom rynke, Moskva 1968, S. 24).

42 J. St. Mill, Grundsätze der politischen Ökonomie, zweiter Band, Jena 1921, S. 145 und S. 150.

43 Ebenda, S. 152.

von Arbeit. Wir nehmen an, daß vier Länder (E, P, A, B) unabhängig voneinander jeweils hundert Einheiten Wein und Tuch mit folgendem Aufwand produzieren (Aufwand in nationalen Arbeitsstunden):

	E	P	A	B	gesamt	Ø je 100 Einheiten
Ware						
Tuch	100	90	90	135	415	103,75
Wein	120	80	95	110	405	101,25
Summe	220	170	185	245	—	—

Jedes dieser Länder spezialisiere sich nun auf denjenigen Zweig, in dem seine relative Produktivität höher ist als in dem anderen, da dies Bedingung dafür ist, daß die Spezialisierung ihm Vorteil bringt. Die relativen Produktivitäten (vor der Spezialisierung) betragen gerundet:

	E	P	A	B
Ware				
Tuch	1,04	1,15	1,15	0,77
Wein	0,84	1,27	1,07	0,92

Für Land E scheint es also günstiger, sich auf die Produktion von Tuch zu spezialisieren, gleiches gilt für Land A. Für Land P scheint es günstiger, eine Spezialisierung zugunsten des Weines aufzunehmen, ebenso für Land B. Nach der Spezialisierung sähe die Tabelle also folgendermaßen aus:

	E	P	A	B	gesamt	Ø je 100 Einheiten
Ware						
Tuch	200	—	180	—	380	95
Wein	—	160	—	220	380	95
Summe	200	160	180	220	—	—

Land E und A würden international je 100 Einheiten Tuch mit einem nationalen Wert von 100 bzw. 90 Stunden anbieten, die von Land P und B gekauft werden. Es würde sich ein internationaler Marktwert für Tuch von 95 herausbilden. Land P und Land B bieten auf dem internationalen Markt je 100 Einheiten Wein mit den nationalen Werten von 80 und 110 Stunden an. Für Wein würde sich ein Marktwert von 95 Stunden herausbilden, zu dem Land E und A kaufen würden. Untersuchen wir nun die Einsparungen, die die 4 Länder aus der internationalen Arbeitsteilung erzielen. Das Beispiel ist so gewählt, daß die Länder nach wie vor über die gleiche Summe Gebrauchswerte verfügen und die Einsparung als absolute Einsparung von Arbeitszeit erscheint.

Land E wendet für Tuch vor wie nach der Spezialisierung 100 Stunden nationaler Arbeit auf. Statt den benötigten Wein selbst zu produzieren, wie es vor der Spezialisierung der Fall war, wendet es sich jetzt einem Zweig zu, in dem es Arbeit höherer Qualität zu verausgaben vermag als in der Weinproduktion, es erhöht nämlich seine Tuchproduktion und wirft eine solche Menge Tuch in die Zirkulation, daß es dafür im Austausch die früher selbst produzierte Menge Wein erhält. Mußte es für 100 Einheiten Wein früher 120 Stunden aufwenden, so benötigte es für die entsprechende Menge Tuch nur 100 Stunden. Es spart 20 nationale Arbeitsstunden ein, da es jetzt Arbeit höherer Qualität leistet oder, was dasselbe, da es jetzt Arbeit höherer relativer Produktivität verausgabt als vor der Spezialisierung. Diese Einsparung hat das Land, obwohl selbst nach der Spezialisierung die von ihm verausgabte Arbeit noch nicht Arbeit durchschnittlichen Gewichts ist.

Entscheidend ist, daß die Arbeit nach der Spezialisierung von höherer relativer Produktivität ist: $\frac{95}{100} > \frac{95}{120}$. Es realisiert, sofern dies der Fall, immer einen relativen Vorteil. Diesen Vorteil kann man sich vorstellen als zusammengesetzt aus zwei Komponenten:

- der Differenz zwischen der relativen Produktivität und Intensität des Exports und der gesellschaftlich notwendigen Produktivität und Intensität (die selbst eine Veränderung infolge der Spezialisierung erfahren) und den daraus resultierenden absoluten Vorteilen,
- der Differenz zwischen der gesellschaftlich notwendigen Produktivität und Intensität und der fiktiven relativen Produktivität und Intensität des Imports, d. h. den sogenannten Effekten aus dem Import.

Dem Wesen nach sind diese Effekte Ausdruck der Einsparung gesellschaftlicher Arbeit infolge Änderung der Produktionsstruktur. Keine der beiden Komponenten gibt für sich genommen Auskunft über die Vorteilhaftigkeit der internationalen Spezialisierung für eine Volkswirtschaft.

Ähnlich ist es in allen anderen Ländern. Land A, dessen Aufwand für Tuch ebenfalls unverändert ist, kann nach der Spezialisierung den Wein über den Austausch gegen Tuch für 90 Stunden bekommen, statt für 95 Stunden, wenn es ihn selbst produzierte. Sein Vorteil sind 5 Stunden. Der qualitative Unterschied zu Land E liegt ausschließlich darin, daß Land A in seiner Exportproduktion Arbeit verausgabt, die von überdurchschnittlicher relativer Produktivität ist $\left(\frac{95}{90}\right)$, und auf die Produktion eines Zweiges verzichtet, dessen relative Produktivität gleich der durchschnittlichen ist $\left(\frac{95}{95}\right)$. Land P wendet für Wein nach wie vor 80 Stunden auf, kann den Aufwand für Tuch jedoch von 90 auf 80 Stunden senken, da seine relative Produktivität in der Weinbranche höher als in der Tuchbranche ist. Land B schließlich erhält das benötigte Tuch für 110 Stunden statt für 135 vor der Spezialisierung.

Die Gesamteinsparung des betrachteten arbeitsteiligen Systems ist gleich der Summe der Einsparung der Länder, also gleich 60 Stunden. Man kann die Gesamteinsparung auch als Summe der Einsparung der Zweige sehen (Tuchzweig 35 Stunden, Weinzweig 25 Stunden). Das verdeutlicht, daß die gesamte Einsparung der Erhöhung der Produktivität der Gesamtarbeit (der internationalen Gesamtarbeit) geschuldet ist, die sich im Maße der Erhöhung der relativen Produktivität auf die Länder verteilt.

Wenn wir das Gesamtergebnis überblicken, können wir feststellen, daß Bogomolov wohl recht hat, wenn er schreibt: „Gewinn oder Verlust eines Landes resultieren nicht aus den Unterschieden zwischen nationalem und internationalem Wert, sondern daraus, daß eine Art nationaler Arbeit der Einheit international notwendiger Arbeit in einer günstigeren Proportion gleichgesetzt wird als eine andere."[44] Gleichzeitig müssen wir aber feststellen, eine konsequente arbeitswerttheoretische Erklärung der Effekte der internationalen Arbeitsteilung darf nicht bei der Betrachtung der Zirkulation stehenbleiben, sondern muß diese bis zu ihrer Entstehung in der Produktion zurückverfolgen und insbesondere die zwieschlächtige Wirkung der Produktivitätserhöhung auf die internationale Wertbildung aufdecken.

Dies ist unseres Wissens in der marxistischen Literatur bisher zu wenig geschehen. Mehrfach versperren sich die Verfasser durch den Aufbau ihrer Beispiele den Zugang zum Wesen des Problems. Im Fachbuch „Sozialistische Außenwirtschaft"[45] wird der Fehler Ricardos insofern korrigiert, daß in sein Modell für Wein und Tuch internationale Werte „eingeführt" werden und somit gezeigt wird, daß auch beim Austausch von Äquivalenten Länder unterschiedlicher Produktivität aus der internationalen Arbeitsteilung Vorteile ziehen können. Aber das Problem ist dadurch nur halb gelöst, denn es geht nicht darum, einen internationalen Wert einzuführen, sondern darum, zu zeigen, wie sich dieser Wert herausbildet und sich auf der Grundlage des Austausches zum internationalen Wert die Einsparungen zwischen den Ländern verteilen. Dazu muß man aber ein geschlossenes arbeitsteiliges System betrachten, denn sonst entstehen Effekte, die außerhalb des Betrachtungsfeldes liegen, aber von den betrachteten Ländern realisiert werden. Und in der Tat weist der vom Autorenkollektiv angenommene internationale Wert, der vom nationalen Wert des Exporteurs abweicht, auf die Existenz weiterer Exporteure hin. Warum werden sie nicht in die Betrachtung einbezogen? Die zwieschlächtige Wirkung von Produktivitätserhöhung bleibt unberücksichtigt.

Kritisch muß auch zu der im Fachbuch traditionell vorgenommenen Einteilung in ein Modell der Ausnutzung absoluter Wertvorteile und ein zweites der Ausnutzung komparativer Wertvorteile Stellung bezogen werden. Was ist Ausgangspunkt für eine solche Unterscheidung? Sind es die Quellen für die Einsparung nationaler Arbeit durch internationale Arbeitsteilung? Dann ist die Einteilung fehlerhaft. Unter absoluten Vorteilen verstehen wir die Einsparung nationaler

[44] O. T. Bogomolow, Theorie und Methodologie der internationalen sozialistischen Arbeitsteilung, a. a. O., S. 114.

[45] Vgl. Autorenkollektiv, Sozialistische Außenwirtschaft, Berlin 1976, S. 175–181.

Arbeitszeit, die ein Land infolge höherer Produktivität als seine Konkurrenten desselben Zweiges, d. h. einer relativen Produktivität größer als 1, beim Verkauf erzielt. Dafür aber ist das sogenannte absolute Modell ebenso ein Beispiel wie das komparative Modell. *Unter komparativen Vorteilen verstehen wir den Gesamteffekt, der dadurch für ein Land entsteht, daß es sich dem Zweig zuwendet, in dem die relative Produktivität höher ist als in dem, auf dessen Produktion es verzichtet.* Komparative Vorteile sind eine viel komplexere Größe als absolute Vorteile. In sie fließen sowohl die absoluten Vor- oder Nachteile beim Verkauf, als auch die Vor- oder Nachteile ein, die dadurch entstehen, daß ein Land auf eine bestimmte Produktion verzichtet und statt zum individuellen die Ware dieser Art jetzt zu einem gesellschaftlich-durchschnittlichen Aufwand erwirbt, der überdies infolge der Spezialisierung eine Bewegung durchmacht. Komparative Vorteile sind in *jedem* Falle Bedingung dafür, daß eine Spezialisierung für ein Land sinnvoll ist. Sowohl das sogenannte absolute als auch das komparative Modell sind ein Beispiel für komparative Vorteile.

In Wahrheit ist das Unterscheidungskriterium für die beiden angeführten Modelle ein anderes. Das sogenannte absolute Modell zeigt, daß Spezialisierung für ein Land vorteilhaft sein kann, das in einem Zweig produktiver als der Durchschnitt der Konkurrenten, in einem anderen weniger produktiv ist. Das komparative Modell zeigt, daß Spezialisierung auch dann vorteilhaft sein kann, wenn man in allen Zweigen produktiver oder weniger produktiv als die Konkurrenz ist. Diese Unterscheidung ist sinnvoll, aber sie rechtfertigt nicht die Namen absolutes und komparatives Modell. Komparative Vorteile sind Bedingung jeglicher internationaler Spezialisierung und sie implizieren absolute Vor- und Nachteile.

G. Kohlmey, der ebenfalls ein absolutes und ein komparatives Modell aufstellt, bezieht in sein komparatives Modell 3 Länder und 3 Waren ein.[46] Er betrachtet die 3 Waren als 3 Brennstoffe, die einander substituieren können und für die sich ein gemeinsamer internationaler Wert herausbildet. Soweit behandelt er sie also als Waren ein und derselben Art und untersucht die Prozesse innerhalb eines Zweiges. Andererseits läßt er die Länder diese verschiedenen Brennstoffe untereinander austauschen, behandelt sie also wie Waren verschiedener Zweige. Die unterschiedliche Wirkung von Produktivitätssteigerungen auf die Wertbildung kann man aber nur klären, wenn man deutlich die Prozesse innerhalb eines Zweiges von denen zwischen den Zweigen unterscheidet. Wie bereits sichtbar wurde, stimmen wir Kohlmeys These nicht zu, daß absolute Vor- und Nachteile aus Umverteilungsprozessen nationaler Arbeit resultieren. Wir stimmen mit Kohlmey soweit überein, daß die Einsparungen der Länder aus der internationalen Spezialisierung ungleich sind und daß ein Land auch Verluste infolge internationaler Spezialisierung erleiden kann. (Immer noch Austausch zu internationalen Werten als

[46] Vgl. G. Kohlmey, Karl Marx' Theorie von den internationalen Werten mit einigen Schlußfolgerungen für die Preisbildung im Außenhandel zwischen den sozialistischen Staaten, a. a. O., S. 48–50.

Prämisse eingesetzt.) Von Umverteilungsprozessen kann nach unserer Meinung aber nur dann die Rede sein, wenn ungleiche Mengen gleicher Arbeit ausgetauscht werden, also wenn Nichtäquivalenz vorliegt.

Mit den eingangs des Kapitels zitierten Auffassungen des Autorenkollektivs beim ZK der SED sowie des sowjetischen Autorenkollektivs unter Leitung von Smirnov und Buch, daß der äquivalente Austausch es erfordere, daß produktivere nationale Arbeit international wie intensivere zählt, stimmen wir überein. Nicht zustimmen können wir jedoch der Formulierung, daß dieses eine ausschließliche Besonderheit der internationalen Wertbildung sei. Wie wir uns bemüht haben zu zeigen, wirkt produktivere Arbeit als im Durchschnitt der Branche sowohl national wie international als intensivere. Dies ist also kein spezielles Problem der internationalen Entfaltungsstufe des Wertes. Darauf verweist auch Kulikov in Auseinandersetzung mit Tarnovskij/Mitrofanova: „Es ist bekannt, daß der Wert nicht durch beliebige Arbeitsaufwendungen geschaffen wird, sondern nur durch die gesellschaftlich notwendigen. Bei der Bestimmung der letzteren jedoch wird an die Aufwendungen verschiedener Produktivität ein einheitlicher Maßstab angelegt – die Arbeitsstunde mit einer bestimmten (als gesellschaftlich normal angenommen) Effektivität. Gleiches wird an Nichtgleiches angelegt – derart ist die Natur der gesellschaftlich notwendigen Arbeitsaufwendungen und deswegen erhält die Arbeitsstunde, die im Vergleich zur gesellschaftlich normalen Arbeit produktiver ist, eine größere gesellschaftliche Wertung und ist nicht gleich einer Stunde, sondern gleich einer größeren Quantität gesellschaftlich notwendiger Arbeitszeit."[47]

Die zitierten bürgerlichen Autoren Bärtschi und Jacobsen begehen mit ihrer These, daß unterschiedliches Entwicklungsniveau zwischen sozialistischen Ländern bei internationalem Austausch notwendig Ausbeutung des weniger entwickelten Landes durch das höher entwickelte nach sich ziehe, gleich einen doppelten Fehler. Im engeren Sinn liegt ihr Fehler darin, daß sie den Austausch gleicher Mengen international gesellschaftlich notwendiger Arbeit, also unterschiedlicher Mengen nationaler Arbeit mit Umverteilungsprozessen nationaler Arbeit gleichsetzen. Sie demonstrieren damit ihr Unverständnis gegenüber dem Wesen der Äquivalenz. Dieser Fehler der Autoren ist Resultat eines prinzipiellen methodischen Fehlers. Die Autoren sind der Meinung, daß man ohne Berücksichtigung der entwickelten, den spezifischen sozialökonomischen Charakter einer Produktionsweise prägenden Produktionsverhältnisse direkt aus der Existenz des Wertverhältnisses auf die Kategorie der Ausbeutung schließen könne. Brendel kritisiert mit Recht diesen Standpunkt, indem er schreibt: „Ihr Hauptfehler besteht darin, daß sie das Wertgesetz quasi exterritorial, herausgelöst aus dem jeweiligen Ensemble der ökonomischen Gesetze betrachten."[48]

[47] V. Kulikov, Tovarnye otnošenija v mirovom socialističeskom chozjajstve, Moskva 1972, S. 101.

[48] Autorenkollektiv, Grundfragen der sozialistischen Preistheorie, Berlin 1977, S. 267.

Aus der Wirkung des Wertgesetzes an sich ist weder zu schlußfolgern, daß Ausbeutung existiert, noch, daß sie nicht existiert. Austausch von Werten ist der Austausch gleicher Teile der gesellschaftlichen Gesamtarbeit, die in unterschiedlichen Gebrauchswerten verkörpert sind. Vollzieht sich der Prozeß der Wertbildung unter gesellschaftlichen Bedingungen, die das Produkt der Produzenten als Eigentum der Nichtproduzenten entstehen lassen (unter Kapitalverhältnissen), so realisiert sich über den Austausch von Werten die Ausbeutung der Lohnarbeiter. Vollzieht sich der Prozeß der Wertbildung unter den Bedingungen des sozialistischen Eigentums, so realisieren die Produzenten beim Austausch von Werten die von ihnen planmäßig und kollektiv für sich verausgabte Arbeit. Nicht der Austausch von Werten entscheidet über den spezifisch gesellschaftlichen Charakter des Produktions- und Aneignungsprozesses, sondern umgekehrt. Der Charakter des Produktions- und Aneignungsprozesses ist entscheidend dafür, welche spezifischen gesellschaftlichen Verhältnisse sich über den Austausch von Werten realisieren. In diesem Sinne schrieben Marx und Engels über das Verhältnis sozialistischer Nationen: „In dem Maße, wie die Exploitation des einen Individuums durch das andere aufgehoben wird, wird die Exploitation einer Nation durch die andere aufgehoben. Mit dem Gegensatz der Klassen im Innern der Nation fällt die feindliche Stellung der Nationen gegeneinander.“[49]

Schließlich zu Schoellers Ansicht, daß man je nach dem eingenommenen Standpunkt entweder Umverteilung konstatieren könne (sofern man die nationale Wertbildung als Basis des internationalen Austausches ansehe) oder – mit derselben Berechtigung – diese verneinen könne (sofern man die internationale Wertbildung als den Austausch regulierend betrachte). Wir halten sie für doppelt falsch.

Erstens. Die vereinzelte Arbeit erhält einen gesellschaftlichen Inhalt dadurch, daß ihr Resultat Gegenstand des Bedürfnisses anderer Produzenten, also dadurch, daß sie Glied einer Totalität gesellschaftlicher Arbeit ist. Inwieweit sie diesen gesellschaftlichen Inhalt hat, erweist sich im Austausch. Dieser zeigt den Grad der Entfaltung ihrer Gesellschaftlichkeit an; die Gesamtheit der Waren, gegen die das Produkt der vereinzelten Arbeit austauschbar ist, beschreibt den Kreis, innerhalb dessen die Arbeit sich als allgemeine bewährt. Der Umkreis, innerhalb dessen die Arbeit sich als allgemeine zu bewähren hat, ist andererseits die Entfaltungsstufe des Wertes, des der Bewährung der Arbeit des einzelnen als allgemeiner entspringenden Verhältnisses der Produzenten. Entwicklung des Austausches und Entfaltung des Wertes sind Ausdruck desselben Sachverhaltes – des Grades der Arbeitsteilung. Schoeller behauptet einerseits internationalen Austausch, andererseits als dessen Basis nationale Wertbildung. Er reißt damit Untrennbares auseinander. Der internationale Austausch wäre nach Schoeller also dadurch reguliert, wie sich die Arbeit eines Exporteurs als Glied nationaler Gesamtarbeit bewähre. Man braucht sich das nur für die Gebrauchswert produzierende Seite der Arbeit vorzustellen, die ja Voraussetzung der Wertbildung und -realisierung ist, um das Fal-

[49] K. Marx/F. Engels, Manifest der Kommunistischen Partei, a. a. O., S. 479.

sche dieses Standpunktes einzusehen. Tauscht man Waren aus, so ist man in Gesellschaft. Und in dieser Gesellschaft geht man – man mag es einsehen oder nicht – Verhältnisse ein, Wertverhältnisse. Schoellers Ansicht, der internationale Austausch vollziehe sich auf der Basis nationaler Wertbildung, gleicht dem Verhalten von Kindern, die meinen, allein zu sein, sobald sie die Augen schließen. Kein Wunder, daß er für die Behauptung, Marx sei seiner Ansicht gewesen, nicht ein einziges Zitat als Beweis anführen kann.

Zweitens. Wird international äquivalent ausgetauscht, so bedeutet das, daß gleiche Mengen Arbeit gleicher relativer Produktivität und Intensität ausgetauscht werden. Egal, ob man diesen Vorgang vom Standpunkt des international notwendigen Wirkungsgrades der Arbeit oder vom Standpunkt der Arbeit über- oder unterdurchschnittlichen Wirkungsgrades entsprechend nationalen Gegebenheiten sieht, in jedem Fall muß man das Gegebene und das Genommene von einheitlichem Standpunkt sehen und darf nicht innerhalb eines identischen Vorgangs (des Gebens und Nehmens in der Zirkulation) den Standpunkt wechseln. Genau das aber macht Schoeller, sofern er Umverteilungsprozesse konstatiert. Würde Schoeller sich die kleine Mühe machen, entweder das gegebene Quantum nationaler Arbeit auf die entsprechende Menge Arbeit international notwendigen Wirkungsgrades zu reduzieren oder aber das erhaltene Quantum Arbeit international notwendigen Wirkungsgrades auf die entsprechende Menge national durchschnittlichen Wirkungsgrades zu reduzieren, also hinsichtlich des Gegebenen und des Genommenen einen einheitlichen Standpunkt einnehmen, hätte er sich die große Mühe des Hin- und Herspringens zwischen zwei nicht miteinander zu vereinbarenden theoretischen Standpunkten erspart.

2.4. Die Wirkung der internationalen Arbeitsteilung und des Außenhandels auf das Gesamtprodukt und Nationaleinkommen der Länder

Die Beurteilung der Frage, wie sich internationale Arbeitsteilung und Außenhandel auf das Nationaleinkommen eines Landes niederschlagen, hängt wesentlich von der Beurteilung der Frage ab, welchen Wert die von diesem Land importierten Waren haben. Wie bei jeder Ware ist der Wert der Importwaren gleich dem zur Reproduktion gesellschaftlich notwendigen Arbeitsaufwand, im Normalfalle also gleich dem durchschnittlichen Aufwand der auf dem Weltmarkt verkaufenden Produzenten. Will ein Land diese Ware kaufen, muß es dafür ein Äquivalent, d. h. die gleiche Menge international gesellschaftlich notwendiger Arbeit, wie in der Importware verkörpert, bereitstellen. Im vorigen Abschnitt haben wir gesehen, daß es von der relativen Produktivität bei der Herstellung derjenigen Erzeugnisse, die ein Land verkauft, abhängt, wieviel Stunden nationaler Arbeit einer Stunde international gesellschaftlich notwendiger Arbeit entsprechen. Der nationale Wert der importierten Ware ist also gleich jenem Quantum nationaler Arbeit, das bereitgestellt werden muß, um ein Äquivalent für den gesellschaftlich notwendigen Arbeitsaufwand, der zur Produktion der Importware erfordert ist, zu liefern, ist also gleich dem in den Exportwaren verkörperten Quantum nationaler Arbeit.

Das zuweilen gegen diese Ansicht vorgebrachte Argument, daß bei Gleichsetzung des nationalen Werts der Exportwaren mit dem der Importwaren (ausgeglichene Bilanz zu internationalen Werten selbstverständlich unterstellt) die Wertbestimmung der Importwaren von dem tatsächlich in diesen Waren steckenden Quantum Arbeit gelöst wäre, weil angeblich unabhängig von diesem Quantum der Wert der Importwaren ja durch das in den Exportwaren steckende Quantum Arbeit bestimmt würde, verkennt den realen Sachverhalt. Der Wert der importierten Waren hängt nicht ab vom Wert der exportierten Waren, ist nicht bestimmt durch den Wert der exportierten Waren. Und doch ist er ihm gleich, weil eben Äquivalentenaustausch unterstellt ist, d. h. Austausch, der darin besteht, Gebrauchswerte „... in dem Maß Hände wechseln zu lassen, worin Arbeitszeit in ihnen enthalten ist; sie in dem Maße sich ersetzen zu lassen, worin sie gleich schwere Momente der allgemeinen gesellschaftlichen Arbeitszeit sind."[50]

Hier wird auch der Zusammenhang zwischen der Frage nach der Äquivalenz im internationalen Austausch und der Frage nach der Wirkung von Arbeitsteilung und Außenhandel auf das Nationaleinkommen der beteiligten Länder deutlich. Begreift man das Wesen der Äquivalenz als Austausch gleicher Mengen gleicher allgemeiner Arbeit, d. h. Arbeit gleicher relativer Produktivität, sieht man also das Wesen der Äquivalenz darin, daß jedes Land die gleiche Menge derselben Arbeit aus der Zirkulation herauszieht, die es hineinwirft, so ist klar, daß sich durch internationale Arbeitsteilung und Austausch die Wertsumme des gesellschaftlichen Gesamtproduktes eines Landes unmittelbar nicht verändern kann.

Als erster in der Theoriegeschichte kam Ricardo zu der Ansicht, daß die Summe der Werte eines Landes durch den Außenhandel nicht affiziert wird. „Keine Ausdehnung des auswärtigen Handels wird unmittelbar die Summe der Werte eines Landes vermehren, obwohl er sehr erheblich zu einer Erhöhung der Masse der Waren ... beitragen wird. Da der Wert aller ausländischen Waren durch die im Austausch für sie hingegebene Menge von Produkten unseres Bodens und unserer Arbeit bemessen wird, werden wir keinen größeren Wert besitzen, wenn wir durch die Entdeckung neuer Märkte eine doppelte Menge ausländischer Waren für eine bestimmte Quantität der unsrigen erhalten."[51] Daß diese Erkenntnis Ricardos so wenig zum Allgemeingut in der Theorie wurde, liegt daran, daß Ricardo sowohl die vorgelagerte Frage nach der Äquivalenz im internationalen Austausch wie auch die nachgelagerte Frage nach der Wirkung des Außenhandels auf die Profitrate eines Landes (und wir werden sehen, daß letztere in engem Zusammenhang mit der Frage nach der Wirkung auf das Nationaleinkommen

[50] K. Marx, Grundrisse der Kritik der Politischen Ökonomie, a. a. O., S. 925.

[51] D. Ricardo, Über die Grundsätze der Politischen Ökonomie und der Besteuerung, a. a. O., S. 108–109.

steht) falsch beantwortet. Unrecht hat Ricardo nämlich, wenn er schreibt, daß der Außenhandel die Höhe der allgemeinen Profitrate nicht berührt, sofern er nicht die Preise für die lebensnotwendigen Güter senkt. „Es war mein Bestreben, durch dieses ganze Werk zu zeigen, daß die Profitrate niemals anders als durch eine Senkung der Löhne erhöht werden kann und daß eine dauernde Senkung der Löhne nur durch ein Sinken der lebenswichtigen Güter, für welche die Löhne verausgabt werden, eintritt ... Obwohl also der auswärtige Handel sehr vorteilhaft für ein Land ist, da er die Menge und Vielfalt der Dinge vermehrt, für welche die Revenue verwendet werden kann, durch den Überfluß und die Wohlfeilheit der Waren Anreiz zum Sparen und zur Akkumulation von Kapital liefert, besitzt er keine Tendenz zur Erhöhung des Kapitalprofits, es sei denn, die eingeführten Waren sind solche, für die der Arbeitslohn ausgegeben wird.“[52] Die Quelle für diese fehlerhafte Auffassung Ricardos ist dieselbe wie die fehlerhafte Äquivalenzauffassung im internationalen Handel. Ricardo trennt nicht den Produktionspreis vom Wert und also auch nicht den Profit vom Mehrwert, die Profitrate von der Mehrwertrate. Folglich kann Ricardo, da er konsequent ist, auch nicht die Bedeutung der Verbilligung der Elemente des konstanten Kapitals über internationale Arbeitsteilung und Außenhandel für die Profitrate erkennen.

Dafür kritisiert ihn Marx und schreibt: „Soweit der auswärtige Handel teils die Elemente des konstanten Kapitals, teils die notwendigen Lebensmittel, worin das variable Kapital sich umsetzt, verwohlfeilert, wirkt er steigernd auf die Profitrate, in dem er die Rate des Mehrwerts hebt und den Wert des konstanten Kapitals senkt.“[53] Im weiteren geht Marx dann auf die Frage des absoluten Vorteils im Außenhandel ein. „Sofern die Arbeit des fortgeschrittenern Landes hier als Arbeit von höherm spezifischen Gewicht verwertet wird, steigt die Profitrate, indem die Arbeit, die nicht als qualitativ höhere bezahlt, als solche verkauft wird. Dasselbe Verhältnis kann stattfinden gegen das Land, wohin Waren gesandt und woraus Waren bezogen werden; daß dies nämlich mehr vergegenständlichte Arbeit in natura gibt, als es erhält, und daß es doch hierbei die Ware wohlfeiler erhält, als es sie selbst produzieren könnte. Ganz wie der Fabrikant, der eine neue Erfindung vor ihrer Verallgemeinerung benutzt, wohlfeiler verkauft als seine Konkurrenten und dennoch über dem individuellen Wert seiner Ware verkauft, d. h. die spezifisch höhere Produktivkraft der von ihm angewendeten Arbeit als Mehrarbeit verwertet. Er realisiert so einen Surplusprofit ... Das begünstigte Land erhält mehr Arbeit zurück im Austausch für weniger Arbeit, obgleich diese Differenz, dieses Mehr, wie beim Austausch zwischen Kapital und Arbeit überhaupt, von einer gewissen Klasse eingesackt wird.“[54]

Gerade der letzte Satz wird oft von marxistischen Ökonomen angeführt, um zu beweisen, daß Marx als die Qelle der absoluten Vorteile die Umverteilung nationa-

[52] Ebenda, S. 113.
[53] K. Marx, Das Kapital, Dritter Band, a. a. O., S. 247.
[54] Ebenda, S. 248.

ler Arbeit ansah und somit auch der Meinung sei, daß der Außenhandel unmittelbar die Wertsumme eines Landes vergrößert oder vermindert. Aber man darf diesen Satz nicht isoliert lesen. Unmittelbar davor hat Marx unmißverständlich dargelegt, daß das begünstigte Land Arbeit höheren spezifischen Gewichts gegen Arbeit geringeren spezifischen Gewichts austauscht. Bei ihm ist weder von Umverteilung, noch von unmittelbarer Erhöhung der nationalen Wertsumme die Rede. Produktivere Arbeit als die der Konkurrenten, d. h. Arbeit höherer relativer Produktivität, ist Arbeit höherer wertschöpfender Potenz, und diese verwertet der Kapitalist, indem er sie als solche verkauft, aber nicht als solche zahlt.

In der Tat kritisiert Marx Ricardo nicht nur in bezug auf dessen Auffassung über den Einfluß des Außenhandels auf die Profitrate, sondern auch Ricardos Auffassung, daß der Außenhandel niemals, also auch nicht indirekt, die Wertsumme eines Landes vermehren kann. „Eine ursprünglich arme Nation, wie die Holländer könnte also nie durch den auswärtigen Handel an Tauschwerten gewinnen und *bürgerlich* reich werden. Dies Parodoxon stellt Ricardo auf."[55] Gleich darauf stellt K. Marx aber fest: „Allerdings wäre das richtig, wenn ich den *neuen Wert,* den ich selbst aus dem Land genommen habe, gegen den alten austausche."[56] Und an einer anderen Stelle heißt es: „Sieh nach *Ricardo* über den auswärtigen Handel, den er als einfache Zirkulation faßt und daher sagt: ‚Der auswärtige Handel kann nie die Tauschwerte eines Landes erhöhn.' ... Die Gründe, die er dafür beibringt, sind absolut dieselben, die ‚beweisen', daß der Austausch als solcher, die einfache Zirkulation, also der Handel überhaupt, sofern er als solche gefaßt wird, nie *Tauschwerte* erhöhn, nie den *Tauschwert* erzeugen kann."[57] Soweit Ricardo den Außenhandel als Zirkulation betrachtet, gibt Marx ihm recht. Der Punkt, den er kritisiert, ist ein ganz anderer.

„Allerdings gerät Ricardo selbst oft in Konfusion, da er wohl die Entstehung des Mehrwerts als Voraussetzung des Kapitals begreift, aber oft daran irre wird, auf dieser Basis die Vermehrung der Werte zu begreifen, außer dadurch, daß *mehr vergegenständlichte Arbeitszeit* im selben Produkt investiert wird, in andren Worten, daß die Produktion *schwieriger* wird. Daher bei ihm der absolute Gegensatz zwischen *value* und *Reichtum.* Daher die Einseitigkeit seiner Theorie von der Grundrente; seine falsche Theorie vom internationalen Handel, der nur den Gebrauchswert (was er Reichtum nennt) nicht Tauschwert produzieren soll ... Der Grundfehler, daß er nirgends untersucht, wo denn eigentlich der Unterschied zwischen der Wertbestimmung durch das Salär und der durch die vergegenständlichte Arbeit herkommt."[58] Die Kritik von Marx an Ricardo ist also viel grundsätzlicherer Natur und betrifft durchaus nicht nur den Außenhandel. Es geht überhaupt um die Frage, wie Produktivitätssteigerung den bürgerlichen Reichtum einer Nation, d. h. die Summe der Tauschwerte vermehren kann.

[55] K. Marx, Grundrisse der Kritik der Politischen Ökonomie, a. a. O., S. 810.

[56] Ebenda.

[57] Ebenda, S. 222. [58] Ebenda, S. 232–233.

In seiner folgenden Argumentation erklärt Marx den Mechanismus der Bildung des relativen Mehrwerts durch Verkürzung der notwendigen Arbeitszeit, und er stellt dann fest: „Der Mehrwert des Kapitals ist gewachsen; d. h. sein Wert im Verhältnis zum Arbeiter ...; aber sein Wert ist gewachsen nicht weil das *absolute,* sondern das *relative Arbeitsquantum* gewachsen; d. h. nicht das Totalquantum der Arbeit ist gewachsen ...; also kein absoluter Zuwachs von Surpluszeit (Surplusarbeitszeit); sondern das *Quantum der notwendigen Arbeit hat sich vermindert,* und dadurch hat sich die relative Surplusarbeit vermehrt ... Dies betrifft also die *Rate des Profits,* nicht den Preis des Produkts oder den Wert des Kapitals, das im Produkt wieder zu Ware geworden ist. In fact aber vermehren sich auch die absoluten Werte in dieser Weise, weil sich der Teil des Reichtums vermehrt, der als Kapital gesetzt – als Selbstverwertender Wert." „Die Tauschwerte, der *Reichtum als solcher* hat sich also vermehrt, obgleich nach wie vor die Gesamtsumme desselben *nicht* unmittelbar gewachsen ist. Warum hat er sich vermehrt? Weil der Teil der Gesamtsumme sich vermehrt hat, der nicht bloß Zirkulationsmittel, sondern Geld, oder der nicht bloß Äquivalent, sondern *für sich seiender Tauschwert."* „Größres Kapital schaffen heißt größren Tauschwert schaffen, obgleich der Tauschwert in seiner unmittelbaren Form als einfacher Tauschwert nicht durch das Produktivitätswachstum vermehrt worden ist, ist er es in seiner potenzierten Form als Kapital ..."[59]

Was Marx hier für die Steigerung der Produktivkraft der Arbeit ganz allgemein entwickelt, gilt vollständig für die aus der internationalen Arbeitsteilung entspringende, die über den internationalen Handel realisiert wird. Der Tauschwert in seiner unmittelbaren Form als einfacher Tauschwert wird über den auswärtigen Handel nicht vermehrt, die Gesamtsumme der innerhalb einer Volkswirtschaft zirkulierenden Waren wird unmittelbar nicht vergrößert. Trotzdem wird der Außenhandel für das Land zur Akkumulationsquelle und erhöht somit indirekt die zirkulierende Wertsumme. Aber der Außenhandel wird für das begünstigte Land nicht dadurch zur Akkumulationsquelle, daß er Arbeit eines anderen Landes herüberzieht oder dadurch, daß er die Wertsumme des Landes direkt auch nur um 1 Stunde vergrößert, sondern dadurch, daß er ermöglicht, die notwendige Arbeitszeit zu vermindern, also die relative Mehrarbeit zu vergrößern.

Der Effekt aus der internationalen Arbeitsteilung besteht in der Einsparung gesellschaftlicher Arbeit für die Herstellung derselben Menge Gebrauchswerte. Dieses geringere Quantum Arbeit schlägt sich im Wert der Waren nieder, auf deren Produktion das Land verzichtet hat und die es aus dem Ausland bezieht. Die Menge gesellschaftlich notwendiger Arbeitszeit, die das Land infolge internationaler Arbeitsteilung bei der Herstellung der gleichen Menge Gebrauchswerte einspart, kann für die Herstellung zusätzlicher Gebrauchswerte verwendet werden. Die gleiche Wertgröße des gesellschaftlichen Gesamtprodukts würde eine gewachsene Gebrauchswertmenge repräsentieren; der Effekt aus der Arbeitstei-

[59] Ebenda, S. 248, 251 und 253.

lung würde sich jetzt für das Land in einer gewachsenen Gebrauchswertmenge statt in verringerter Arbeitszeit für gleiche Gebrauchswerte darstellen. Soweit sich durch die internationale Arbeitsteilung diejenigen Waren verwohlfeilern, die als Produktionsmittel für die einfache Reproduktion eingesetzt werden, d. h. dem Ersatzfonds zuzurechnen sind, vergrößert sich das Nationaleinkommen oder, genauer gesagt, derjenige Teil des Nationaleinkommens, der Mehrprodukt darstellt. Sofern sich durch die internationale Arbeitsteilung Waren verwohlfeilern, die in den individuellen und gesellschaftlichen Konsum eingehen, d. h. der Erhaltung und Reproduktion der Arbeitskraft dienen, verschiebt sich innerhalb des Nationaleinkommens die Relation zwischen Lohn (plus demjenigen Teil der gesellschaftlichen Konsumtion, der der Reproduktion der Arbeitskraft dient) und Reineinkommen wiederum zugunsten des letzteren, d. h. zugunsten des Mehrprodukts. *Die unmittelbare Wirkung der auf komparativen Vorteilen beruhenden Arbeitsteilung ist* also *die relative Vergrößerung des Mehrprodukts. Mittelbar vergrößert sich bei produktiver Akkumulation des vergrößerten Mehrprodukts die Masse der im Land zirkulierenden Waren und damit die Gesamtsumme der Werte der im Lande zirkulierenden Waren.*

Wenn Rybakov meint, aus der Erkenntnis, daß bei ausgeglichener Bilanz zu internationalen Werten der Wert der Exportwaren eines Landes gleich dem der Importwaren desselben Landes ist, unmittelbar schlußfolgern zu können, daß durch internationale Arbeitsteilung und Außenhandel die Wertgröße des Nationaleinkommens nicht berührt werde, so macht er dem Wesen nach den gleichen Fehler wie Ricardo. Er übersieht die Bedeutung der Verbilligung der Elemente des konstanten Kapitals, bzw., allgemeiner gesagt, der zur einfachen Reproduktion benötigten Produktionsmittel. Ist bei Ricardo diese Ansicht Konsequenz seiner Gleichsetzung von Wert und Produktionspreis, von Mehrwert und Profitrate, so ist sie bei Rybakov Ausdruck der Verwechslung von gesellschaftlichem Gesamtprodukt und Nationaleinkommen.

Unter marxistischen Ökonomen ist – im Unterschied zur bisher vorgetragenen Meinung – die Ansicht verbreitet, daß sich die Einsparung an gesellschaftlicher (nationaler) Arbeit, die durch die internationale Arbeitsteilung ermöglicht und über den Außenhandel realisiert wird, unmittelbar als Erhöhung des verfügbaren Nationaleinkommens gegenüber dem produzierten Nationaleinkommen niederschlägt. Untersuchen wir diesen Gedanken am Beispiel der Darlegungen in der Broschüre „Effektivität der Außenwirtschaftsbeziehungen der sozialistischen Volkswirtschaft“ näher. In dieser Broschüre wird ein Beispiel für die Ausnutzung komparativer Vorteile angeführt.

Es geht um die bekannten Länder E und P, die beide je 100 Einheiten Tuch und Wein herstellen, wobei vor der Spezialisierung E 100 nationale Arbeitsstunden für die Herstellung von Tuch sowie 120 für die Herstellung von Wein benötigt und P dieselbe Menge Tuch in 90 nationalen Arbeitsstunden und dieselbe Menge Wein in 80 nationalen Arbeitsstunden herstellt. Land E spezialisiere sich auf die Tuchproduktion und Land P auf die Weinproduktion. Der internationale

Wert für 100 Einheiten Tuch betrage 95 internationale Arbeitsstunden, das gleiche gelte für 100 Einheiten Wein. Land E stelle nach der Spezialisierung 200 Einheiten Tuch her und Land P 200 Einheiten Wein. Je 100 Einheiten des Tuches und des Weines werden zwischen den Ländern E und P ausgetauscht, so daß jedes der Länder nach Spezialisierung und Austausch über dieselbe Menge derselben Gebrauchswerte verfügt wie vor der Spezialisierung. Land E spart insgesamt 20 Stunden und Land P 10 Stunden. Das Autorenkollektiv unter Leitung von Bleßing schreibt zu dieser Einsparung: „Land E verliert in unserem Beispiel beim Export von 100 Einheiten Tuch 5 und spart beim Import von 100 Einheiten Wein 25 Arbeitsstunden ein, hat also per Saldo einen Austauscheffekt von 20 Arbeitsstunden. Dagegen gewinnt Land P beim Export 15 und verliert beim Import 5 Arbeitsstunden, erzielt also insgesamt eine Einsparung von 10 Arbeitsstunden."[60] An anderer Stelle heißt es zur näheren Bestimmung dieses „Austauscheffektes", daß „... die Effekte aus der Außenhandelstätigkeit als Differenz zwischen dem produzierten und dem verfügbaren Nationaleinkommen erscheinen."[61]

Wir meinen, daß man gegen diese Darstellung drei Einwände geltend machen muß.

Erstens. Das Autorenkollektiv geht von einem Beispiel aus, in dem die Summe der Werte aller Waren, über die ein Land verfügt, gleich der Summe des innerhalb einer bestimmten Zeitperiode geschaffenen Neuwertes in diesem Land ist, in dem also das gesellschaftliche Gesamtprodukt des Landes gleich seinem Nationaleinkommen ist. Solche vereinfachenden Unterstellungen sind in der Theorie durchaus legitim – allerdings nur unter einer Bedingung. Unter der Bedingung nämlich, daß bei den Schlußfolgerungen stets die Unterstellung berücksichtigt wird und daß im Fortgang der Untersuchung die Unterstellung aufgehoben wird, um zu zeigen, wie sich die unter vereinfachten Bedingungen getroffene Schlußfolgerung dadurch verändert. Was aber macht das Autorenkollektiv? Es unterstellt – und das nicht ausdrücklich, sondern impliziert durch sein Beispiel –, daß die Größe des Nationaleinkommens gleich der des Gesamtproduktes ist und überträgt nun alle Größenveränderungen, die sich aus internationaler Arbeitsteilung und Außenhandel auf die Wertsumme der Waren eines Landes ergeben, automatisch auf das Nationaleinkommen, ohne im Fortgang der Gedanken auch nur ein einziges Mal auf seine Unterstellung einzugehen. Dadurch werden die allgemein für die Veränderung der Wertgröße des Nationaleinkommens getroffenen Einschätzungen falsch. Das Autorenkollektiv begeht hier den gleichen Fehler wie sein theoretischer Kontrahent Rybakov.

Zweitens. Es wird behauptet, daß das produzierte Gesamtprodukt (das Autorenkollektiv sagt: Nationaleinkommen) durch die internationale Arbeitsteilung und den Außenhandel in seiner wertmäßigen Größe nicht verändert wird. Das

[60] Autorenkollektiv, Effektivität der Außenwirtschaftsbeziehungen der sozialistischen Volkswirtschaft, a. a. O., S. 147.

[61] Ebenda, S. 74.

kann richtig sein, muß aber nicht. Alles hängt davon ab, wie vom Land die durch die internationale Arbeitsteilung freigesetzte Zeit verwendet wird. Wird nach wie vor der Spezialisierung die gleiche Menge Arbeitszeit produktiv eingesetzt, hat das Autorenkollektiv recht. Verwendet das Land die freigesetzte Zeit unproduktiv, so sinkt die wertmäßige Größe des produzierten Gesamtproduktes um eben die Größe, die der freigesetzten Arbeitszeit entspricht. Das Autorenkollektiv selbst hat sein Beispiel so gewählt, und das ist richtig. Ist es doch in der Tat die einzig mögliche Methode, die Effekte der internationalen Arbeitsteilung in Arbeitsstunden sichtbar zu machen. (Die Alternative wäre, Beispiele zu wählen, in denen von jedem Land vor wie nach der Spezialisierung dieselbe Menge Arbeit eingesetzt wird. Dann würden alle Effekte in einem vergrößerten Quantum Gebrauchswert erscheinen statt in verringerter Menge Arbeit.)

In dem vom Autorenkollektiv gewählten Beispiel hat sich infolge der Arbeitsteilung das produzierte Gesamtprodukt geändert. Gebrauchswertmäßig produziert Land E statt 100 Einheiten Tuch und 100 Einheiten Wein jetzt 200 Einheiten Tuch. Wertmäßig ist das produzierte Gesamtprodukt um 20 Stunden gesunken, weil das Land E 20 Stunden nationaler Arbeit weniger aufwendet. Land P produziert 200 Einheiten Wein statt 100 Einheiten Wein ud 100 Einheiten Tuch in 160 statt in 170 Stunden. Sein produziertes Gesamtprodukt ist also um 10 Stunden gesunken. Wohlgemerkt: das produzierte Gesamtprodukt. Von einer Differenz zwischen produziertem und verfügbarem kann noch gar nicht die Rede sein, denn wir betrachten das Gesamtprodukt bisher nur so, wie es produziert wurde. Trotzdem kam es infolge der Spezialisierung zu einer Veränderung im wertmäßigen Ausdruck des Gesamtproduktes, und zwar um die Größe, die vom Autorenkollektiv als Austauscheffekt bezeichnet wird. Es wurde aber noch nichts ausgetauscht. Offenkundig ist diese Veränderung in der Wertgröße des produzierten Gesamtproduktes der Spezialisierung und nicht dem Austausch geschuldet, obwohl letzterer notwendige Bedingung und Folge der Spezialisierung ist. Deshalb halten wir es für verfehlt, den Effekt der internationalen Spezialisierung, der in der wertmäßigen Verminderung des Gesamtproduktes besteht, sofern man gleiche Mengen verfügbarer Gebrauchswerte, oder in einer größeren Anzahl Gebrauchswerte, sofern man gleiche Mengen eingesetzter Arbeitszeit unterstellt, als Austauscheffekt zu bezeichnen.

Drittens. Das Autorenkollektiv spricht davon, daß sich die Austauscheffekte in einer Differenz von verfügbarem und produziertem Nationaleinkommen niederschlagen. Auf welche Weise dies erfolgen soll, wird nicht näher erklärt, aber offensichtlich beruht dieser Gedanke auf der Annahme, daß der nationale Wert für die 100 Einheiten Wein, die Land E im Austausch für 100 Einheiten Tuch, für dessen Produktion es 100 Stunden benötigte, erhält, gleich 120 Stunden ist. Analog wird für Land P angenommen, daß der nationale Wert für die importierten 100 Einheiten Tuch, die das Land im Austausch für seine 100 Einheiten Wein erhält, gleich 90 Stunden ist. Drücken wir es anders aus: Das Autorenkollektiv ist also der Meinung, daß der nationale Wert einer importierten Ware durch den

Arbeitsaufwand bestimmt wird, den das Land vor Spezialisierung und Außenhandel für die Produktion der entsprechenden Ware hatte bzw. durch den Arbeitsaufwand, den das Land hätte, würde es die Ware selbst produzieren.

Dies scheint uns aber, selbst wenn wir von den unter erstens und zweitens kritisierten Punkten absehen (also davon, daß es gar nicht um das Nationaleinkommen, sondern um die Wertsumme der Waren eines Landes, das Gesamtprodukt, geht, und davon, daß sich im Beispiel bereits das produzierte Gesamtprodukt in seiner wertmäßigen Größe um die eingesparte Menge Arbeit verringert) unrichtig. Der Wert einer Ware wird doch nicht bestimmt durch den Arbeitsaufwand, den jemand hatte, als er die Ware noch produzierte, bzw. durch den Aufwand, den jemand hätte, würde er die Ware produzieren. Der Wert einer Ware wird durch den Arbeitsaufwand bestimmt, der für die Herstellung der Ware zum Zeitpunkt ihrer Realisierung erforderlich ist. Dieser Aufwand ist im betrachteten Beispiel doch unzweifelhaft für Wein 80 Stunden des Landes P und für Tuch 100 Stunden des Landes E.

Die einzige Frage, die bleibt, lautet: Wieviel Arbeitsstunden des Landes E entsprechen tatsächlich und zum betrachteten Zeitpunkt den 80 Stunden des Landes P und wieviel Stunden des Landes P entsprechen den 100 Stunden des Landes E? Diese Frage hat das Autorenkollektiv selbst beantwortet, wenn es schreibt, daß der internationale Wert von 100 Einheiten Wein (für die P 80 Stunden aufwendet) und 100 Einheiten Tuch (für die E 100 Stunden aufwendet) derselbe, nämlich 95 Stunden international gesellschaftlich notwendiger Arbeit, sei. 80 Stunden des Landes P entsprechen also 100 Stunden des Landes E. Damit ist klar, die Wertsumme der Waren beider Länder wurde durch den Austausch, der Austausch von Äquivalenten ist, nicht verändert.

Was die Berufung auf Marx in dieser Frage betrifft, so scheint uns dessen Standpunkt nicht für, sondern gegen eine solche Auffassung zu sprechen, daß der nationale Wert importierter Waren gleich dem Aufwand ist, den ein Land bei der Eigenproduktion dieser Ware hätte. Marx war bekanntlich mit aller Entschiedenheit der Meinung, daß durch die internationale Arbeitsteilung die durchschnittliche Profitrate eines Landes berührt wird. Er betont dies ausdrücklich in der Polemik gegen Ricardo und schreibt – wir zitierten diesen Satz bereits –, daß dies dadurch geschehe, daß der „... auswärtige Handel teils die Elemente des konstanten Kapitals, teils die notwendigen Lebensmittel, worin das variable Kapital sich umsetzt, verwohlfeilert ...“[62] Wie aber sollten sich diese „verwohlfeilern“, würde ihr nationaler Wert durch das Eintreten des Landes in die internationale Arbeitsteilung nicht verringert? Gerade *die „Verwohlfeilerung“ der importierten Waren*, die natürlich nicht dem Austausch, sondern gesteigerter Produktivkraft der gesellschaftlichen Arbeit im Verhältnis zu einem autarken Zustand geschuldet ist, *bewirkt bei gleicher Größe von produziertem und verwendetem Gesamtprodukt eine Veränderung seiner gebrauchswertmäßigen und wertmäßigen Struktur in Rich-*

[62] K. Marx, Das Kapital, Dritter Band, a. a. O., S. 247.

tung einer relativen Vergrößerung des Mehrprodukts, die, soweit sie auf Verbilligung der Produktionsmittel für die einfache Reproduktion beruht, sich in einem vergrößerten verfügbaren Nationaleinkommen niederschlägt.

Der Prozeß ist natürlich auch umgekehrt denkbar. Angenommen, bei gleichbleibender relativer Produktivität der Exportproduktion eines Landes vergrößere sich der international gesellschaftlich notwendige Aufwand zur Reproduktion der importierten Waren. Gegenüber der vorherigen Situation würden sich also die Importwaren verteuern. Dies hätte eine Strukturveränderung des Gesamtprodukts aufgrund der relativen Kontraktion des Mehrprodukts zur Folge, wovon pro tanto auch das Nationaleinkommen berührt wäre. Vor eine solche Situation ist die Volkswirtschaft der DDR seit Mitte der siebziger Jahre gestellt, insofern sich der international gesellschaftlich notwendige Aufwand zur Reproduktion der durch die DDR importierten Roh- und Brennstoffe ständig erhöht.

Unter diesem Gesichtspunkt ist die wirtschaftspolitische Strategie des X. Parteitages der SED zu verstehen, die auf einen bedeutenden Anstieg der gesellschaftlichen Produktivität der Arbeit, damit eine bedeutende Vergrößerung des produzierten Mehrproduktes, als Voraussetzung zur Weiterführung ihrer bewährten Politik in Einheit von Wirtschafts- und Sozialpolitik zielt.

2.5. Der Preisausdruck der Effekte aus der internationalen Arbeitsteilung und dem Außenhandel

Im folgenden wird es unsere Aufgabe sein, nachzuweisen, wie sich die wesentlichen Zusammenhänge in Gestalt von Preisen und Kursen auf der Ebene der Erscheinung durchsetzen. Wir müssen also das Geld in Gestalt nationaler Währungen in die Betrachtung einbeziehen.

Exkurs: Der Währungskurs aus werttheoretischer Sicht

Der Kurs erscheint als das Verhältnis der Kaufkraft zweier Währungen. Eine bestimmte Menge nationaler Währungseinheiten entspricht einer bestimmten Menge gesellschaftlich notwendiger Arbeit dieses Landes und damit einem ganz bestimmten Warenkorb. Wird diese Menge Währungseinheiten zum Kurs in Währungseinheiten eines anderen Landes konvertiert, so muß die Menge ausländischen Geldes den Anspruch auf den gleichen Warenkorb sichern. Wenn der Kurs sichert, daß die ineinander konvertierbaren Währungen Anspruch auf gleiche Mengen Gebrauchswerte darstellen, so stellen sie den Anspruch auf unterschiedliche Mengen nationaler Arbeit verschiedener Länder dar. In dem Land, dessen Produktivität höher ist, entspricht diese Geldmenge einer geringeren Anzahl nationaler Stunden, weil gleicher Menge Gebrauchswerte. Im Land niederer Produktivität entspricht sie einer höheren Anzahl nationaler Stunden, weil gleicher Menge Gebrauchswerte.

Somit reflektiert also der Kurs zweierlei Zusammenhänge. Zum ersten: die relative Produktivität der Länder und zum zweiten: das Verhältnis einer nationalen Währungseinheit zu einer Stunde gesellschaftlich notwendiger Arbeit dieses Landes.[63] Wir wollen das verdeutlichen. Angenommen im Land E entspräche eine Währungseinheit einer Stunde gesellschaftlich notwendiger Arbeit. Im Land P sei eine Währungseinheit gleich zwei Stunden gesellschaftlich notwendiger Arbeit. Um die gleiche Menge Gebrauchswerte herzustellen, benötigt man im Land E eine Stunde und im Land P zwei Stunden. Die Erhaltung der Kaufkraft bei der Konvertierung von einer Währungseinheit E in die Währung des Landes P wäre nur beim Kurs 1:1 gewährleistet. Würde jede nationale Währungseinheit die gleiche Menge gesellschaftlich notwendiger Arbeit des entsprechenden Landes verkörpern, so wäre der Wechselkurs nichts anderes als Ausdruck der relativen Produktivität der Länder.

Stellen wir uns nun die Frage, um welche Warenkörbe es sich handelt, die wir hier miteinander vergleichen. Da wir hier den Kurs behandeln, soweit er den Handel zwischen Produzenten verschiedener Länder reflektiert, müssen wir zunächst davon ausgehen, daß wir als Warenkorb die Struktur des Exportes jedes Landes in das andere zugrunde legen.[64] Wird die Währung des Landes E in die des Landes P konvertiert, so dazu, Waren in Land P zu kaufen. Umgekehrt, umgekehrt. (Dabei spielt es keine Rolle, von wem der potentielle Käufer aus P die Währung von E kauft, sei es von einem Produzenten des Landes P, der durch den Export von Waren nach E in Besitz der Währung von E gelangte oder sei es von einem Produzenten des Landes E, der daran interessiert ist, seinerseits sich in Besitz der Währung P zu bringen, um im Land P einzukaufen.) Die Gesamtheit der Menge Waren, die in jedem Land von Käufern aus dem anderen Land bezogen

63 Maier schlußfolgert aus der Tatsache, daß sich die Währungseinheiten der Länder zueinander nicht wie ihre Produktivitäten verhalten, daß zwischen den Kursen und der relativen Produktivität kein direkter Zusammenhang besteht. U. E. übersieht Maier, daß jede Währungseinheit eine andere Menge gesellschaftlich notwendiger Arbeit des von ihr emittierten Landes repräsentiert. Maiers Schlußfolgerung, daß kein direkter Zusammenhang zwischen Kurs und relativer Produktivität existiert, ist nur insoweit richtig, daß aus der Kursentwicklung nicht direkt auf die Entwicklung der relativen Produktivitäten und umgekehrt geschlußfolgert werden kann, da sich in jedem Falle die Wirkung eines zweiten Faktors bemerkbar macht: das Repräsentationsverhältnis einer Währungseinheit zu einer Stunde gesellschaftlich notwendiger Arbeit des Landes (vgl. W. Maier, Preis und Rentabilität im Außenhandel, Berlin 1967, S. 67). – Den empirischen Nachweis der Wirkung dieser beiden Faktoren für die Wechselkursbewegungen der Währungen kapitalistischer Hauptländer in den 70er Jahren lieferte Friedemann (vgl. E. Friedemann, Zum Wirken des Wertgesetzes auf die Währungskurse imperialistischer Hauptländer nach dem Übergang zum Floating, in: Wirtschaftswissenschaft, 2/1982).

64 Mit der schrittweisen Integration der nationalen Märkte in den Weltmarkt, die sich in Abhängigkeit von der sozialökonomischen Natur der Volkswirtschaften und ihrem historischen Entwicklungsstand unterschiedlich gestaltet, wird zunehmend die gesamte Produktionsstruktur Basis für den Kurs.

wird, sind die Exportwaren. Wenn es darum geht, durch Konvertierung die Kaufkraft zu erhalten, so geht es nicht um Kaufkraft in bezug auf irgendwelche Waren sondern in bezug auf die, die tatsächlich gekauft werden. Das stellt uns allerdings vor eine Schwierigkeit. Wir müssen die zunächst angenommene Voraussetzung fallenlassen, daß es sich um gleiche Warenkörbe handelt, denn ein Land wird nicht genau jene Waren in ein anderes Land verkaufen, die es von dort bezieht. Trotzdem bleibt die Tatsache bestehen: eine bestimmte Menge der Währung des Landes E entspricht einem bestimmten Quantum gesellschaftlich notwendiger Arbeit dieses Landes. Konvertiert man diese Menge von Währungseinheiten in eine bestimmte Menge Währungseinheiten des Landes P, so kann Äquivalenz nur meinen, daß so viel Einheiten P und damit so viel gesellschaftlich notwendige Arbeit von P eingelöst wird, daß demjenigen, der konvertiert, die Menge gesellschaftlich notwendiger Arbeit seines Landes erhalten bleibt. In welchem Verhältnis sich eine Stunde gesellschaftlich notwendiger Arbeit des Landes E zu einer Stunde gesellschaftlich notwendiger Arbeit des Landes P verhält, stellt sich beim Export der beiden Länder auf dem Weltmarkt heraus, ist abhängig von der relativen Produktivität der Exportproduktion dieser Länder.

Wir können es auch anders ausdrücken. *Der Kurs sichert dann Äquivalenz, wenn die einander entsprechenden Währungsmengen der gleichen Menge international gesellschaftlich notwendiger Arbeit entsprechen,* also unterschiedlichen Mengen national gesellschaftlich notwendiger Arbeit entsprechen. Wenn im folgenden vom Kurs die Rede ist, so soll stets von diesem theoretischen, sich in den Kaufkraftrelationen der Währungen widerspiegelnden Kurs die Rede sein. Als solcher ist er eine abstrakte Kategorie der Warenproduktion. Es ist dies nicht unmittelbar der Kurs, wie er uns gegenübertritt an der Oberfläche, als Tageskurs der Währung oder auch als wirtschaftspolitisches Instrument des sozialistischen Staates. Er ist das innere Gesetz der letzteren und diese sind seine Existenz-, Erscheinungsweisen, die wiederum in ihrer Bewegung durch die herrschenden Eigentumsverhältnisse determiniert sind.

Zwischen dem Kurs als Kategorie der Warenproduktion und den Erscheinungen an der Oberfläche liegen viele Vermittlungen, die auch gegenteilige Bewegungen für bestimmte Zeiträume einschließen. Was den an der Oberfläche auftretenden Realkurs zwischen kapitalistischen Währungen in letzter Instanz – dieses „in letzter Instanz" sei betont – dazu bringt, dem Idealkurs zu folgen, ist nichts als das allgemeine Gesetz der Warenproduktion, daß die Waren gleicher Art auf einem Markt, in diesem Falle dem Weltmarkt, einen Preis haben müssen. Ist die Währung eines Landes dauerhaft unterbewertet, so liegen die Marktpreise für die Waren dieses Landes (in seiner Währung ausgedrückt) in ihrem Niveau unterhalb denen ausländischer Waren. Für ausländische Käufer ist es profitabel, im betrachteten Land zu kaufen, und ungünstig zu verkaufen. Umgekehrt ist es für die Kapitalisten des betreffenden Landes günstiger, auf dem Außenmarkt als auf dem nationalen Markt abzusetzen, und ungünstiger, auf dem Außenmarkt zu kaufen als auf dem nationalen Markt. Vermittelt über die sich daraus ergebende positive Entwicklung der Zahlungsbilanz entsteht tendenziell eine Nachfrage nach der Währung, die das Angebot übersteigt und die Währung kommt unter Aufwertungsdruck.

Bereits hier, wo wir nur die Warenbewegung Export und Import betrachten, stellt sich der Zusammenhang zwischen idealem und realem Kurs sehr vermittelt dar. Noch mehr verselbständigt sich der Realkurs gegenüber seiner inneren Grundlage durch solch spezifisch kapitalistische Erscheinungen wie Spekulation und Kapitalexport. Diese Verselbständigung entspringt der spezifischen Funktion, die das Geld im Kapitalismus als Geldkapital zu erfüllen hat. Für den Export des Kapitals ist das Niveau der Preise eines Landes nur ein untergeordneter Faktor, dessen Wirkung von anderen überlagert und kompliziert wird. Solche anderen Faktoren sind z. B. die Notwendigkeit der Sicherung stabiler Absatz- und Bezugslinien, Steuervorteile, das Zinsniveau und viele andere. Bei aller relativen Verselbständigung bleibt jedoch in letzter Instanz die Kaufkraftrelation regulierend, vermag sich der Realkurs nie völlig davon zu lösen. Die Eigenständigkeit der Geldbeziehungen ist relativ. Letztendlich müssen sich die Beziehungen der Kapitalisten in Warenbeziehungen niederschlagen. Und eben dieses Verhältnis der Kapitalisten als Warenbesitzer ist es, was tendenziell einheitliche Preise für gleiche Waren und damit einen die Kaufkraft widerspiegelnden Kurs erzwingt.

Nach diesem Exkurs können wir zu unserer Ausgangsfrage zurückkehren: Wie erfolgt die Bewertung der Importwaren und wie ist, davon ausgehend, der Einfluß des Außenhandels auf das Gesamtprodukt einzuschätzen?

Der Importaufwand wird ermittelt, indem der Aufwand in ausländischer Valuta zum Kurs in die nationale Währung umgerechnet wird.[65] Was stellt der Aufwand in ausländischer Valuta dar? Er verkörpert eine bestimmte Menge gesellschaftlich notwendiger Arbeit eines anderen Landes, verausgabt in dessen Exportproduktion. Diese Menge gesellschaftlich notwendiger Arbeit entspricht einer bestimmten, in der Regel davon unterschiedenen Menge international gesellschaftlich notwendiger Arbeit. Das Land, auf dessen Standpunkt wir stehen, verkauft Waren, die der gleichen Menge international gesellschaftlich notwendiger Arbeit entsprechen. (Die Bilanz zum internationalen Wert ist ausgeglichen). Rechnen wir den Erlös unseres Exporteurs an ausländischer Valuta oder, was das gleiche ist, den Preis der für diese Valuta im Ausland gekauften Waren in unsere nationale Währung um, so erhalten wir den Exportaufwand in nationaler Währung, denn wie oben festgestellt, ist der Kurs das Verhältnis zwischen zwei Währungsmengen und damit Mengen national gesellschaftlich notwendiger Arbeit, die die gleiche Menge international gesellschaftlich notwendiger Arbeit verkörpern. Der Kurs ist also gleich dem Verhältnis der Preissummen der Exporte zweier Länder, deren Handelsbilanz ausgegli-

[65] Der Importaufwand muß nicht identisch sein mit dem Preis der importierten Ware. Das gilt insbesondere dann, wenn neben dem Import eine umfangreiche Eigenproduktion derselben Ware existiert. – Zum Zusammenhang von Importaufwand und Preis der importierten Ware siehe vorliegende Arbeit S. 102.

chen ist. Die von uns aufgestellte o. g. These ist hiermit bestätigt. Wird der Aufwand in ausländischer Valuta für den Import zum Kurs umgerechnet, so erhalten wir die Preissumme der Exportwaren. Die Größe des Gesamtproduktes, in Preisen ausgedrückt, wird über den Außenhandel nicht verändert.

Jetzt sind wir allerdings die Antwort auf weitere Fragen schuldig: Wo bleibt der absolute Vorteil aus dem Export eines Landes, wenn die Exporteure ihren Aufwand in jedem Fall zurückerhalten? Und: Über welchen Mechanismus setzt sich durch, daß sich jedes Land auf die Produktion spezialisiert, bei der international gesehen seine relative Produktivität am höchsten ist, bzw. auf die Produktion verzichtet, bei der seine relative Produktivität am niedrigsten ist?

Die erste Frage läßt sich einfach beantworten. Der absolute Vorteil, obwohl durch den Export für das Land erwirtschaftet, erscheint nicht als Surplus der Exporteure, er erscheint als eine Komponente der Verbilligung der Importeure. Das ergibt sich unmittelbar aus dem bisher Entwickelten. Gelingt es der Gesamtheit der Exporteure, die relative Produktivität im Verhältnis zu den Konkurrenten auf dem Weltmarkt zu erhöhen, so bedeutet das, daß sich die gleiche Menge international gesellschaftlich notwendiger Arbeit in weniger national gesellschaftlich notwendiger Arbeit darstellt. Anders formuliert: Für die gleiche Menge national gesellschaftlich notwendiger Arbeit erhalten die Exporteure auf dem Weltmarkt eine größere Menge ausländischen Geldes. Diese größere Menge ausländischen Geldes zum Kurs umgerechnet, der der Entwicklung der relativen Produktivität der Länder Rechnung trägt, ergibt wiederum die alte Summe, nämlich den Aufwand der Exporteure, bewertet zu nationalen Preisen. Für die Gesamtheit der Exporteure also kein Surplus. Für die größere Menge ausländischen Geldes kann man allerdings ein größeres Quantum Gebrauchswerte auf dem Weltmarkt erwerben. Aus nationaler Sicht bedeutet das: Die gleiche Wert- und Preissumme, nämlich der Exportaufwand, verteilt sich auf ein größeres Quantum importierter Waren. Der Wert und damit der Preis der einzelnen Ware sinkt.

Jetzt ergibt sich logisch die zweite Frage. Welches Interesse soll denn der Exporteur an der Erhöhung seiner relativen Produktivität haben, wenn sich diese nicht in Form eines Surplus verwertet? Um dieses zu demonstrieren, wählen wir ein Beispiel aus, das einen Ausschnitt aus einem komparativen Modell darstellt (kein geschlossenes arbeitsteiliges System). Ein Land X verkaufe neben anderen Exporteuren, die wir nicht betrachten wollen, Tuch und Wein auf dem Weltmarkt. Es beziehe dafür je eine Einheit Kohle und Eisen aus den Ländern Y und Z.

Land	Tuch	Wein	Kohle	Eisen
	Preis/Menge	Preis/Menge	Preis/Menge	Preis/Menge
X	100/3	120/3	–	–
Y	–	–	90/2	95/2
Z	–	–	100/2	95/2

Land	relative Produktivität
X	$\frac{190}{220}=0{,}86$
Y	$\frac{190}{185}=1{,}03$
Z	$\frac{190}{195}=0{,}97$

Wir erhalten folgenden Kurs: 1 WE_x =0,84 WE_y =0,89 WE_z. (WE_x = Währungseinheit des Landes X, WE_y = Währungseinheit des Landes Y, WE_z = Währungseinheit des Landes Z)

Zur Vereinfachung nehmen wir an, daß jede nationale Währungseinheit einer Stunde gesellschaftlich notwendiger Arbeit dieser Länder entspräche. Der internationale Wert für jede Einheit dieser vier Gebrauchswerte sei 95 Stunden international gesellschaftlich notwendiger Arbeit. Zunächst wollen wir die relativen Produktivitäten der Exportproduktionen und davon ausgehend die Währungskurse bestimmen.

Am Beispiel von Kohle und Eisen wollen wir zeigen, wie sich der dem internationalen Wert von 95 Stunden entsprechende internationale Preis herausbildet. Dabei haben wir eine Besonderheit gegenüber dem nationalen Preis zu beachten. Der nationale Preis als Geldausdruck des nationalen Werts wird in einem Medium, nämlich der nationalen Währung, ausgedrückt, das seine Wertgrundlage in der gesellschaftlich notwendigen Produktivität dieses Landes hat. Anders beim Geldausdruck des internationalen Werts. Er wird in der Regel in einer nationalen Währung ausgedrückt. Das heißt doch aber, daß er nicht direkt international gesellschaftlich notwendige Arbeit zum Ausdruck bringt, sondern indirekt, dadurch daß es der Geldname für ein bestimmtes Quantum national gesellschaftlich notwendiger Arbeit, welches jenem Quantum international gesellschaftlich notwendiger Arbeit entspricht, ist. Die Situation ändert sich, sofern wir eine internationale Währung, wie den transferablen Rubel, haben, d. h. eine Währung, die direkt eine bestimmte Menge international gesellschaftlich notwendiger Arbeit reflektiert, Arbeit international gesellschaftlich notwendiger Produktivität. Doch das sei in unserem Beispiel nicht der Fall.

Land Y bietet Kohle an für 90 WE_y. Land Z bietet die gleiche Menge Kohle für 100 WE_z. Der potentielle Käufer, in unserem Falle Land X, rechnet diese Angebote in seine Währung um und vergleicht. Ähnliches geschieht bei Eisen. Hier bietet Y zu 95 WE_y und Z zu 95 WE_z an.

Land	Kohle	Eisen
von Y	90 WE_y = 107 WE_x	95 WE_y = 113 WE_x
von Z	100 WE_z = 113 WE_x	95 WE_z = 107 WE_x
	∅ 110 WE_x	∅ 110 WE_x

Zu diesen durchschnittlichen Preisen von 110 WE_x werden Kohle und Eisen international gehandelt. 110 WE_x entsprechen 110 Stunden gesellschaftlich notwendiger Arbeit von X. Überprüfen wir, wieviel Stunden gesellschaftlich notwendiger Arbeit die Exporteure des Landes X verausgaben müssen, um 1 Einheit Kohle oder Eisen mit dem internationalen Wert von 95 Stunden auf dem Weltmarkt kaufen zu können, so stellen wir fest, daß dies in der Tat 110 Stunden sind. Die Tuchexporteure des Landes X brauchen nur 100 Stunden, die Weinexporteure allerdings 120. Im Durchschnitt wenden die Exporteure von X 110 Stunden auf, um Gebrauchswerte mit einem internationalen Wert von 95 Stunden darzustellen. Der internationale Preis für Kohle oder Eisen in der Währung des Landes X bringt zum Ausdruck, wieviel gesellschaftlich notwendiger Arbeit von den Exporteuren dieses Landes im Durchschnitt verausgabt werden muß, um diese Waren zu kaufen. Selbstverständlich sind diese 110 WE_x nicht der einzige Geldausdruck des internationalen Werts für Kohle oder Eisen. Ebensogut können wir ihn in der Währung der Länder Y oder Z ausdrücken: 92,5 WE_y oder 97,5 WE_z.

Wir sehen, daß diese Preise nicht mit den tatsächlichen Aufwendungen der Länder Y und Z für die Herstellung von Kohle und Eisen übereinstimmen. Zum Beispiel hat Land Y für Kohle einen nationalen Preis von 90 WE_y. Der internationale Preis ist, wie gesagt, 92,5 WE_y. Für Eisen ist der nationale Preis 95 WE_y, der internationale jedoch 92,5 WE_y. Die Gesamtheit der Exporteure des Landes Y realisiert ihren Exportaufwand. Wie ersichtlich, gilt das nicht für jeden einzelnen Exporteur. Wäre es der Fall, müßte der Kohleexporteur 107 WE_x erhalten, das entspräche 90 WE_y. Tatsächlich aber realisiert er 110 WE_x und damit einen Surplus von 2,5 WE_y. Wie kommt das? Die relative Produktivität der Exportproduktion des Landes Y ist 1,03 $\left(\frac{190}{185}\right)$. Die des Kohlezweiges des Landes Y aber 1,06 $\left(\frac{95}{90}\right)$, d. h. sie ist höher als die der Exportproduktion insgesamt. Dieses Maß, um das die relative Produktivität eines Zweiges die relative Produktivität der Exportproduktion insgesamt übersteigt, verwertet sich in Form eines Surplus.

Der internationale Preis ist der Geldausdruck für ein bestimmtes Quantum international gesellschaftlich notwendiger Arbeit. Drücken wir ihn in der Währung des Landes Y aus, so bringen wir zum Ausdruck, wieviel Stunden national gesellschaftlich notwendiger Arbeit die Exporteure des Landes Y im Durchschnitt verausgaben müssen, um Waren entsprechend diesem Quantum international gesellschaftlich notwendiger Arbeit darzustellen. Das Verhältnis des international notwendigen Quantums Arbeit zu dem in der Exportproduktion des Landes Y durchschnittlich notwendigen Quantum Arbeit ist die relative Produktivität der Exportproduktion. Gelingt es den Exporteuren eines Zweiges, das gleiche Quantum international gesellschaftlich notwendiger Arbeit in kürzerer nationaler Arbeitszeit darzustellen, heißt das nichts anderes, als daß ihre relative Produktivität höher als die der gesamten Exportproduktion ist. Das, was sie an Arbeitszeit weniger als die Exporteure im Durchschnitt brauchen, um denselben internationalen Wert darzustellen, in Währungseinheiten ihres Landes ausgedrückt, macht ihren Surplus.

Entsprechend ist der Verlust der Exporteure, deren internationale relative Produktivität niedriger ist als die der Exportproduktion insgesamt. In unserem Beispiel sichtbar anhand der Eisenexporteure des Landes Y. Sie haben 95 Stunden national gesellschaftlich notwendiger Arbeit aufgewendet, können aber auf dem internationalen Markt nur 110 WE_x oder 92,5 WE_y realisieren. Sie erleiden einen Verlust; und das, obwohl sie keineswegs weniger produktiv als die anderen Eisenexporteure auf dem Weltmarkt sind. Ihr Verlust resultiert daraus, daß im Durchschnitt die Exporteure des Landes Y 92,5 Stunden national gesellschaftlich notwendiger Arbeit brauchen, um Waren mit einem Wert von 95 Stunden international gesellschaftlich notwendiger Arbeit darzustellen, sie aber 95 Stunden brauchen. Sehen wir uns den Eisenexporteur von Z an, wird das noch deutlicher. Auch er braucht 95 Stunden national gesellschaftlich notwendiger Arbeit, dieselbe Warenmenge darzustellen. Trotzdem realisiert er im Unterschied zu seinem Kollegen von Y ein Surplus. Seine relative Produktivität (sie beträgt 1) ist nämlich höher als die der Exporteure seines Landes im Durchschnitt (0,97).

Resümierend ziehen wir folgende Schlußfolgerungen: *Erstens.* Die Gesamtheit der Exporteure eines Landes realisiert beim Verkauf ihrer Waren zum internationalen Wert das von ihr aufgewendete Quantum national gesellschaftlich notwendiger Arbeit, ausgedrückt in nationalen Preisen, und zwar unabhängig von der relativen Produktivität der Exporteure. Diese Erklärung ermöglicht das Verständnis dafür, daß überhaupt Länder unterschiedlicher Produktivität miteinander Handel treiben. Die Verbilligung der Importe aufgrund relativer Vorteile liefert noch nicht die Erklärung, sie liefert bestenfalls die Erklärung für Importe.

Zweitens. Innerhalb der Exporteure realisieren diejenigen einen Vorteil, deren relative Produktivität höher als die der Exporteure im Durchschnitt ist, und diejenigen erleiden einen Verlust, deren relative Produktivität niedriger ist. Dies ist der Schlüssel dafür, daß sich die Länder tendenziell immer auf den Ausbau der Exportproduktionen konzentrieren, bei denen die relative Produktivität am höchsten ist. Das ist unabhängig davon, ob die relative Produktivität über oder unter 1 liegt. *Es werden Exporteure Verlust erleiden, die produktiver als ihre Konkurrenten auf dem Weltmarkt sind, sofern die anderen Exporteure desselben Landes im Vergleich zu deren Konkurrenten noch produktiver sind. Umgekehrt kann ein Exporteur Surplus erzielen, obwohl er weniger produktiv als seine Konkurrenten ist, gesetzt er sei mit seiner schlechten relativen Produktivität immer noch besser als die anderen Exporteure seines Landes.* Scheiden die Exporteure niederer relativer Produktivität aus, erhöht sich die relative Produktivität der Exportproduktion insgesamt und entsprechend verändert sich der Kurs.

Drittens. Gewinn oder Verlust der Exporteure sind keineswegs, wie häufig angenommen wird, Indikatoren für Gewinn oder Verlust der Volkswirtschaft, obwohl es andererseits richtig ist, daß die Orientierung der Exporte auf die mit dem höchsten Gewinn auch vorteilhaft für die Volkswirtschaft im Sinne der Verbilligung der Importwaren durch absolute Vorteile ist. Was als Gewinn des Exporteurs erscheint, ist nicht der absolute Vorteil oder Nachteil eines Landes. Dieser erscheint in Form der Verbilligung der Importe, denn er ist Resultat der relativen Produktivität der Exporteure insgesamt. Gewinn oder Verlust der Exporteure sind davon abhängig, wie sich die relative Produktivität des Exporteurs zu der der Exporteure seines Landes insgesamt verhält.

Diese Gedanken sind in der wirtschaftswissenschaftlichen Literatur bereits des öfteren angesprochen worden, zuerst unseres Wissens von W. Maier. Er schreibt bereits 1967: „Würde ein Land seine gesamte Produktion exportieren (bei marktgerechten Preisen), so würde die erzielte Exportrentabilität zur Kennziffer 1,0 tendieren. Darin wären gleichermaßen Waren mit überdurchschnittlicher wie auch mit unterdurchschnittlicher Exportrentabilität enthalten."[66] Aufgegriffen wurden diese Gedanken von einem Autorenkollektiv unter Leitung von Schwadtke, das sich in dem 1973 erschienenen Buch „Internationale Preisvergleiche" wie folgt zur Kennziffer Exportrentabilität äußert: „Wenn ... $R_E \geqq 1{,}0$, werden daraus zwei Aussagen gewonnen:

- Das verglichene Erzeugnis wird mit besserer Rentabilität verkauft oder mit besserer Effektivität produziert als der Durchschnitt der Exporterzeugnisse der DDR.
- Die Exporterlöse für das betreffende Erzeugnis liegen über dem Inlandpreis, der ebenfalls eine Durchschnittsgröße darstellt.

Es zeigt sich also, daß mit dieser Kennziffer keine absolute Aussage über das Verhältnis zum Weltniveau getroffen werden kann. Die in der Praxis oftmals anzutreffende Fehleinschätzung, daß mit einer Exportrentabilität $R_E = 1{,}0$ das Weltniveau erreicht sei ... kann zu einer gefährlichen Selbstzufriedenheit führen."[67] Bekräftigt wird diese Überlegung vom Autorenkollektiv unter Leitung von Kunz: „Das Schlüsselproblem liegt darin, die Relation zwischen den mit dem Umrechnungskoeffizienten umgerechneten Valutapreisen und dem Inlandspreis richtig einzuschätzen. Ergibt sich dabei die Kennziffer 1, so heißt das: Die Produktivität bei der Herstellung des entsprechenden Erzeugnisses liegt etwa beim durchschnittlichen eignen volkswirtschaftlichen Produktivitätsniveau im Vergleich zum internationalen Niveau."[68]

Dagegen können wir der Interpretation der Kennziffer Exportrentabilität, wie sie in der Broschüre „Planung der Außenwirtschaft der DDR" vorgenommen wird, nicht zustimmen. Durch diese Kennziffer wird keineswegs „der spezifische Austauscheffekt" des Exports, unter dem die Autoren den absoluten Vorteil verstehen, ausgewiesen.[69] Auch Bogomolov hat u. E. nicht recht, wenn er über die

[66] W. Maier, Preis und Rentabilität im Außenhandel, a. a. O., S. 68.
[67] Autorenkollektiv, Internationale Preisvergleiche, Berlin 1973, S. 48.
[68] Autorenkollektiv, Sozialistische ökonomische Integration und Betrieb, Berlin 1977, S. 150.
[69] Autorenkollektiv, Planung der Außenwirtschaft der DDR. Berlin 1973, S. 47–48.

beiden Koeffizienten, die sich aus dem Valutaerlös des Exports im Verhältnis zum volkswirtschaftlichen Aufwand bzw. dem volkswirtschaftlichen Aufwand der „Antiimportproduktion" im Verhältnis zum Valutaaufwand ergeben, schreibt: „Sie haben ... einen umfassenderen ökonomischen Inhalt, da sie die Proportion anzeigen, wie sich der volle volkswirtschaftliche Aufwand für die Herstellung einer gegebenen Ware ... zu deren internationalem Wert verhält. Diese Proportion ist insofern sehr bedeutungsvoll, als sie ... den Grad der Übereinstimmung zwischen Produktivität und Qualifikationsgrad der nationalen Arbeit und dem internationalen Niveau verdeutlicht."[70] Bogomolov übersieht, daß es eben nicht unmittelbar Wertgrößen sind, die gegenübergestellt werden, sondern Preisausdrücke. Diese Preisausdrücke sind aber nur miteinander vergleichbar, sofern sie mittels des Kurses in eine einheitliche Währung umgerechnet werden. Diese Umrechnung durch den Kurs schließt die Transformation der unterschiedlichen Preisniveaus auf ein einheitliches Niveau ein, so daß die Unterschiede zwischen dem internationalen Preis und dem nationalen Aufwand lediglich die unterschiedlichen Aufwandsrelationen widerspiegeln.

Viertens. Obwohl bisher nicht ausgeführt, dürfte auch deutlich geworden sein, warum ein Land tendenziell auf die Produktion der Waren verzichtet, deren relative Produktivität niedriger als die der Exportproduktion insgesamt ist. Die Exporteure verkaufen auf dem Weltmarkt Waren und erhalten dafür ausländisches Geld, das einer bestimmten Menge international gesellschaftlich notwendiger Arbeit entspricht. Für dieses Geld wird ein Quantum Gebrauchswerte gekauft, deren nationale Preissumme gleich dem Exportaufwand ist. Ist die Menge nationaler Arbeit, verausgabt in der Eigenproduktion von Waren von Art und Quantum der Importwaren, größer als die in den Exportwaren verkörperte Arbeit, so wären auch die Preise der tatsächlich importierten Waren niedriger. Die einheimischen Produzenten wären der Preiskonkurrenz durch Importwaren ausgesetzt, obwohl sie vielleicht produktiver als die Konkurrenz des Weltmarktes sind. Ist ihre relative Produktivität niedriger als die der Exporteure, so sind auch die Preise für die importierten Waren niedriger als die der im Lande hergestellten Waren derselben Art. Der Export eines Zweiges zwingt alle Zweige dieses Landes, die international handelsübliche Waren produzieren, zum Vergleich mit dem Weltstand, und es droht all jenen Verlust, deren relative Produktivität geringer ist als die der Exportproduktion im Durchschnitt. Das unabhängig davon, ob sie vielleicht produktiver als die Produzenten der anderen Länder sind oder nicht.

Wie wir bereits einleitend zu diesem Abschnitt bemerkten, entspricht der reale Kurs zu keinem Zeitpunkt dem idealen, die Äquivalenz sichernden Kurs. Wir müssen also untersuchen, wie es sich mit der Wirkung des Außenhandels auf das Mehrprodukt und die Vorteilhaftigkeit der Exporte und Importe verhält, wenn wir von einem Kurs ausgehen, der die Bedingung der Sicherung der Äquivalenz

[70] O. T. Bogomolow, Theorie und Methodologie der internationalen sozialistischen Arbeitsteilung, a. a. O., S. 141.

bei Konvertierung einer Währung in eine andere nicht erfüllt. Wir wählen dazu das gleiche Beispiel wie bisher, nehmen aber an, das Land Z werte seine Währung, aus welchen Gründen auch immer, um 50 % ab, so daß seine Währung international unterbewertet ist, und zwar um 50 %. Zunächst müssen wir uns überlegen, was es bedeutet, wenn ein Land seine Währung unterbewertet. Der Kurs ist Indikator für zweierlei: zum einen für das Repräsentationsverhältnis der Währung zu einer Stunde gesellschaftlich notwendiger Arbeit desselben Landes; zum anderen reflektiert er die relative Produktivität der Exportproduktion zweier verschiedener Länder. Das Repräsentationsverhältnis der Währungseinheit zur gesellschaftlich notwendigen Arbeit dieses Landes ist nach der Abwertung dasselbe geblieben. Real ist natürlich auch die relative Produktivität dieselbe geblieben nach der Abwertung, in Preisen ausgedrückt erscheint es jedoch anders. Müssen mehr Währungseinheiten des Landes Z für die gleiche Menge Währungseinheiten x oder y gegeben werden, erscheint es so, als müßten mehr Stunden gesellschaftlich notwendiger Arbeit des Landes Z verausgabt werden, um ein Äquivalent für die gleiche Menge gesellschaftlich notwendiger Arbeit des Landes X oder Y bzw. international gesellschaftlich notwendiger Arbeit zu schaffen.

Abwertung einer Währung kann also bei gleichem Repräsentationsverhältnis zur national gesellschaftlich notwendigen Arbeit nur als gesunkene relative Produktivität der Exportproduktion eines Landes interpretiert werden. Dazu scheint die Tatsache in völligem Widerspruch zu stehen, daß der internationale Preis für die Ware, an dessen Export das abwertende Land beteiligt ist, sinkt. Ein sinkender Preis deutet doch auf Erhöhung der Produktivität hin. Außerdem erzielen die Exporteure des abwertenden Landes beim Verkauf ein Surplus. Surplus setzt doch aber normalerweise eine Erhöhung der relativen Produktivität voraus, nicht eine Senkung. Die Erklärung ist einfach. Die relative Produktivität ist das Verhältnis des internationalen Werts (erscheinend im internationalen Preis) zum nationalen Wert (erscheinend im nationalen Preis) der Exportprodukte. Der nationale Preis ist unverändert. Somit kann sich die relative Produktivität nur verschlechtern, wenn der Zähler, d. h. der internationale Preis sich verkleinert, und das genau passiert bei der Unterbewertung einer Währung. Der nationale Preis, multipliziert mit dem eine niedrigere als die tatsächliche relative Produktivität simulierenden Kurs, ergibt einen entsprechend niedrigeren Preis, ausgedrückt in ausländischer Währung. Das ermöglicht den Exporteuren ein Surplus. Letzterer geht als eine Komponente in die Herausbildung des tatsächlichen internationalen Preises ein und läßt auch diesen pro tanto sinken.

Wir wollen es anhand des Zahlenbeispiels verdeutlichen. Wiederum sollen Y und Z Eisen und Kohle zum Verkauf anbieten. Wiederum bietet Y Kohle zu 90 WE_y und Eisen zu 95 WE_y, sowie Z Kohle zu 100 WE_z und Eisen zu 95 WE_z an. In die Währung des Landes X umgerechnet, sieht das Bild allerdings anders aus als zuvor. Der Kurs zwischen X und Y ist unverändert: 1,19 : 1. Der Kurs von X zu Z ist 0,564 : 1, denn Z hat gegenüber dem vorherigen Beispiel um 50 % abgewertet.

Land	Kohle	Eisen
Y	90 WE_y = 107 WE_x	95 WE_y = 113 WE_x
Z	100 WE_z = 56,4 WE_x	95 WE_z = 53,6 WE_x
	∅ 81,7 WE_x	∅ 83,3 WE_x

Um die Veränderungen für die Länder exakt sezieren zu können, wollen wir davon ausgehen, daß sich der internationale Preis für Kohle und Eisen zunächst nicht verändere, d. h. Kohle und Eisen werden vorläufig weiterhin zu 110 WE_x je Einheit verkauft.[71] Uns interessiert zunächst das Land Z, das abgewertet hat. Die Exporteure des Landes Z realisieren zusammen 220 WE_x oder 390 WE_z. Tatsächlich aufgewendet haben sie 195 WE_z. Die Gesamtheit der Exporteure von Z realisiert also ein Surplus von 195 WE_z. Wie ist das zu erklären? Im vorigen Beispiel, als wir von Äquivalenz sichernden Kursen ausgingen, konnten wir feststellen, daß die Exporteure beim Verkauf ihrer Waren zum Wert ihren Exportaufwand realisierten und die Gesamtheit der Exporteure kein Surplus erzielte. Nachdem die Währung des Landes Z um 50 % abgewertet wurde, simuliert der Kurs eine um 50 % gesunkene relative Produktivität der Exporteure. Das heißt er simuliert den doppelten Aufwand an Arbeit. Und genau ihn realisieren *die Exporteure.* Sie *realisieren den Aufwand, den sie entsprechend der durch den Kurs vorgespiegelten relativen Produktivität hätten haben müssen,* und das sind in unserem Beispiel exakt 390 WE_z. *Daher ihr Surplus, das natürlich kein Vorteil für die Volkswirtschaft ist.* Den Verlust trägt niemand anders als die Importeure desselben Landes, denn ausgedrückt in Währung des Landes Z steigen die Preise für die Importwaren um die Größe, die das Surplus der Exporteure ausmacht. Die Größe des Nationaleinkommens wird dadurch nicht berührt.

Wie wir bereits wissen, wird sich der Preis für Kohle und Eisen nicht bei 100 WE_x halten, sondern er sinkt. Dieses Absinken des Preises hat für die Exporteure des Landes Z zur Folge, daß sie den vorgespiegelten Aufwand von 390 WE_z nicht realisieren können. Trotzdem realisieren sie natürlich Surplus, denn selbst bei dem neuen Preis von 81,7 WE_x für Kohle, das entspricht 144 WE_z, realisieren die Kohleexporteure ein Surplus von 44,9 WE_z. Bei einem Eisenpreis von 83,3 WE_x, entspricht 147,7 WE_z, haben die Eisenexporteure ein Surplus von 52,7 WE_z. Dieses Sinken des Surplus für die Exporteure ist aber nicht die einzige Wirkung der sinkenden internationalen Kohle- und Eisenpreise auf das Land Z. Man muß beachten, daß nunmehr mit dem Export von einer Einheit Kohle und einer Einheit Eisen noch kein Preisäquivalent für den Import von einer Einheit Tuch und einer Einheit Wein geschaffen ist. Und dieser *Aufwand, den das Land Z in Form von Exporten zusätzlich erbringen muß, um das Preis-*

[71] Wir unterstellen also zunächst Preise, die sich bei solchen Wechselkursen herausbilden, die die tatsächliche relative Produktivität der Exporteure widerspiegeln. (vgl. S. 94)

äquivalent für die gleichen Importe wie vor der Abwertung zu sichern, stellt tatsächlich Abzug vom Mehrprodukt des Landes Z dar. Das ist auch nicht verwunderlich, wenn wir uns die neuen internationalen Preise für Kohle und Eisen genauer ansehen. Diese Preise stehen unter dem internationalen Wert. Der dem internationalen Wert adäquate Preis wäre 110 WE_x, denn dieser Preis bringt den tatsächlichen durchschnittlichen Aufwand der Exporteure dieser Waren zum Ausdruck. Verkauft Land Z Kohle und Eisen unter diesem Preis, so handelt es sich um Nichtäquivalenz. Land Z gibt mehr Arbeit hin in Form von Kohle und Eisen, als es in Form von Tuch und Wein erhält.

In dem Umfang, wie die Exporteure (übrigens auch die zusätzlichen, die Bilanz ausgleichenden) ein Surplus realisieren, handelt es sich beim Mehraufwand der Importeure um Umverteilung zugunsten der Exporteure. In dem Maße, wie neue reale Aufwendungen im Export nötig sind, um die Bilanz zu Auslandspreisen zu schließen, handelt es sich um Umverteilung zugunsten des Landes, aus dem die Importe bezogen werden. Der Abzug an Mehrprodukt ist – wenn wir weiterhin von gleichem Quantum verfügbarer Gebrauchswerte ausgehen und somit alle Effekte in Form von Arbeitsstunden sichtbar werden – gleich den zusätzlichen, bilanzausgleichenden Aufwendungen im Export. Er ist also gleich den zusätzlichen Aufwendungen der Volkswirtschaft für den Import derselben Gebrauchswerte infolge des Sinkens der Exportpreise unter den internationalen Wert.

Betrachten wir noch Land Y und Land Z. Durch das Sinken des internationalen Preises für Kohle und Eisen unter den internationalen Wert wird natürlich gleichfalls Land Y in Mitleidenschaft gezogen. Es erleidet Verluste in Höhe der Aufwendungen, die im Export zusätzlich erbracht werden müssen, um die alte Menge Tuch und Wein importieren zu können. Diese Verluste erscheinen je nach Kursentwicklung auf unterschiedliche Weise. Bleibt der Kurs unverändert, sinkt die Gesamtpreissumme des Gesamtproduktes des Landes, da das Land in nationalen Preisen mehr exportiert als importiert. Da die zur Reproduktion erforderten Aufwendungen in nationalen Preisen gleich bleiben, sinkt entsprechend das Mehrprodukt. Paßt sich der Kurs den neuen Gegebenheiten an, wird zu nationalen Preisen ebensoviel exportiert wie importiert. Der Aufwand der zur Reproduktion erforderten importierten Waren erhöht sich, in nationalen Preisen ausgedrückt, um die zusätzlich im Export bereitzustellenden Aufwendungen, wodurch wiederum das Mehrprodukt kontrahiert. Der Unterschied zum ersten Fall liegt darin, daß der Verlust des Landes einmal von der Gesamtheit der Exporteure, einmal von der Gesamtheit der Importeure getragen wird, er berührt also lediglich die Verteilung des Mehrprodukts zwischen den verschiedenen Zweigen.

Schließlich zu Land X. Dieses Land verkauft zu Preisen, die dem internationalen Wert entsprechen und kauft unter dem Wert. Es erlangt einen Zuwachs an Mehrprodukt, der sich in einer Verwohlfeilerung der importierten Waren niederschlägt.

Die skizzierten Zusammenhänge zwischen der relativen Produktivität der Produzenten und ihren Profiten bzw. Gewinnen bei Vermittlung des internationalen

Austausches über den Kurs haben in Abhängigkeit von der sozialökonomischen Natur der Volkswirtschaften unterschiedliche Wirkungen auf die im Innern der Volkswirtschaften den Austausch regulierenden Preisrelationen und ihre Wechselwirkung zu den Preisrelationen auf dem Weltmarkt. Unter kapitalistischen Bedingungen existiert ein prinzipielles Konkurrenzverhältnis zwischen allen Inlandsproduzenten und den auf den internationalen Märkten mit vergleichbaren Erzeugnissen auftretenden Produzenten. „Der industrielle Kapitalist hat beständig den Weltmarkt vor sich, vergleicht, und muß beständig vergleichen, seine eignen Kostpreise mit den Marktpreisen nicht nur der Heimat, sondern der ganzen Welt."[72] Sofern ein Kapitalist auf dem internationalen Markt einen höheren Profit realisieren kann als auf dem nationalen Markt, wird er seine Waren exportieren. Umgekehrt wird er vom Export Abstand nehmen, sofern sein Profit auf dem nationalen Markt größer ist. Da dies im Prinzip für die Kapitalisten aller kapitalistischen Länder gilt, werden sich tendenziell die Preisrelationen auf dem internationalen und auf den nationalen Märkten annähern, die nationale und die internationale Zirkulation verschmelzen zu einem größeren Ganzen, dem Weltmarkt.

Der gesellschaftlich notwendige Arbeitsaufwand, der die Austauschverhältnisse auf dem Weltmarkt regelt, wird mehr und mehr von den durchschnittlichen Aufwendungen aller durch diesen Markt miteinander verbundenen Produzenten und nicht nur der in die internationale Zirkulation eintretenden bestimmt. Das bedeutet nicht, daß sich das Aufwandsniveau in den verschiedenen kapitalistischen Ländern annähert, dies zu vollbringen hat die Konkurrenz nicht die Macht, da die Konkurrenz von Produzenten verschiedener Länder immer über den Währungskurs vermittelt ist, der das unterschiedliche Aufwandsniveau in ein einheitliches Preisniveau transformiert, weshalb die Differenzen in Preisen nur die unterschiedlichen Wertrelationen zum Ausdruck bringen. Die einheitliche internationale Wertgröße wird sich also in verschiedenen Ländern immer in unterschiedlichen nationalen Wertgrößen ausdrücken, während die Wertrelationen sich angleichen.[73] Natürlich gilt dies nur als Tendenz und nur für diejenigen Warenarten, die auch international zirkulieren. Hinzu kommt, daß diese Tendenz durch staatsmonopolistische Regulierungsmaßnahmen deformiert und teilweise unterbrochen ist. Letztlich bleibt jedoch die Tendenz der Annäherung der Preisrelationen auf der Grundlage der universellen Entfaltung des Wertes das Dominierende.

Anders verhält es sich unter den Bedingungen einer sozialistischen Volkswirtschaft. Die nationale Zirkulation ist in höherem Maße gegenüber der internationalen verselbständigt als im Kapitalismus. Das ist objektiv durch die Existenz des gesamtgesellschaftlichen Eigentums bedingt. Exporte und Importe werden ausgehend vom volkswirtschaftlichen Bedarf unter Berücksichtigung der Zahlungsbi-

[72] K. Marx, Das Kapital, Dritter Band, a. a. O., S. 349.

[73] Wir werden an späterer Stelle sehen, von welch wichtiger Bedeutung diese Tatsache speziell für die Wertbildung von Erzeugnissen der extraktiven Industrie ist.

lanzentwicklung getätigt; der sozialistische Staat tritt in den internationalen Wirtschaftsbeziehungen als einheitliches und souveränes Wirtschaftssubjekt auf, und es steht in seiner Macht, inwieweit er die produzierenden Wirtschaftseinheiten mit der Konkurrenz auf den Außenmärkten konfrontiert. Dabei sind allerdings die Erfordernisse des Wertgesetzes in jedem Falle zu berücksichtigen. Das gilt auch für die Preise der importierten Waren. Wenn man die Preise der importierten Waren ausgehend von dem Aufwand festlegt, den die sozialistische Volkswirtschaft hätte, würde sie diese Waren selbst produzieren, so löst man die Preise von ihrer objektiven Wertgrundlage, und das führt auf die Dauer aufgrund falscher Stimulierung zur Verschwendung gesellschaftlicher Arbeit.

Die Preisbildung für importierte Erzeugnisse, bei denen die nationale Produktion bei Waren derselben Art eine große Rolle spielt, scheint dieser Konzeption recht zu geben, sofern Relationspreise gebildet werden. Nach unserer Ansicht müßte strenggenommen der Preis für die importierten Waren dem gewogenen Durchschnitt zwischen dem Importaufwand und dem nationalen Aufwand für die Eigenproduktion desselben oder eines vergleichbaren Gebrauchswertes entsprechen. Das kann in der Realität – bei Dominieren der Eigenproduktion – Einordnen in das bestehende Preisniveau unter Berücksichtigung der Wertrelationen auf dem Weltmarkt heißen. Das bestehende Preisniveau hat häufig selbst seinen Ursprung in Aufwandspreisen. Aufwands- und Mischpreise, wie sie für eine Vielzahl importierter Erzeugnisse in der DDR gebildet werden, bringen den vollen Aufwand der Gesellschaft für die Reproduktion der Waren beim gegebenen Stand der internationalen Arbeitsteilung zum Ausdruck. Allerdings erst dann, wenn, wie H. Mann es vorschlug, das Reineinkommen in den Preisen aller Waren entsprechend der tatsächlichen oder potenziellen Exportrentabilität differenziert würde,[74] könnten die ökonomischen Konsequenzen des bestehenden Niveaus der internationalen Arbeitsteilung für die Volkswirtschaft auch jeder einzelnen Wirtschaftseinheit spürbar werden. Die Möglichkeit und Notwendigkeit der Durchsetzung eines solchen Vorschlags soll hier nicht diskutiert werden. Dieses schlösse eine Vielzahl Aspekte ein, die außerhalb des Gegenstandes der Werttheorie liegen.

Unter dem Aspekt der Werttheorie sei hier nur auf zwei Gesichtspunkte verwiesen: 1. Die Durchsetzung eines solchen Vorschlages würde einer Tendenz folgen, wie sie in kapitalistischen Volkswirtschaften existiert. 2. Das gegen den Vorschlag Manns von Nick und Bruder vorgebrachte Hauptargument beruht auf der bereits diskutierten Verwechslung des Inhaltes der zu Preisen in einer Währung ausgedrückten Kennziffer Exportrentabilität (als Quotient aus Exporterlös und Inlandsaufwand) mit dem Verhältnis des internationalen zum nationalen Wert.

Dies wird aus folgendem Zitat deutlich, in dem festgestellt wird, „... daß ein

[74] H. Mann, Volkswirtschaftliche Effektivität und Preis, in: Wirtschaftswissenschaft, 1/1969, S. 49 ff.

Erzeugnis, das beim Export eine Devisenrentabilität $D_R = 1$ erzielt, keineswegs unbedingt als Repräsentant des durchschnittlichen nationalen Produktivitätsniveaus zu betrachten ist. Ist bei einem industriell hochentwickelten Land für die Masse seiner Erzeugnisse $D_R > 1$, dann liegt das durchschnittliche nationale Produktivitätsniveau über dem durchschnittlichen internationalen Produktivitätsniveau. Wäre umgekehrt in einem weniger entwickelten Land bei der Masse der Erzeugnisse $D_R < 1$, dann läge das durchschnittliche Produktivitätsniveau des betreffenden Landes unter dem durchschnittlichen internationalen Produktivitätsniveau. *Über die relative Produktivität der einzelnen Zweige innerhalb eines Landes wäre aber nicht das mindeste ausgesagt.*"[75] Daraus schlußfolgern die Verfasser: *„Die Annäherung der Wert- und Preisrelationen im internationalen Maßstab kann sich nur über die Annäherung der Produktivitätsrelationen vollziehen.*"[76]

Was die Rückwirkung der nationalen Aufwandsrelationen auf die internationalen, den Austausch auf dem Weltmarkt regulierenden Aufwandsrelationen betrifft, so können sozialistische Volkswirtschaften hier nur im Maße des Gewichtes ihrer Exportproduktion eine Rolle spielen, da aus den oben gezeigten Gründen – unabhängig von der Art der Inlandspreisgestaltung – die nationalen Produzenten von der ausländischen Konkurrenz weitgehend abgeschirmt sind, die nationale Zirkulationssphäre gegenüber dem Weltmarkt weitgehend verselbständigt ist.

[75] H. Bruder/H. Nick, Nationale und internationale Werte und Preisrelationen, in: Wirtschaftswissenschaft, 11/1969, S. 1640.

[76] Ebenda, S. 1643.

3. Die Modifikationen des Wertes in ihrer internationalen Entfaltung

3.1. Problemstellung

In den bisherigen Überlegungen zur internationalen Wertentfaltung war unterstellt, daß die Waren sich in der Tendenz gegeneinander im Maße des in ihnen enthaltenen Quantums international gesellschaftlich notwendiger Arbeit austauschen. Diese Unterstellung half, wichtige Besonderheiten der internationalen Wertbildung in reiner Form zu betrachten. Bekanntlich gilt aber bereits für den Kapitalismus der freien Konkurrenz, daß nicht der Wert in seiner einfachen, von uns bisher unterstellten Form Zentrum der Preisbewegung ist, sondern daß das Schwankungszentrum der Preise eine modifizierte Form des Wertes ist. Im Kapitalismus der freien Konkurrenz – der Produktionspreis, im Imperialismus – der Monopolpreis.

Es kann heute als praktisch unumstritten gelten, daß auch im Sozialismus der einfache Arbeitswert nicht unmittelbare Grundlage der Preise ist. Dieses „praktisch" sei unterstrichen, denn wie sich zeigen wird, gibt es eine Vielzahl ungeklärter theoretischer Probleme im Zusammenhang mit der Modifikation des Wertes. Aus der Vielzahl von Fragen soll uns zunächst eine einzige, wenn auch vielleicht die schwierigste, interessieren; die Frage, inwieweit der modifizierte Wert einen gesellschaftlich notwendigen Arbeitsaufwand zum Ausdruck bringt und inwieweit er Ursache der Umverteilung von Arbeit zwischen den Produzenten ist.

Es versteht sich, daß die Beantwortung dieser Frage in der einen oder anderen Richtung von außerordentlicher Bedeutung für die Beurteilung der Austauschprozesse und namentlich der internationalen ist.

Insbesondere stellt sich die Frage nach der Äquivalenz der Austauschbeziehungen unter einem neuen Aspekt. Haben wir sie bisher unter dem Aspekt der Abweichung der nationalen Werte vom internationalen Wert diskutiert und dabei das Problem behandelt, ob innerhalb eines Zweiges Umverteilung von Nationaleinkommen zwischen den Ländern stattfindet, so haben wir jetzt die Frage der dauerhaften, stabilen Abweichung des internationalen Preiszentrums vom internationalen Wert zu untersuchen und zu prüfen, ob hier nicht auf dem Wege der zwischenzweiglichen Umverteilung die Umverteilung von Nationaleinkommen zwischen den Ländern stattfindet. So schreibt z. B. Maier in seiner Dissertationsschrift über den Austausch zu internationalen Produktionspreisen: „Mit dem Export von Erzeugnissen aus Zweigen mit überdurchschnittlicher organischer Zusammensetzung würde das jeweilige Land zu Lasten des Käuferlandes mehr Reineinkommen realisieren als es dem Wertbildungsprozeß entspricht. Das bedeutet im Gesamtprozeß der Warenbeziehungen zwischen den sozialistischen Ländern, daß die Länder, welche vor allem Erzeugnisse ihrer hochentwickelten, mit hoher organischer Zusammensetzung verbundenen Industrie exportieren, im Vorteil wären gegenüber den anderen Ländern."[1]

Nach der Beantwortung dieser Kernfrage wird zu untersuchen sein, in welcher Form sich die den modifizierten Wert hervorbringenden Erfordernisse auf internationaler Ebene Geltung verschaffen (eine Frage, die oft als Problem der Herausbildung internationaler Produktionspreise oder einer internationalen Durchschnittsprofitrate diskutiert wurde) und welche Auswirkungen das auf die Effekte hat, die für die Länder aus der internationalen Arbeitsteilung resultieren. Die aufgeworfenen theoretischen Fragen sind im Handel der sozialistischen Länder äußerst praktischer Natur. Bekanntermaßen tauschen die Länder miteinander Waren aus, deren Produktion ganz abgesehen von spezifischen Entwicklungserfordernissen einzelner Länder objektiv einen unterschiedlichen Aufwand produktiver Fonds erfordert. Besonders tritt das Problem beim Austausch von Rohstoffen gegen Fertigwaren auf, da die Fondsintensität der Rohstoffproduktion die des Ma-Maschinenbaus oder anderer Fertigwarenproduzenten erheblich übersteigt.

Insbesondere sowjetische Wissenschaftler weisen immer wieder auf dieses Problem hin. Als Beispiel sei hier nur Bogomolov zitiert, der bereits 1967 schrieb: „Man muß feststellen, daß die europäischen sozialistischen Länder auch nach 1970 genötigt sein werden, steigende Mengen an Roh- und Brennstoffen einzuführen. Die Deckung dieses Bedarfs ist eine überaus schwierige Aufgabe; denn sie verlangt von den sozialistischen Ländern, die über die notwendigen Vorkommen an Rohstoffen für den Export verfügen, beträchtliche zusätzliche Investitionen mit langer Rückflußzeit. Die Möglichkeiten dieser Länder, Mittel in anderen Industriezweigen mit höherem Nutzeffekt anzulegen, werden dadurch entsprechend reduziert ...

Die Investitionsintensität der sowjetischen Exportindustrie, die wichtige Roh- und Brennstoffe in die RGW-Länder liefert, ist beispielsweise drei- bis dreieinhalbmal höher als die Investitionsintensität bei der Inlandsproduktion solcher Maschinen, wie sie im Austausch gegen Roh- und Brennstoffe bezogen werden."[2] Wie kann man diesen Faktor im internationalen Preis berücksichtigen? Und was heißt berücksichtigen? Zu Recht wird der Exporteur sagen, ich will meinen Aufwand nicht berücksichtigt, sondern bezahlt haben. Welcher Natur ist also dieser Aufwand, der sich hinter der Fondsintensität verbirgt, und wann kann man sagen, daß er abgegolten ist, daß ein Äquivalent geliefert worden ist? Wir sehen, daß auch diese praktischen Fragen uns zu dem entscheidenden theoretischen Problem

[1] W. Maier, Die Rolle der Inlandspreise bei der Schaffung einer eigenen Preisbasis im Handel zwischen den sozialistischen Ländern, Inaugural-Dissertation, 1962, S. 57.

[2] O. T. Bogomolov, Theorie und Methodologie der internationalen sozialistischen Arbeitsteilung, a. a. O., S. 21–22.

zurückführen, zur Frage, inwieweit der modifizierte Wert Arbeitsaufwand zum Ausdruck bringt.

So sehr die Frage der unterschiedlichen Fondsintensität der Exportproduktion verschiedener Länder praktisch die Preisbildung berührt, so wenig ist sie doch bisher systematisch theoretisch in ihrer Bedeutung für die internationale Wertbildung analysiert worden. Selbst in Monographien, die die Wert- und Preisgrundlagen im Handel zwischen den ML/RGW zum Gegenstand haben, kommt man in der Regel über einige allgemeine Bemerkungen, daß nämlich die Fondsintensität ein Faktor sei, der stabile Abweichung der Preise vom Wert bewirkt, nicht hinaus. So behandeln z. B. Žukov Ol'sevič die Frage der Fondsintensität von vornherein nicht als Problem der Modifikation des Wertes, sonders als Problem der Abweichung des Preises vom Wert. „Wenn die Notwendigkeit des Imports fondsintensiver Waren und ihres Austausches gegen weniger fondsintensive besteht (z. B. der Import mineralischer Rohstoffe im Austausch gegen Konsumgüter), so besteht die objektive Notwendigkeit der Abweichung der Preise von den internationalen Aufwendungen unter Berücksichtigung der Unterschiede in der Fondsintensität bei der Produktion der Exportwaren."[3]

3.2. Der Vorschuß als gesellschaftlicher Aufwand

Das Problem scheint äußerst schwierig: Der gesellschaftlich notwendige Arbeitsaufwand auf die Produktion einer Ware bestimmt die Größe ihres Wertes. Von dieser Größe ihres Wertes unterschieden ist die Größe ihres modifizierten Werts. Übereinstimmung ist zufällig. So gesehen kann der modifizierte Wert nicht Ausdruck des gesellschaftlich notwendigen Arbeitsaufwandes sein. Andererseits, wie soll in einem Wirtschaftssystem sich wirtschaftliche Rationalität durchsetzen – und sei es im nachhinein – wenn die Preise, zu denen die Waren getauscht werden, langfristig und stabil nicht den Aufwand widerspiegeln? Wie kann so eine dem Bedarf entsprechende Verteilung der Gesamtarbeit auf die verschiedenen Zweige und Bereiche und eine Reduktion des für die Produktion einer Ware verausgabten Quantums Arbeit auf ihr gesellschaftlich notwendiges Maß erreicht werden? Der modifizierte Wert kann der gesellschaftliche Arbeitsaufwand nicht sein und muß es doch sein.

Versuche, das Problem dahingehend zu lösen, daß man gewaltsam modifizierten Wert und Wert gleichsetzt, indem man ihre qualitativen und quantitativen Unterschiede so lange bespricht, bis sie ganz klein erscheinen, oder indem man einfach feststellt, der Produktionspreis sei eben der Wert unter kapitalistischen Bedingungen und der fondsbezogene Preistyp der sozialistische Wert, hat es seit Ricardo genug gegeben, und wir werden einige später zu besprechen haben. „Ri-

[3] V. Žukov/Ju. Ol'sevič, Teoretičeskie i metodologičeskie problemy sovершenstvovanija cenoobrazovanija na rynke SEV, Moskva 1969, S. 104.

cardo löst die *Schwierigkeit*, indem er sie *in principle* als nicht vorhanden unterstellt und dies ist in der Tat *die einzige Art*, eine Schwierigkeit prinzipiell zu lösen. Entweder daß man zeigt, daß der Widerspruch gegen das principle ein *Schein* ist, ein Schein, der aus der Entwicklung der Sache selbst hervorgeht. Oder indem man die Schwierigkeit, wie Ricardo tut, *an einem Punkt wegleugnet*, dies dann als Ausgangspunkt nimmt, von wo aus man ihr Dasein an einem andern Punkt erklären kann."[4] Wir wollen versuchen, den ersten Weg zu gehen, den einzigen, den Marx als wissenschaftlich, d. h. zur Erkenntnis führend betrachtet.

Außerordentlich bedeutungsvoll erscheint in diesem Zusammenhang der Ausgangspunkt: Jeder Versuch einer Lösung des Problems, die auf eine Identifizierung von Wert und modifiziertem Wert hinausläuft, muß fehlschlagen. Es ist, wie Marx sagte, „der Versuch, das, was nicht ist, als seiend darzustellen"[5]. Modifizierter Wert und Wert sind qualitativ und quantitativ voneinander unterschieden. Der Produktionspreis entsteht, indem „von dem in andren Sphären produzierten Mehrwert ... ein Teil auf diese der direkten Exploitation der Arbeit ungünstiger situierten Kapitalien, im Verhältnis zu ihrer bloßen Größe, übertragen (wird). Das Phänomen ist sehr einfach, sobald das Verhältnis von Mehrwert und Profit und ferner die Ausgleichung der Profite zur allgemeinen Profitrate begriffen ist. Soll es aber ohne alle Vermittlung aus dem Gesetz des Werts begriffen werden, also der Profit, den ein besondres Kapital in einem besondren trade macht, aus dem in den von ihm produzierten Waren enthaltnen Mehrwert, der *unbezahlten Arbeit* (also auch aus der direkt in ihnen selbst worked up labour) erklärt werden, so ist dies ein Problem, viel unmöglicher als die Quadratur des Zirkels, die algebraisch gefunden werden kann."[6]

Wir werden im Folgenden am Beispiel des Produktionspreises den Beweis anzutreten versuchen, daß diese Umverteilung von Arbeit nichts anderes als Ausdruck des Erfordernisses ist, daß der Preis der Waren den gesamten Aufwand der Gesellschaft für die Reproduktion der Waren widerspiegeln muß, so widersprüchlich diese Feststellung auch auf den ersten Blick zu sein scheint. Die erste Frage, die wir uns vorlegen wollen, lautet: Ist das Quantum gesellschaftlich notwendiger Arbeit, das in einer Ware verkörpert ist und ihre Wertgröße bestimmt, der gesamte Aufwand der Gesellschaft zur Reproduktion der Ware?

Das Problem wird deutlich, wenn wir den Reproduktionsprozeß verschiedener Waren miteinander vergleichen, z. B. der Ware A (Schuhe) und der Ware B (Häuser). Wir nehmen für beide Prozesse einen Jahresproduktenwert von 1 000 an,[7] wobei die Hälfte übertragener Wert des Rohmaterials (c) sei. (Den übertragenen Wert des fixen Kapitals wollen wir zunächst vernachlässigen, um keine unnötigen Schwierigkeiten hineinzubringen. Selbstverständlich wird diese Unterstellung an

[4] K. Marx, Theorien über den Mehrwert, Zweiter Teil, a. a. O., S. 26.

[5] K. Marx, Theorien über den Mehrwert, Dritter Teil, a. a. O., S. 83.

[6] Ebenda.

[7] Alle Angaben, soweit sie angenommene Wertgrößen betreffen, in Arbeitsstunden.

späterer Stelle aufgehoben.) Der Jahreslohnfonds (v) betrage in beiden Branchen 250. Somit ergibt sich für den Jahresproduktenwert beider Branchen sowohl hinsichtlich der Größe als auch der Struktur völlige Übereinstimmung.

	c	v	m	W
A	500	250	250	1000
B	500	250	250	1000

Der einzige Unterschied, der sich zunächst als wesentlich zwischen den beiden Produktionsprozessen aufdrängt, ist der, daß ein Paar Schuhe für Produktion und Verkauf eine Woche in Anspruch nimmt, ein Haus jedoch erst nach einem Jahr (mit fünfzig Wochen angenommen) fertig ist. In der Produktion beider Waren wurden im Laufe eines Jahres 1 000 Stunden gesellschaftlicher Arbeit verzehrt. Aber wurden auch die gleichen Mengen gesellschaftlicher Arbeit aufgewendet?

Betrachten wir zunächst die Schuhproduktion. In der ersten Woche des Jahres wurden in diesem Zweig produktiv konsumiert: Material im Werte von 10 Stunden, und individuell konsumiert: Lebensmittel im Werte von 5 Stunden. Eine Woche lang konsumierte die Schuhbranche Arbeitsprodukte, ohne ein materielles Äquivalent dafür zu liefern. Der Gesamtwert der innerhalb dieser ersten Woche konsumierten Produkte beträgt 15 Stunden, am ersten Tag Produkte im Werte von 3 Stunden, am zweiten abermals in dieser Höhe, also insgesamt im Werte von 6 Stunden bis am Ende der Woche Waren im Werte von 15 Stunden verbraucht waren, ohne daß der Zweig ein entsprechendes materielles Äquivalent hätte liefern können. Die Gesellschaft kann also die Produktion von Schuhen nur aufnehmen, wenn sie in der Lage ist, für eine Woche neben dem Arbeitsvermögen Material und Lebensmittel abzustellen, ohne daß sie das Ergebnis der Arbeit der Schuhproduzenten konsumieren kann. Am Ende der ersten Woche liefert die Branche an die Gesellschaft die Schuhe, aber bereits am ersten Tag der zweiten Woche muß die Gesellschaft abermals an die Schuhbranche Material und Lebensmittel liefern, ohne daß diese materielles Äquivalent dagegensetzen kann. Am Ende der zweiten Woche beträgt der Wert der von der Gesellschaft der Schuhbranche zur Verfügung gestellten Produktions- und Lebensmittel abermals 15 Stunden. Berechnen wir, wieviel die Gesellschaft täglich im Durchschnitt an Produktions- und Lebensmitteln bereitstellen muß, um den Produktionsprozeß der Schuhe zu ermöglichen, ergibt sich folgendes Bild:

1. Tag: 3 (2 Produktionsmittel + 1 Lebensmittel)
2. Tag: 6 (4 Produktionsmittel + 2 Lebensmittel)
3. Tag: 9 usw.
4. Tag: 12 usw.
5. Tag: 15

Ø : 9 (6 Produktionsmittel + 3 Lebensmittel)

Dieser Durchschnitt von 9 ist keine Fiktion. Er erhält seine reale Basis, wenn wir uns die Schuhbranche nicht als Monopol eines einzelnen Produzenten, der in bestimmten Abständen Schuhe liefert, sondern als Wirkungssphäre von fünf Produzenten vorstellen, die mit den gleichen Fonds ausgestattet sind und den Produktionsprozeß dermaßen organisiert haben, daß täglich die gleiche Menge Schuhe auf den Markt geworfen wird.[8]

In diesem Falle ergibt sich folgendes Bild:
Produzent I beginnt am Montag mit der Produktion und benötigt dafür Lebensmittel im Werte von 0,2 und Produktionsmittel im Werte von 0,4.
Produzent II hat schon Freitag voriger Woche seinen Produktionszyklus begonnen und von der Gesellschaft Produkte im Werte von 0,6 (0,2 + 0,4) erhalten. Um seine Produktion weiterführen zu können, benötigt er abermals Material im Werte von 0,4 und Lebensmittel im Werte von 0,2. Da er für das am Freitag erhaltene noch nichts liefern kann, ist also Bedingung für seine Produktion am Montag, daß die Gesellschaft für ihn Produkte im Werte von 1,2 bereithält. Bei Produzent III kumuliert die Summe auf 1,8, bei Produzent IV auf 2,4 und schließlich bei Produzent V, der am Abend das Paar Schuhe fertig hat, auf 3. Man kann also sagen, als Bedingung, daß die Schuhbranche am Montag produzieren kann, gilt die Möglichkeit, Material im Werte von 6 und Lebensmittel im Werte von 3 bereitzustellen, ohne daß die Schuhindustrie etwas dafür liefern kann. Dasselbe Bild ergibt sich am Dienstag. Zwar hat Produzent V jetzt seine Schuhe abgeliefert, aber um produzieren zu können, benötigt er wiederum Material und Lebensmittel. Er ist in derselben Position, in der am Vortag Produzent I war, dieser befindet sich seinerseits in der Lage, die Produzent II am Vortag hatte usw., usf.

Wir stellen also fest: *Was zunächst, vom Standpunkt des einzelnen Produktionsprozesses, als Problem des Hinausschiebens der Lieferung der Schuhbranche an die Gesellschaft gegenüber der Lieferung von Produktions- und Lebensmitteln der Gesellschaft an die Schuhbranche um eine Woche erscheint, stellt sich vom Standpunkt der Reproduktion dar als Problem der Notwendigkeit der ständigen Bereitstellung von Mitteln seitens der Gesellschaft für die Schuhbranche.* Diese Mittel werden in ihrer materiellen Gestalt ebenso beständig verzehrt wie erneuert und sind dadurch in ihrer wertmäßigen Größe in bestimmtem durchschnittlichen Maß ständig erforderlich. Marx sagt: „Die Poststube ist immer gefüllt, aber von immer andren Reisenden."[9]

Sehen wir uns die Häuserbranche an. Wie bei den Schuhen muß die Gesellschaft in der ersten Woche Mittel bereitstellen in Form von Produktions- und Lebensmitteln, ohne daß sie dafür ein materielles Äquivalent erhält. Auch in der zweiten Woche benötigen sowohl Schuh- als auch Häuserbranche Produktions- und Lebensmittel und zwar in gleicher Höhe. Hier allerdings macht sich ein Unterschied bemerkbar. Während die Schuhbranche der Gesellschaft nach Ablauf der ersten Woche das Äquivalent für die Produktions- und Lebensmittel liefern konnte,

[8] Wieviel Produzenten es sind, ist völlig gleichgültig, das Wesentliche ist der kontinuierliche Produktionsausstoß.

[9] K. Marx, Theorien über den Mehrwert, Dritter Teil, a. a. O., S. 278.

ist die Häuserbranche dazu nicht in der Lage. Die Gesellschaft muß also, insofern sie Wert auf Häuserbau legt, in der zweiten Woche zusätzlich Produktions- und Lebensmittel bereitstellen im Werte von 15; genauso in der dritten und allen folgenden bis einschließlich der fünfzigsten Woche. Der Sachverhalt stellt sich folgendermaßen dar:

	1. Woche	2. Woche	n-te Woche
montags	3	18	$3+(n-1)\cdot 15$
dienstags	6	21	$6+(n-1)\cdot 15$
mittwochs	9	24	$9+(n-1)\cdot 15$
donnerstags	12	27	$12+(n-1)\cdot 15$
freitags	15	30	$15+(n-1)\cdot 15$

Im Durchschnitt sind in der ersten Woche bereitzustellen: Produktions- und Lebensmittel für 9, in der zweiten Woche für 9 + Maximum der vorhergehenden Woche, ebenso in der dritten Woche usf. Im Durchschnitt der fünfzig Wochen sind von der Gesellschaft bereitzustellen:

$$V_{D_Z} = \frac{50 \cdot 9 + 15\,(1+2+\ldots+49)}{50}$$

V_{D_Z} = durchschnittlicher Vorrat an zirkulierendem Kapital

Wandeln wir den Ausdruck in Klammern nach der Formel für die Summe der natürlichen Zahlen um:

$$\sum_{k=1}^{n_k} = \frac{n}{2}(n+1)$$

wobei n in unserem Falle gleich 49 ist, ergibt sich:

$$V_{D_Z} = \frac{50 \cdot 9 + \frac{15 \cdot 49}{2} \cdot 50}{50}$$

$$V_{D_Z} = 9 + 15 \cdot \frac{49}{2}$$

$$V_{D_Z} = 376{,}5$$

Die allgemeine Formel für die durchschnittlich von der Gesellschaft bereitzustellenden Mittel lautet:

$$V_{D_Z} = v_{D_Z} + \frac{v_{M_Z} \cdot (n-1)}{2}$$

v_{D_Z} = im Ø der ersten Zeitperiode bereitzustellende Mittel

v_{M_Z} = am Ende der ersten Zeitperiode bereitzustellende Mittel

n = Anzahl der Zeitperioden, die für einen Umschlag der zirkulierenden Fonds erforderlich sind.

Zu dieser Formel kann man auch auf einfacherem Wege als durch die obige Ableitung gelangen, wenn man sich die durchschnittliche Summe bereitzustellender Mittel als die Hälfte der Summe dessen, was in der ersten, und dessen, was in der letzten Zeitperiode bereitzustellen ist, vorstellt. In der ersten Periode ist bereitzustellen v_{D_Z}, in der letzten:

$$v_{D_Z} + v_{M_Z} \cdot (n-1),$$

also: $$V_{D_Z} = \frac{v_{D_Z} + v_{D_Z} + v_{M_Z}(n-1)}{2}$$

$$V_{D_Z} = \frac{2v_{D_Z} + v_{M_Z}(n-1)}{2}$$

$$V_{D_Z} = v_{D_Z} + \frac{v_{M_Z}(n-1)}{2}.$$

Wir wissen bereits, daß diese durchschnittlich für die Produktion von Häusern bereitzustellende Summe von Produktions- und Lebensmitteln auch aufgefaßt werden kann als diejenige Menge, die die Gesellschaft ständig als Bedingung der Reproduktion in der Häuserbranche abzustellen hat. Diese Feststellung ist für den Fall richtig, daß wir kontinuierliche Fertigstellung von Häusern unterstellen, eine Unterstellung, die der Realität nahe kommt.

„Auf Basis gesellschaftlicher Produktion ist zu bestimmen der Maßstab, worin diese Operationen, die während längrer Zeit Arbeitskraft und Produktionsmittel entziehn, ohne während dieser Zeit ein Produkt als Nutzeffekt zu liefern, ausgeführt werden können, ohne die Produktionszweige zu schädigen, die kontinuierlich oder mehrmals während des Jahrs nicht nur Arbeitskraft und Produktionsmittel entziehn, sondern auch Lebensmittel und Produktionsmittel liefern. Bei gesellschaftlicher ebenso wie bei kapitalistischer Produktion werden nach wie vor die Arbeiter in Geschäftszweigen von kürzern Arbeitsperioden nur für kürzre Zeit Produkte entziehn, ohne Produkt wieder zu geben; während die Geschäftszweige mit langen Arbeitsperioden für längre Zeit fortwährend entziehn, bevor sie zurückgeben. Dieser Umstand entspringt also aus den sachlichen Bedingungen des betreffenden Arbeitsprozesses, nicht aus seiner gesellschaftlichen Form.“[10]

Unsere bisherigen Überlegungen lassen den Schluß zu: Neben dem Aufwand an verzehrter Arbeit existiert für die Produktion der Waren ein weiterer Aufwand für die Gesellschaft in Form von Produktions- und Konsumtionsfonds, die als ständige Bedingung der Reproduktion von der Gesellschaft bereitzustellen sind. Diese Fonds werden ebenso beständig verzehrt wie erneuert und sind dadurch in einer bestimmten wertmäßigen Größe ständig erforderlich. In der Tat handelt es sich um das, was Marx den produktiven Vorrat oder für kapitalistische Bedingungen den Vorrat an produktivem Kapital nannte.

[10] K. Marx, Das Kapital, Zweiter Band, a. a. O., S. 358.

Es ist offensichtlich, daß sich mit der Einbeziehung des fixen Kapitals in die Betrachtung die oben behandelte Problematik nicht erledigt, sondern im Gegenteil verschärft. Stellen wir uns vor, daß beim Bau von Häusern neben dem bereits genannten Verbrauch an Lebensmitteln und Material jährlich fixes Kapital im Werte von 100 verschleißt, also ein Wert von 100 auf das Produkt übertragen wird. Der Produktenwert betrage also 1 100 statt, wie oben angenommen, 1 000. Ist das fixe Kapital nach zehn Jahren verschlissen, so wird also jährlich $\frac{1}{10}$ des Wertes übertragen. Auch das fixe Kapital ist – wie die innerhalb einer Umschlagsperiode des zirkulierenden Kapitals bereitzustellenden Produktions- und Lebensmittel – in einer bestimmten Höhe ständig erforderlich, um den Reproduktionsprozeß in Gang zu halten. Der Unterschied ist der, daß, einen einzelnen Produzenten betrachtet, der Vorschuß an zirkulierendem Kapital sukzessive zunimmt und mit dem Verkauf der Ware mit einem Male zurückfließt, während das fixe Kapital auf einmal zu erstellen ist und sukzessive zurückfließt. (In seiner wertmäßigen Größe natürlich, mit dem Verkauf jeder Ware um einen bestimmten Prozentsatz.) Dieser Unterschied verschwindet aber, betrachten wir das Gesamtkapital eines kontinuierlich ausstoßenden Zweiges. Ähnlich wie wir es bei der Betrachtung des zirkulierenden Kapitals taten, können wir hier mehrere Produzenten unterstellen, im Idealfalle so viele, wie Erzeugnisse für die Amortisation des Bruttowerts des fixen Kapitals erforderlich sind. In unserer Häuserbranche nehmen wir also zehn Produzenten an, die jeweils um ein Jahr versetzt fixes Kapital vorschießen. Der Gesamtwert des vorgeschossenen Kapitals ist gleich der Summe der Nettowerte des fixen Kapitals der verschiedenen Produzenten.

Jahre	1	2	3	4	5	6	7	8	9	10
Produzenten										
I	100	90	80	70	60	50	40	30	20	10
II	90	80	70	60	50	40	30	20	10	100
III	80	70	60	50	40	30	20	10	100	90
IV	70	60	50	40	30	20	10	100	90	80
V	60	50	40	30	20	10	100	90	80	70
VI	50	40	30	20	10	100	90	80	70	60
VII	40	30	20	10	100	90	80	70	60	50
VIII	30	20	10	100	90	80	70	60	50	40
IX	20	10	100	90	80	70	60	50	40	30
X	10	100	90	80	70	60	50	40	30	20
	550	550	550	550	550	550	550	550	550	550

Im Durchschnitt ist ständig fixes Kapital im Werte von 550 erforderlich, um die ständige Reproduktion der Häuserbranche zu gewährleisten. Die allgemeine Formel für die Höhe des ständig vorzuschießenden fixen Kapitals einer Branche lautet:

$$V_{D_f} = \frac{v_{Mf} + \frac{v_{Mf}}{m}}{2}$$

V_{D_f} = durchschnittlicher Vorrat an fixem Kapital

V_{M_f} = Bruttowert des vorgeschossenen fixen Kapitals (Wert des fixen Kapitals in der ersten Umschlagsperiode des zirkulierenden Kapitals).

m = Anzahl der Erzeugnisse, die mittels des fixen Kapitals bis zu dessen vollständiger Amortisation erzeugt werden.

Natürlich stellt auch diese Formel den Idealfall dar, und in der Realität werden sich Investitionen wie Verschleiß nicht so regelmäßig vollziehen. Für die Abweichung vom Ideal bemerkte Marx: „Ist die kapitalistische Form der Reproduktion einmal beseitigt, so kommt die Sache darauf hinaus, daß die Größe des absterbenden und daher in natura zu ersetzenden Teils des fixen Kapitals ... in verschiednen sukzessiven Jahren wechselt. Ist er in einem Jahr sehr groß ..., so im folgenden sicher um so geringer. Die zur jährlichen Produktion der Konsumtionsmittel nötige Masse von Rohstoffen, Halbfabrikaten und Hilfsstoffen – sonst gleichbleibende Umstände vorausgesetzt – nimmt deswegen nicht ab; die Gesamtproduktion der Produktionsmittel müßte also im einen Fall zunehmen, im andren abnehmen. Diesem kann nur abgeholfen werden durch fortwährende relative Überproduktion; einerseits ein gewisses Quantum fixes Kapital, das mehr produziert wird, als direkt nötig ist; andrerseits und namentlich Vorrat von Rohstoff etc., der über die unmittelbaren jährlichen Bedürfnisse hinausgeht ... Solche Art Überproduktion ist gleich mit Kontrolle der Gesellschaft über die gegenständlichen Mittel ihrer eignen Reproduktion ..."[11]

Die hier angeführten Vorräte und Reserven vergrößern den von der Gesellschaft zu erbringenden Vorrat über das von uns definierte Maß hinaus. Unterstellen wir in der Schuhindustrie ebenfalls, daß auf das Jahresprodukt ein Verschleiß des fixen Kapitals von 100 entfällt und das fixe Kapital ebenfalls innerhalb von zehn Jahren verschlissen ist, so ergibt sich aufgrund des schnelleren Umschlags des zirkulierenden Kapitals ein anderer durchschnittlicher Nettowert des fixen Kapitals. Der Grund ist der, daß bereits innerhalb der Jahre Amortisationen zurückfließen.

$$V_{D_f} = \frac{1000 + 2}{2} = 501$$

Der durchschnittliche Bestand an fixem Kapital bei wöchentlichem Produktionsausstoß der Schuhindustrie ist 501. Die Gesamtmasse des ständig seitens der Gesellschaft für einen Zweig bereitzustellenden zirkulierenden und fixen Kapitals

[11] Ebenda, S. 464–465.

stellt den produktiven Vorrat dar.[12] Marx bemerkt für kapitalistische Bedingungen: „Vorrat in der Form des produktiven Kapitals existiert in der Form von Produktionsmitteln, die sich bereits im Produktionsprozeß befinden oder wenigstens in der Hand des Produzenten, also latent schon im Produktionsprozeß. Man hat früher gesehn, daß mit der Enwicklung der Produktivität der Arbeit ..., die Masse der in der Form von Arbeitsmitteln dem Prozeß ein für allemal einverleibten und stets wiederholt, während längrer oder kürzrer Periode in ihm fungierenden Produktionsmittel (Gebäude, Maschinen etc.) beständig wächst, und daß ihr Wachstum sowohl Voraussetzung wie Wirkung der Entwicklung der gesellschaftlichen Produktivkraft der Arbeit ist ... Die stofflichen Existenzformen des konstanten Kapitals, die Produktionsmittel, bestehn aber nicht nur aus derartigen Arbeitsmitteln, sondern auch aus Arbeitsmaterial auf den verschiedensten Stufen der Verarbeitung und aus Hilfsstoffen."[13] Bezüglich des notwendigen Vorrats an Lebensmitteln bemerkt Marx: „Ebenso umfaßt das produktive Kapital den Ankauf der Arbeitskraft, und die Geldform ist hier nur die Wertform von Lebensmitteln, die der Arbeiter großenteils auf dem Markt vorfinden muß."[14]

Alle bis hierher betrachteten Vorratsarten entspringen dem Produktionsprozeß und seinen Besonderheiten in den verschiedenen Branchen. Der Reproduktionsprozeß ist aber nicht, wie bisher stillschweigend unterstellt, einfach ständige Produktion, sondern er ist ständig Produktion, vermittelt durch Zirkulation. Die aus der Zirkulation und ihren Besonderheiten in den einzelnen Branchen entspringenden Aufwendungen der Gesellschaft gehen, ähnlich wie in der Produktion, über das, was unmittelbar im Verzehr von Arbeit (sei es vergegenständlichter oder lebendiger) zum Ausdruck kommt, hinaus. Diese zusätzlichen Aufwendungen sind, soweit es sich um Produktionsprozesse innerhalb der Zirkulation handelt (z. B. Transport, Lagerhaltung usw.), völlig analog zum oben Behandelten, die ständig bereitzustellenden Grund-, Umlauf- und Konsumtionsfonds. Zum anderen handelt es sich um die spezifische Form des Warenvorrats, den Marx im zweiten Band des „Kapital" im Kapitel 6 einschließlich seines Zusammenhangs mit den bereits behandelten Vorratsarten ausführlich behandelt.

Für unsere Zwecke genügt es festzustellen, daß ständig von der Gesellschaft ein Großteil des Arbeitsvermögens in Form von Erzeugnissen gebunden ist, die als Bedingung der Reproduktion in den einzelnen Phasen dieses Prozesses verharren.

[12] Es muß beachtet werden, daß der Begriff des Vorrats hier nicht im umgangssprachlich üblichen Sinn von Reserve, d. h. einer Sache, deren Nutzung erst noch bevorsteht, verwendet wird. Es kann sein, daß es sich beim hier betrachteten Vorrat um Produktionsmittel handelt, deren Nutzung bevorsteht (z. B. im Produktionsprozeß angesiedelte Materialbestände); es kann sich ebenso um in Nutzung befindliche Produktionsmittel handeln (z. B. fungierende Grundfonds), wie auch um bereits genutzte Produktionsmittel (z. B. der in der unvollendeten Ware veredelte Arbeitsgegenstand). Allen ist gemeinsam, daß sie als ständige Bedingung der Reproduktion in bestimmter wertmäßiger Größe im Produktionsprozeß verharren und somit einen im Verzehr nicht erscheinenden Aufwand darstellen.

[13] K. Marx, Das Kapital, Zweiter Band, a. a. O., S. 142–143.

[14] Ebenda, S. 139.

„Dieselben Waren (der Art nach) sind beständig in der Produktionssphäre erneuert, auf dem Markt befindlich, und von der Konsumtion ergriffen. Sie halten sich, nicht die identischen Waren, aber die Waren derselben Spezies, *gleichzeitig* stets in diesen 3 Stationen auf."[15] Diese von der Gesellschaft als ständige Reproduktionsbedingung bereitzustellenden Mittel bilden den Inhalt der Aufwandsart „Vorschuß". Die Notwendigkeit dieses Vorschusses, darauf wies Marx in den angeführten Zitaten mehrfach hin, entspringt der stofflichen Seite des Reproduktionsprozesses, seinen sachlichen Bedingungen, nicht seiner spezifisch gesellschaftlichen Gestalt als kapitalistischer Reproduktionprozeß. Unter kapitalistischen Bedingungen nimmt die Aufwandsart Vorschuß die spezifische Gestalt des Kapitalvorschusses (Vorschuß an zirkulierendem und fixem Kapital) an. Die dem Sozialismus gemäße gesellschaftliche Form des Vorschusses ist der Vorschuß in Gestalt gesellschaftlicher Fonds, Grund- und Umlauffonds.

3.3. Die Charakteristika und Besonderheiten der Aufwandsart Vorschuß und die Verteilung des Mehrprodukts zwischen den Zweigen

Nachdem im vorigen Abschnitt der Fondsvorschuß als ein über das bei der ständigen Reproduktion einer Warenart verzehrte Quantum Arbeit hinausgehender gesellschaftlicher Aufwand charakterisiert wurde, sollen hier Gemeinsamkeiten und Spezifika dieser Aufwandsart im Hinblick auf andere Aufwandsarten herausgearbeitet und die daraus resultierenden Besonderheiten bei der Rückerstattung dieses Aufwandes charakterisiert werden.

1. Es handelt sich beim Vorschuß wie bei jedem gesellschaftlichen Aufwand letztendlich um Aufwand an gesellschaftlicher Arbeit. Diese Bestimmung unterscheidet den Vorschuß nicht von anderen Aufwandsarten. Das Quantum gesellschaftlich notwendiger Abeit, das die spezifische Aufwandsart „Vorschuß" ausmacht, ist gleich dem Quantum gesellschaftlich notwendiger Arbeit zur Produktion derjenigen Waren, die als ständige Bedingung der Reproduktion in den verschiedenen Sphären erheischt sind. Diese Waren sind von der Gesellschaft ständig für jeden Zweig bereitzustellen, um den Zeitraum zu überblicken, in dem der Zweig der Gesellschaft entsprechend den Besonderheiten seines Reproduktionszyklus Produktions- und Lebensmittel entzieht, ohne dafür materielles Äquivalent zu liefern.

Der Vorschuß existiert

- in Gestalt von bereitgestellten Material- und Lebensmittelvorräten;
- in fungierendem fixen Kapital;
- in vollendeter Produktion, in der die Arbeitsgegenstände in veredelter Form als

[15] K. Marx, Theorien über den Mehrwert, Dritter Teil, a. a. O., S. 278.

Gebrauchswert sowie als Wert, die Arbeitsmittel und Lebensmittel nur als Wert (einmal übertragen, einmal reproduziert) erscheinen und schließlich
– in Form von Warenvorräten.

Damit wird deutlich, daß der für die Reproduktion einer Ware A zu erbringende Vorschuß zwar Arbeitsaufwand für die Reproduktion einer Ware ist, aber nicht im Reproduktionsprozeß dieser Ware entsteht, sondern im Prozeß der Produktion der Waren, die als Vorschuß dienen. Das hat er mit anderen Aufwendungen, wie z. B. dem Materialverbrauch, gemein, über die Marx am Beispiel der Garnspinnerei schreibt: „Acht Zehntel des Produkts, oder 16 Pfd. Garn, obgleich leiblich, als Gebrauchswert betrachtet, als Garn, ebensosehr Gebilde der Spinnarbeit wie die restierenden Produktteile, enthalten daher in diesem Zusammenhang keine Spinnarbeit, keine während des Spinnprozesses selbst eingesaugte Arbeit. Es ist, als ob sie sich ohne Spinnen in Garn verwandelt hätten und als wäre ihre Garngestalt reiner Lug und Trug. In der Tat, wenn der Kapitalist sie verkauft zu 24 sh. und damit seine Produktionsmittel zurückkauft, zeigt sich, daß 16 Pfd. Garn – nur verkleidete Baumwolle, Spindel, Kohle usw. sind.“[16]

Der Unterschied ist der, daß die im Produktionsprozeß verzehrten Waren die materielle Gestalt der Waren annehmen, in deren Produktionsprozeß sie fungieren, und ihr Wert auf diese neue Gestalt übertragen wird. Der Wert des Vorschusses wird nicht übertragen, erscheint somit nicht im Wert der Ware, die mittels des Vorschusses produziert wird. Zwar wird der Wert jeder einzelnen Ware, die für einen bestimmten Zeitraum als Vorschuß dient, übertragen bzw. konsumiert und reproduziert, aber in dem Maße, wie dieser Wert übertragen bzw. konsumiert wird, übernehmen andere Waren die Funktion des Vorschusses, so daß dessen wertmäßige Größe bei einfacher Reproduktion in bestimmter Größe konstant bleibt, bei erweiterter Reproduktion steigt (gleichbleibende Produktivität in den die vorzuschießenden Waren produzierenden Zweigen unterstellt).

2. *Der Vorschuß ist nicht nur, wie unter 1. festgestellt, Resultat und damit Aufwand gesellschaftlicher Arbeit, sondern er ist Produkt von Mehrarbeit.* Der Vorschuß ist zunächst Aufwand an Waren, d. h. an Arbeitsprodukten. Diese Arbeitsprodukte sind der Konsumtion – sowohl der individuellen als auch der produktiven – entzogen; jedes einzelne dieser Arbeitsprodukte für einen bestimmten Zeitraum, wonach es durch ein andres ersetzt wird; der Vorschuß insgesamt also für einen unbegrenzten Zeitraum. Damit können diese Waren weder als Ersatz für verzehrte Produktionsmittel dienen noch in die Reproduktion der Arbeitskraft eingehen. Sie sind aus dem Mehrprodukt der Gesellschaft bereitzustellen. (Hier wird deutlich, warum unter kapitalistischen Bedingungen der Vorschuß die Gestalt des Kapitalvorschusses annimmt.) Damit ist die Obergrenze des während eines bestimmten Zeitabschnitts vorschießbaren Quantums Waren bestimmt: es ist gleich dem Mehrprodukt dieser Zeitperiode. Praktisch liegt es noch darunter, denn keine Gesellschaft ist in der Lage, ihr gesamtes Mehrprodukt produktiv vorzuschießen.

[16] K. Marx, Das Kapital, Erster Band, a. a. O., S. 235.

3. *Zwischen dem in einer Branche getätigten Vorschuß und dem in dieser Branche produzierten Mehrprodukt besteht kein innerer Zusammenhang.* Nimmt man einen Vorschuß bestimmter Höhe als Ausgangspunkt der Betrachtung, so ergibt sich, daß das mittels dieses Vorschusses durch die lebendige Arbeit produzierte Mehrprodukt aufgrund des Wirkens von drei Faktoren eine völlig unterschiedliche Höhe hat. Diese drei Faktoren sind:

a) organische Zusammensetzung des Kapitals;
b) Umschlag des zirkulierenden Kapitals und
c) Verhältnis der Mehrarbeit zur notwendigen Arbeit.

Um das Wirken jedes Faktors in reiner Form zu untersuchen, müssen die jeweils anderen in den Branchen als gleich, der betrachtete jedoch als unterschiedlich unterstellt werden.

a) Unterschiedliche organische Zusammensetzung. „Eine bestimmte Masse Arbeitskraft, dargestellt durch eine bestimmte Anzahl Arbeiter, ist erheischt, um eine bestimmte Masse Produkt, z. B. in einem Tag zu produzieren und daher ... eine bestimmte Masse Produktionsmittel, Maschinerie, Rohstoffe etc. in Bewegung zu setzen, produktiv zu konsumieren. Es kommt eine bestimmte Anzahl Arbeiter auf ein bestimmtes Quantum Produktionsmittel und daher ein bestimmtes Quantum lebendiger Arbeit auf ein bestimmtes Quantum von in den Produktionsmitteln bereits vergegenständlichter Arbeit ...

Dies Verhältnis bildet die technische Zusammensetzung des Kapitals und ist die eigentliche Grundlage seiner organischen Zusammensetzung."[17] Das unterschiedliche Verhältnis zwischen Mehrprodukt und vorgeschossenem Kapital bei fungierendem Kapital gleicher Größe ist also, soweit es durch die unterschiedliche organische Zusammensetzung hervorgerufen wird, der unterschiedlichen Größe des produzierten Mehrprodukts geschuldet, weil „... nach der verschiednen organischen Kapitalzusammensetzung in verschiednen Produktionssphären ihr variabler Teil verschieden ist, also die Quanta der von ihnen in Bewegung gesetzten lebendigen Arbeit verschieden, also auch die Quanta der von ihnen angeeigneten Mehrarbeit, der Substanz des Mehrwerts und daher des Profits."[18] Die organische Zusammensetzung hat auf die Größe des Vorschusses keinen direkten Einfluß.

b) Unterschiedlicher Umschlag des zirkulierenden Kapitals. „Die direkte Wirkung der verkürzten Umschlagszeit auf die Produktion von Mehrwert, also auch von Profit, besteht in der gesteigerten Wirksamkeit, die dem variablen Kapitalteil dadurch gegeben wird ..."[19] Wie Marx im 16. Kapitel des zweiten Bandes des „Kapital" erklärte, hängt die Masse des produzierten Mehrwerts bei gegebener Mehrwertrate von der Menge der angewandten lebendigen Arbeit ab, die durch eine bestimmte Menge angewandten variablen Kapitals repräsentiert wird. Es ist klar, daß sich bei unterschiedlichem Umschlag des variablen Kapitals hinter der gleichen Menge vorgeschossenen variablen Kapitals eine unterschiedliche Menge angewandten oder fungierenden variablen Kapitals und damit auch leben-

[17] K. Marx, Das Kapital, Dritter Band, a. a. O., S. 154.
[18] Ebenda, S. 158. [19] F. Engels, in: Ebenda, S. 82.

diger Arbeit verbirgt. Der Umschlag affiziert also an und für sich die Profitrate nur, soweit er das Verhältnis zwischen fungierendem und vorgeschossenem variablen Kapital verändert. Wenn Engels schreibt, „... bei Kapitalen gleicher prozentiger Zusammensetzung, bei gleicher Mehrwertsrate und gleichem Arbeitstag verhalten sich die Profitraten zweier Kapitale umgekehrt wie ihre Umschlagszeiten ...“[20] so ist das richtig, wenn damit die Umschlagszeiten des variablen Kapitals gemeint werden (die in der Regel gleich den Umschlagszeiten des zirkulierenden Kapitals überhaupt sind). Unrichtig ist die Aussage, wenn man darunter die Umschlagszeit des Gesamtkapitals versteht.

Engels trennt diese zwei unterschiedlichen Auffassungen vom Umschlag nicht scharf voneinander und kann deshalb auch kein Verständnis für die von Marx richtig festgestellte Tatsache entwickeln, daß, ein bestimmtes vorgeschossenes Kapital als gegeben unterstellt, die Zusammensetzung des konstanten Kapitals in fixe und zirkulierende Bestandteile, obwohl sie wesentlichen Einfluß auf den Gesamtumschlag hat, die Profitrate nicht affiziert. „Was dagegen das Verhältnis der Zusammensetzung der Kapitale aus fixem und zirkulierendem Kapital betrifft, so affiziert es, an und für sich betrachtet, die Profitrate durchaus nicht. Es kann sie nur affizieren, wenn entweder diese verschiedne Zusammensetzung zusammenfällt mit verschiednem Verhältnis zwischen dem variablen und konstanten Teil, wo also diesem Unterschied, und nicht dem von zirkulierendem und fixem, die Verschiedenheit der Profitrate geschuldet ist; oder wenn das verschiedne Verhältnis zwischen fixen und zirkulierenden Bestandteilen eine Verschiedenheit bedingt in der Umschlagszeit, während welcher ein bestimmter Profit realisiert wird. Wenn Kapitale in verschiedner Proportion in fixes und zirkulierendes zerfallen, wird dies zwar stets Einfluß auf ihre Umschlagszeit haben und eine Verschiedenheit derselben hervorrufen; es folgt daraus aber nicht, daß die Umschlagszeit, worin dieselben Kapitale Profit realisieren, verschieden ist.“[21]

Engels stellt dagegen fest: „Wie aus Kap. IV folgt, ist das Obige nur richtig für den Fall, daß die Kapitale A und B verschiedne Wertzusammensetzung haben, daß aber ihre prozentigen variablen Bestandteile sich verhalten wie ihre Umschlagszeiten, resp. umgekehrt wie ihre Umschlagszahlen.“[22] Mit anderen Worten: Engels ist also der Auffassung, daß Kapitale mit unterschiedlichem Gesamtumschlag nur dann gleiche Profitraten abwerfen können, wenn die Unterschiede im Umschlag durch die Unterschiede in der organischen Zusammensetzung kompensiert werden. Die Verwechslung von Gesamtumschlag und Umschlag der zirkulierenden (also auch der variablen) Bestandteile ist offensichtlich.

c) Unterschiedliche Raten des Mehrprodukts. Es wird erkennbar, daß angewendetes Kapital gleicher Größe, gleichen Umschlags und gleicher organischer Zusammensetzung ein unterschiedliches Mehrprodukt im Verhältnis zu dem vorgeschossenen Kapital haben, sofern das Verhältnis des Lohnes zum Mehrprodukt unterschiedlich ist. Während im Rahmen einer Volkswirtschaft dieses Problem von untergeordneter Bedeutung ist, spielt es international eine entscheidende Rolle,

[20] Ebenda. [21] Ebenda, S. 160–161. [22] Ebenda.

worauf Marx mehrfach hinweist. „Dies beiläufig; verschiedne nationale Profitraten werden meist auf verschiednen nationalen Mehrwertsraten beruhen; wir vergleichen aber in diesem Kapitel ungleiche Profitraten, die aus einer und derselben Mehrwertsrate entspringen."[23] Die Rate der Mehrarbeit zur notwendigen Arbeit hängt von drei Faktoren ab:

- der Länge des Arbeitstages;
- der Masse Lebensmittel (im weitesten Sinne), die zur Reproduktion der Arbeitskraft gesellschaftlich notwendig sind;
- dem Arbeitsaufwand, der zur Reproduktion dieses Quantums Lebensmittel erforderlich ist, also der Produktivität der die Lebensmittel produzierenden Zweige.

Während diese drei Faktoren im Innern eines Landes im wesentlichen als gleich unterstellt werden können, differieren sie zwischen verschiednen Ländern erheblich.

4. *Der Aufwand Vorschuß ist, obwohl eindeutig quantitativ bestimmbar, keiner einzelnen Ware zurechenbar.* Da wir bei der Betrachtung des Vorschusses ständige, d. h. zeitlich nicht begrenzte Reproduktion der Waren unterstellt haben, können wir also auch kein festes Quantum Gebrauchswerte benennen, das als die Aufwandsart Vorschuß verursachend genannt werden könnte. Dieses unterscheidet den Vorschuß bedeutend vom laufenden Aufwand, vom Aufwand, wie er in der verzehrten Arbeit zum Ausdruck kommt. Für die Höhe des Vorschusses ist entscheidend, nicht wieviel Stück dieses bestimmten Produktes absolut hergestellt werden, sondern wieviel gleichzeitig ständig produziert werden. Anders gesagt: für den Vorschuß ist entscheidend, auf welcher Stufenleiter reproduziert wird. Der laufende Aufwand wächst mit der absoluten Zahl der hergestellten Produkte. Aus der hier genannten Besonderheit leiten sich zwei entscheidende Schlußfolgerungen ab:

a) Es ist unmöglich, dem Käufer der Ware im Preis der Ware einen bestimmten aliquoten Teil des Aufwandes Vorschuß zu berechnen. Es wäre z. B. völlig verfehlt, den Vorschuß, der in seiner wertmäßigen Größe exakt bekannt ist, etwa proportional auf die Produkte eines Jahres aufzuteilen. Mit der gleichen Berechtigung (bzw. besser gleichen Nichtberechtigung) könnte man ihn auf die Produkte von fünf Jahren oder zehn oder vier Jahren aufteilen.
b) Die Reproduktion auf erweiterter Stufenleiter, d. h. die Erhöhung des Quantums gleichzeitig produzierter Waren einer Art, erfordert eine adäquate Erhöhung des Vorschusses.

5. *Obgleich der Vorschuß nicht einem bestimmten Quantum Waren zugerechnet werden kann, ist er doch eine Aufwandsart, die bezahlt werden muß, da er dem Produzenten Kosten verursacht (das unterscheidet ihn z. B. vom Aufwand, der im Mehrprodukt steckt, nämlich dem Aufwand an Mehrarbeit. Dieser verursacht dem Produzenten keine Kosten).* Die Waren, die als Vorschuß bereitgestellt wer-

[23] Ebenda, S. 160.

den sollen, müssen selbstverständlich dem Produzenten dieser Waren bezahlt werden, denn sie müssen vom Produzenten, der vorschießen will, auf dem Markt gekauft werden, verursachen ihm also Kosten. Es wäre nun allerdings ein Irrtum anzunehmen, daß dem Produzenten mit der Abgeltung des Werts aller verzehrten Produktions- und Lebensmittel im Preis der Ware der spezifische Aufwand Vorschuß ersetzt wäre. Was bezahlt wird auf diese Weise sind die Waren, die für eine Umschlagsperiode den Vorschuß verkörpern, nicht aber der Vorschuß selbst. Er existiert, selbstverständlich ständige Reproduktion unterstellt, dann in Gestalt anderer Waren und wird wiederum existieren, sind jene verzehrt.

Die aufgeführten fünf Charakteristika der Aufwandsart Vorschuß lassen folgende Schlußfolgerung zu: *Beim Austausch der Waren zu ihren Werten bleiben wesentliche Seiten des gesellschaftlichen Aufwands für die Reproduktion der Waren unberücksichtigt.*

Die daraus resultierenden Störungen des Reproduktionsprozesses sind natürlich anderer Natur, als würden beim Austausch bestimmte Aufwendungen z. B. an verzehrtem Material nicht berücksichtigt. Bei einfacher Reproduktion würde der Mangel der Nichtberücksichtigung des Aufwands Vorschuß im Preis und damit die Nichtberücksichtigung bei der Verteilung der gesellschaftlichen Gesamtarbeit gar nicht zutage treten, denn es zeichnet den Vorschuß aus, daß er, einmal erbracht, für alle nachfolgenden Perioden einfacher Reproduktion zur Verfügung steht, ohne erneuert werden zu müssen. (Dies ist nicht zu verwechseln mit der Notwendigkeit der Erneuerung der einzelnen Waren, die für eine Umschlagsperiode des zirkulierenden Kapitals dem Vorschuß ihre Gestalt leihen.)

Anders verhält es sich, wenn wir ständige erweiterte Reproduktion unterstellen. *Reproduktion auf erweiterter Stufenleiter setzt Vorschuß auf erweiterter Stufenleiter voraus.*

Wir wollen hier zunächst unterstellen, daß die Erweiterung der Produktion um einen bestimmten Prozentsatz eine Erweiterung des Vorschusses um eben diesen Prozentsatz zur Bedingung hat, d. h. wir unterstellen Konstanz in der natürlichen wie in der gesellschaftlichen Produktivität. Wir wissen, daß in den verschiedenen Zweigen der für einen bestimmten Produktwert aufzubringende Vorschuß und der einen Teil dieses Produktwertes bildende Wert des produzierten Mehrprodukts stark voneinander differieren. Bei Austausch der Waren zu ihren Werten ergäben sich also entsprechend der Rate des Mehrprodukts zu den vorgeschossenen Fonds (Profitrate) völlig unterschiedliche Möglichkeiten, zusätzlich vorzuschießen und damit auf erweiterter Stufenleiter zu reproduzieren. Diese ungleichmäßige Reproduktion stieße allerdings auf Schranken:

1. Es würde sich tendenziell ein Überangebot bei der Produktion derjenigen Waren herausbilden, die mit überdurchschnittlichen Wachstumsraten reproduziert werden, denn zumindest ein Teil der Nachfrage auf dem Markt wird von Zweigen vertreten, deren Akkumulations-, also auch Zuwachsrate der Reproduktion geringer ist. Gleichzeitig entstehen tendenziell Probleme bei der materiellen Absicherung der Akkumulation, denn die vorzuschießenden Waren bestehen

immer zumindest teilweise aus Waren, die mit minderer Geschwindigkeit erweitert reproduziert werden.

2. Umgekehrt stellt sich eine die Zufuhr überschreitende Nachfrage nach den Waren ein, die mit unterdurchschnittlichen Wachstumsraten reproduziert werden, da diese Waren zumindest einen Teil des Vorschusses und Verzehrs bei der Produktion der Zweige mit höherer Wachstumsrate darstellen. Den niedrigen finanziellen Möglichkeiten zu akkumulieren steht ein reichliches materielles Angebot von Waren, die mit höherer Wachstumsrate produziert werden, gegenüber.

Das Auseinanderfallen von Angebot und Nachfrage signalisiert also Störungen im Reproduktionsprozeß, die sich beim Austausch der Waren zu ihren Werten notwendig ergeben, da die Verteilung der gesellschaftlichen Gesamtarbeit nicht die Aufwandsart Vorschuß berücksichtigt. (Der sozialistische Staat hat die Möglichkeit, durch planmäßige Gestaltung der Preise die Aufwandsart Vorschuß bei der Verteilung der gesellschaftlichen Gesamtarbeit zu berücksichtigen.)

Unter den Bedingungen der privaten Warenproduktion wird sich dieses Erfordernis spontan über die regulierende Wirkung von Angebot und Nachfrage durchsetzen. Die Tendenz der Ausgleichung von Angebot und Nachfrage entsteht erstens durch eine Senkung der Warenpreise der mit einer überdurchschnittlichen Profitrate produzierenden Zweige. Durch diese Preissenkung sinkt eben diese Rate und damit die Zuwachsrate der erweiterten Reproduktion, das Überangebot geht schrittweise zurück. Zusätzlich bewirkt bereits diese Preissenkung eine Steigerung der Profitrate in den diese Waren konsumierenden Zweigen und steigert somit deren Akkumulation und ihre Nachfrage nach den verbilligten Waren. Zweitens erfolgt die entgegengesetzte Bewegung in den Preisen der Waren, die in Zweigen mit unterdurchschnittlichem Wachstum reproduziert werden. Aufgrund der hohen Nachfrage steigen die Preise über ihren Wert, was die Profitrate vergrößert, eine schnellere Akkumulation ermöglicht und damit tendenziell die Zufuhr gegenüber der Nachfrage steigert. Zusätzlich bewirkt die Steigerung der Preise eine Kontraktion im realisierten Mehrprodukt der diese Waren konsumierenden Zweige und senkt somit deren Akkumulationsrate und die Nachfrage nach den verteuerten Waren. Angebot und Nachfrage sind dann ausgeglichen, wenn tendenziell eine proportionale Reproduktion in den verschiedenen Zweigen erfolgt. Marx untersuchte die wechselseitige Abhängigkeit der Produktionszweige im Prozeß der Akkumulation in den „Theorien über den Mehrwert": „Die Akkumulation von neuem Kapital kann also nur unter denselben Bedingungen vor sich gehn wie die Reproduktion des schon vorhandnen Kapitals ...

Wie die Produktion und Reproduktion des vorhandnen Kapitals in einer *Sphäre* voraussetzt *parallele* Produktion und Reproduktion in andren Sphären, so die Akkumulation oder Bildung of additional capital in one trade, *gleichzeitige oder parallele* Bildung of additional production in the other trades."[24]

[24] K. Marx, Theorien über den Mehrwert, Zweiter Teil, a. a. O., S. 485.

Das bedeutet aber, Angebot und Nachfrage sind langfristig nur dann ausgeglichen, wenn die unterschiedlichen Raten des Mehrprodukts zum Vorschuß ausgeglichen sind, für kapitalistische Bedingungen, wenn zu Produktionspreisen ausgetauscht wird. „Wir gaben ihm den Namen Produktionspreis ..., weil er auf die Dauer Bedingung der Zufuhr, der Reproduktion der Ware jeder besondren Produktionssphäre ist."[25] Was Marx hier, als es ihm ausdrücklich um die Begründung des adäquaten sprachlichen Ausdrucks für den verwandelten Wert geht, ausspricht, ist nicht weniger als die gewichtige Tatsache, daß die Reproduktion der Branchen (für die historische Phase, die Marx im Auge hat: Kapitalismus der freien Konkurrenz) die Verwandlung des Werts zur Voraussetzung hat, daß die Reproduktion dieser Verwandlung bedarf. Erst wenn man den Produktionspreis in dieser Weise als Reproduktionsaufwand der Branche begreift, ist verständlich, warum die zwischenzweigliche Konkurrenz der Kapitale, der ständige Zu- und Abfluß von Kapital in und aus den Branchen, die Ausgleichung der Profitraten bewirken kann.

Und noch etwas wird damit deutlich. Die zwischenzweigliche Konkurrenz der Kapitale ist nicht die Ursache für die Entstehung der Produktionspreise, sondern sie ist eine spezifisch gesellschaftliche Form der Durchsetzung des Erfordernisses, die Waren entsprechend ihrem Reproduktionsaufwand auszutauschen. „Die Konkurrenz überhaupt, dieser wesentliche Lokomotor der bürgerlichen Ökonomie, etabliert nicht ihre Gesetze, sondern ist deren Exekutor. Illimited competition ist darum nicht die Voraussetzung für die Wahrheit der ökonomischen Gesetze, sondern die Folge – die Erscheinungsform, worin sich ihre Notwendigkeit realisiert. ... Die Konkurrenz *erklärt* daher nicht diese Gesetze; sondern läßt sie *sehn*, produziert sie aber nicht."[26] Dies ist namentlich für die Beurteilung der Herausbildung internationaler modifizierter Werte von Bedeutung, wo bezüglich der Frage, existiert ein internationaler Ausgleich der Profitraten oder nicht, oftmals nur mit dem Grad der Mobilität des Kapitals argumentiert wird.

Uns scheint dagegen die Frage im Vordergrund zu stehen, inwieweit der Ausgleich der Profitraten den objektiven Reproduktionserfordernissen der Branchen in ihrer Wechselwirkung Rechnung trägt. Unsere Auffassung von der Herausbildung einer – für den Kapitalismus der freien Konkurrenz – einheitlichen Profitrate unterscheidet sich von der einer Vielzahl marxistischer Wissenschaftler, die sich den Prozeß der Ausgleichung ausschließlich so vorstellen, daß Kapital aus der einen unterdurchschnittlichen Profit produzierenden Sphäre abfließt in die Sphären mit überdurchschnittlichem Profit, damit auf der einen Seite die Zufuhr im Verhältnis zur Nachfrage vermindert, was die Preise und die Profite steigen läßt, auf der anderen Seite ein Überangebot erzeugt, was Preise und Profite sinken läßt, wodurch schließlich der Ausgleich zustande komme.

Eine solche Auffassung leidet unter dem Mangel, daß sie den Ausgleich aus dem

[25] K. Marx, Das Kapital, Dritter Band, a. a. O.; S. 208.

[26] K. Marx, Grundrisse der Kritik der Politischen Ökonomie, a. a. O., S. 450.

permanenten Auseinanderklaffen von Angebot und Nachfrage, ständiger Überproduktion in Zweigen ursprünglich hoher Profitrate und ständiger Unterproduktion in Zweigen ursprünglich niederer Profitrate erklärt. Dieser Tatbestand ist weder empirisch nachweisbar noch theoretisch einleuchtend. Das Dilemma rührt daher, daß die Verwandlung des Wertes zum Produktionspreis ausschließlich aus der spezifisch kapitalistischen Form des Reproduktionsprozesses hergeleitet wird. Somit wird der Produktionspreis zwar als Wert begriffen, aber mehr als ein deformierter denn als ein modifizierter. Der modifizierte Wert ist aber kein abgefälschter, durch äußere Umstände deformierter Wert, er ist vielmehr ein entwickelter Wert. Wie jede echte Entwicklung muß auch diese *immanent* begriffen werden, als Entfaltung des Gegenstands aus sich heraus oder in sich hinein, resultierend aus den inneren Widersprüchen des Gegenstands selbst. Es muß also die Frage beantwortet werden, inwieweit wird der Wert in seiner verwandelten Gestalt dem Produktionspreis, seinen Grundfunktionen der Verteilung der Gesamtarbeit auf die Branchen und der Ökonomisierung des gesellschaftlichen Aufwands zur Reproduktion der Waren gerecht?

Ja, man muß noch weitergehen. Nicht nur, inwieweit *entspricht* es diesen Grundfunktionen, sondern inwieweit *entspringt* es der Durchsetzung dieser Funktionen, daß der Wert eine von ihm unterschiedene und ihm widersprechende Gestalt annimmt, muß gefragt werden.

Diese Frage ist natürlich kein Gegensatz zur Ableitung des Produktionspreises aus dem Erfordernis gleicher Kapitalverwertung, sondern es wird vielmehr gefragt, inwieweit dieses den Produktionsverhältnissen entspringende Erfordernis die soziale Bewegungsform materiell-stofflicher Reproduktionserfordernisse ist.

Unter dem Aspekt der Widerspiegelung des gesellschaftlichen Reproduktionsaufwandes stellt sich das Verhältnis des Wertes und seiner von ihm unterschiedenen Modifikation folgendermaßen dar:

Der Wert verkörpert das Gesamtquantum der bei der Produktion einer Ware verzehrten gesellschaftlich notwendigen Arbeit. Die Gesamtsumme der Werte aller Waren der Gesellschaft stellt also das Gesamtquantum Arbeit dar, das die Gesellschaft für die Produktion dieser Waren aufwenden muß. Das Argument, daß zusätzlich zu diesem Aufwand ein Aufwand Vorschuß existiert, gilt hier nicht, denn der Vorschuß ist nichts als ein bestimmtes Quantum Waren, festgebannt im Reproduktionsprozeß. Erfassen wir den Wert aller Waren, so auch den derjenigen, die festgebannt im Reproduktionsprozeß als Bedingung der Reproduktion anderer Waren dienen. Etwas anderes ist es, wenn wir uns die Summe der Wert der Waren einer Art vorstellen. Hier erfassen wir zwar 1. den gesamten Aufwand an lebendiger Arbeit, der im betreffenden Zweig verausgabt wurde; wir erfassen auch 2. den Aufwand anderer Zweige, nämlich derjenigen, die Produktionsmittel produzieren für die Produktion der betrachteten Ware, soweit diese Produktionsmittel im Reproduktionsprozeß dieser Ware verzehrt werden; wir erfassen aber *nicht* den Aufwand Vorschuß für die Produktion dieser Ware. Der Vorschuß nämlich stellt einen Aufwand anderer Zweige – derjenigen, die die vorzuschießenden Erzeugnisse produzieren – dar, der nicht im Wert der Waren erscheint, weil der Wert der vorgeschossenen Erzeugnisse nicht auf das Produkt übertragen wird (wie es bei den verzehrten Produktionsmitteln der Fall ist).

Beim Austausch der Waren zu ihren Werten bleiben also die Erfordernisse der Reproduktion des Aufwands Vorschuß, die der Natur der Sache nach immer eine erweiterte Reproduktion sein muß, da der Vorschuß keiner einfachen Reproduktion bedarf, unberücksichtigt. Das kommt daher, daß der Vorschuß als Aufwand, sofern man die Werte der Waren betrachtet, dort sichtbar gemacht wird, wo die als Vorschuß dienenden Waren produziert werden, und nicht dort, wo diese Waren als Vorschuß dienen. Genau letzteres aber macht der Produktionspreis. Er zeigt den Aufwand Vorschuß dort, wo vorgeschossen wird. Der Nachteil ist, daß er ihn dort nicht zeigt, wo die vorzuschießenden Waren produziert werden. Dieser Nachteil aber

- fällt weder bei der Verteilung der gesellschaftlichen Gesamtarbeit ins Gewicht (ein bestimmter Aufwand an Lohn bzw. variablem Kapital ist Indikator nicht nur für ein bestimmtes Quantum bezahlter, sondern für ein Quantum lebendiger, d. h. bezahlter und unbezahlter Arbeit),
- noch, und das interessiert uns hier besonders, stört er den Prozeß der kontinuierlichen Reproduktion der Waren; denn was reproduziert werden muß, ist nicht das Gesamtquantum verausgabter lebendiger Arbeit, sondern das Arbeitsvermögen. (Mehrarbeit aber ist Arbeit über das zur Reproduktion des Arbeitsvermögens, der Arbeitskraft, notwendige Maß hinaus, und eben diese Mehrarbeit ist diejenige, die die als Vorschuß dienenden Waren hervorbringt.)

Die Gesamtsumme der Werte wie die Gesamtsumme der modifizierten Werte bringt den Gesamtaufwand der Gesellschaft für die Produktion aller Waren zum Ausdruck.

Die Summe der Werte der Waren einer Art wie auch die Summe der modifizierten Werte der Waren einer Art läßt bestimmte Seiten des Aufwandes unberücksichtigt. Die Summe der Werte der Waren einer Art berücksichtigt nicht den Vorschuß, mittels dessen diese Waren produziert werden. Die Summe der modifizierten Werte der Waren einer Art berücksichtigt zwar den Vorschuß, sie berücksichtigt aber nicht das in den Waren dieser Art steckende Quantum Mehrarbeit. Solange der Vorschuß der zur Reproduktion einer Warenart auf gesellschaftlich notwendiger Stufenleiter identisch ist mit der vom betrachteten Zweig selbst aufgebrachten Mehrarbeit, sind die Größe des Werts und die Größe des modifizierten Werts gleich. Das ist aber, wie wir gesehen haben, nur zufällig der Fall, denn es gibt innerhalb eines Zweiges keinen inneren Zusammenhang zwischen dem für eine bestimmte Stufenleiter der Reproduktion notwendigen Vorschuß und der Mehrarbeit. Es findet also Umverteilung von Arbeit statt, weil die Zweige mit unterdurchschnittlicher Profitrate nicht in der Lage sind, die Reproduktion auf gesellschaftlich durchschnittlicher Stufenleiter zu vollziehen. Diese Umverteilung von Arbeit findet nicht statt, weil die modifizierten Werte etwa nicht dem Aufwand zur Reproduktion der Waren entsprächen, sondern umgekehrt.

Die Umverteilung findet statt, weil die modifizierten Werte dem Reproduktionsaufwand entsprechen, und die Zweige mit unterdurchschnittlicher Profitrate objektiv nicht in der Lage sind, diesen Aufwand aus eigenen Kräften abzudecken, insofern die Erfordernisse des Aufwands „Vorschuß" das Vermögen der Zweige übersteigen, ein Äquivalent für die vorzuschießenden Waren durch Verausgabung von Mehrarbeit zu produzieren. Es macht sich also erforderlich, daß andere Zweige, solche mit überdurchschnittlicher Profitrate, aus ihrem Arbeitsvermögen einen Teil in Form von Waren den benachteiligten Zweigen zur Verfügung stellen, ohne dafür ein Äquivalent zu erhalten. Das ist der stoffliche Inhalt des Prozesses, den man mit „Ausgleich der Profitraten zwischen den Zweigen" bezeichnet.

Wenn gesagt worden ist, daß der modifizierte Wert neben dem Aufwand an verzehrter bezahlter Arbeit den Aufwand Vorschuß zum Ausdruck bringt, so bezieht sich diese Aussage auf den modifizierten Wert als Preistyp, nicht als konkreten Preis einer einzelnen Ware. Der Vorschuß ist von seinem Wesen als Vorschuß für eine unendliche Zahl Gebrauchswerte nicht einer einzelnen Ware zurechenbar. So richtig es also ist, daß die Summe der modifizierten Werte der Waren einer Art den Gesamtaufwand Vorschuß einschließt, weil die Vorschüsse aus dem Profit realisiert werden, so falsch ist es zu sagen, daß der Preis der einzelnen Ware den Gesamtvorschuß für die Produktion dieser Ware erfaßt.

Der durchschnittliche Profit einer jeden Branche bringt die Größe des Aufwands Vorschuß für die Reproduktion der betrachteten Warenart auf gesellschaftlich erforderter Stufenleiter zum Ausdruck.

Der Profit, den das Einzelkapital im Preis der Waren realisiert, ist der Indikator für die Ökonomie der Anwendung des vorgeschossenen Kapitals.

Damit hat der Begriff der relativen Produktivität einen neuen Inhalt erhalten. Als Verhältnis des gesellschaftlichen modifizierten Wertes zum individuellen modifizierten Wert schließt er nunmehr das Verhältnis des gesellschaftlichen zum individuell benötigten Vorschuß für die Reproduktion auf gesellschaftlich erforderter Stufenleiter ein.

Dafür ein Beispiel: Die gesellschaftlich notwendige Kost betrage 10 Mark, der Vorschuß, um auf gesellschaftlich erforderter Stufenleiter zu reproduzieren 20 Mark und die durchschnittliche Profitrate des Zweiges sei 25 %.

Der gesellschaftliche Reproduktionsaufwand ist also 15 Mark. Ein einzelner kapitalistischer Produzent, der die gleiche Ware mit gleicher Kost, aber doppeltem Vorschuß produziert, hätte einen individuellen Aufwand von 20 Mark (10 Plus 40 × 0,25). Seine relative Produktivität liegt weit unter 1, obwohl er keinen höheren laufenden Aufwand hat, als die Gesellschaft im Durchschnitt. Seine geringere relative Produktivität rührt allein daher, daß er gesellschaftliche Arbeit vergeudet, indem er mit zu hohem Vorschuß produziert. Spürbar wird es ihm dadurch, daß er nicht die durchschnittliche Profitrate realisieren kann, sondern lediglich eine Profitrate von 12,5 %.

Die Profitrate zeigt nicht nur die Effektivität der Anwendung des Vorschusses

an, sondern erzwingt gleichzeitig seine Reduktion auf das gesellschaftlich notwendige Maß.
Es ist die zweite Grundfunktion des Wertes, deren Wirkung hier über seine Modifikation realisiert wird. Realisiert wird in einem Maße, wie es ohne Modifikation unmöglich wäre.
Der Austausch zu Werten vermag weder die notwendige Bildung des Vorschusses noch seine ökonomische Verwendung zu sichern.

Mit der Modifikation des Wertes erfährt auch die Kategorie der Äquivalenz eine Modifikation. Kohlmey hat völlig Recht, wenn er schreibt, daß Austausch zu Produktionspreisen Nichtäquivalenz in dem Sinne ist, daß zu Preisen ausgetauscht wird, die vom Wert abweichen.[27] Marx betonte: „Da der Profit des Kapitals sich nur realisiert im Preise, der für es gezahlt wird ..., so ist der Profit also bestimmt durch den *Überschuß des erhaltnen Preises über den Preis, der die Auslagen deckt.* Da ferner diese Realisation nur im *Austausche* vor sich geht, so ist für das einzelne Kapital der *Profit nicht notwendig beschränkt durch seinen Mehrwert,* durch die in ihm enthaltne Surplusarbeit ... Es kann mehr als sein *Äquivalent austauschen, und dann ist der Profit größer als sein Mehrwert.* Es kann dies nur der Fall sein, soweit der andre Austauschende nicht ein Äquivalent erhält."[28]

Aber in einem höheren Sinne ist der Austausch zu modifizierten Werten äquivalent. Zwar ist der modifizierte Wert nicht gleich dem vom Produzenten der Ware erbrachten Aufwand an verzehrter Arbeit, aber er ist gleich dem für die Reproduktion der Ware notwendigen Aufwand (das eben kann mehr oder weniger sein als das, was der Produzent aufzubringen in der Lage ist). Und dieser für die Reproduktion der Ware auf der notwendigen Stufenleiter erheischte Aufwand wird dem Käufer in Rechnung gestellt. „Das Äquivalent drückt aus die Bedingung ihrer Reproduktion, als aus dem Austausch ihnen gegeben, d. h. die Möglichkeit der Erneuerung der Produktiven Tätigkeit als durch ihr eignes Produkt gesetzt."[29] In diesem Sinne ist der Austausch zu modifizierten Werten Äquivalenz.

Obwohl wir bis hierher das Problem des Vorschusses und seine Berücksichtigung im Reineinkommen vorrangig am Beispiel des Produktionspreises diskutiert haben, sind wir keineswegs der Ansicht, daß die behandelte Problematik nur im Kapitalismus der freien Konkurrenz auftritt. Vielmehr sind wir der Meinung, daß die Notwendigkeit der Berücksichtigung der Aufwandsart Vorschuß die stoffliche Grundlage der Modifikation des Wertes, sei es zum Produktionspreis, sei es zum Monopolpreis oder sei es zum fondsbezogenen Preistyp im Sozialismus, darstellt. Die Gemeinsamkeit, die allen drei bisher historisch aufgetretenen Modifikationen des Wertes zugrunde liegt, besteht darin, daß sie den Aufwand der Gesellschaft

[27] Vgl. G. Kohlmey, Karl Marx' Theorie von den internationalen Werten mit einigen Schlußfolgerungen für die Preisbildung im Außenhandel zwischen den sozialistischen Staaten. a. a. O., S. 64 ff.
[28] K. Marx, Grundrisse der Kritik der Politischen Ökonomie, a. a. O., S. 645–646.
[29] Ebenda, S. 507.

zur Reproduktion der Ware widerspiegeln, einschließlich der besonderen Aufwandsart Vorschuß, und daß sie somit Ausdruck und Bedingung der Sicherung bestimmter Proportionen im gesellschaftlichen Reproduktionsprozeß sind.

Die Berücksichtigung des Vorschusses im Preis der Waren verlangt keinesfalls automatisch eine einheitliche Profitrate. Die einheitliche Rate gilt nur unter den Prämissen, daß erweiterte Reproduktion nur dann proportional erfolgen kann, wenn sie gleichmäßig in allen Zweigen stattfindet und daß ein Wachstum um einen bestimmten Prozentsatz die Vergrößerung des Vorschusses um eben diesen Prozentsatz erfordert.

Diese Prämissen waren in reiner Form niemals gegeben; sie setzen eine relativ konstante wirtschaftliche Grundstruktur sowie eine relative Konstanz der Produktionstechnologien voraus. Bereits im Kapitalismus der freien Konkurrenz ver-

Tabelle 1 Profitraten in der BRD-Industrie 1950 bis 1967*

	1950	1955	1960	1965	1967
Gesamte Industrie	13,8	16,2	15,6	12,9	11,2
Straßenfahrzeugbau	9,9	16,0	19,8	14,7	10,1
Nichteisenmetallindustrie	6,7	22,4	24,0	31,2	31,2
Eisen- und Stahlindustrie	9,8	19,6	13,6	7,5	6,4
Chemie	11,9	17,8	19,3	14,4	12,8
Bergbau	2,2	1,7	1,8	4,7	4,1
Elektrotechnik	15,4	24,7	18,6	13,0	10,0
Lederindustrie	14,6	13,5	17,5	12,6	11,2
Nahrungs- und Genußmittelindustrie	26,4	16,6	14,2	12,0	10,8
Maschinenbau	12,4	16,4	14,6	14,1	12,9
Textilindustrie	28,9	16,0	14,3	15,5	12,7
Bekleidungsindustrie	34,7	25,0	24,7	21,3	16,6
Holzverarbeitung	7,8	14,7	18,2	23,4	20,6

*„Besitzeinkommen" im Verhältnis zum „Arbeitseinkommen", zu bilanzierten Sachanlagen und Vorräten an Rohstoffen, Halbfertigwaren usw.

Quelle: G. Maurischat, Rezension zur Publikation von P. Saß „Die Untersuchung der Profitratenunterschiede zwischen den westdeutschen Industriebranchen nach dem zweiten Weltkrieg", Tübingen 1975, in: Wirtschaftswissenschaft, 3/1979, S. 371 – Die Berechnung der oben angegebenen Zahlen wurde von Maurischat unter kritischer Wertung des methodologischen Herangehens von Saß vorgenommen. Maurischat relativiert selbst die Aussagekraft der Zahlen, indem er auf nicht zu beseitigende Mängel des Ausgangsmaterials hinweist (vgl. ebenda, S. 370).

mag deshalb der Durchschnittsprofit die stoffliche Regulierung nur in unvollkommener, brüchiger Weise, um den Preis krisenhafter Eruptionen mit massenhafter Kapitalentwertung zu vermitteln.

Schon hier, in der Phase vorwiegend extensiven Wirtschaftswachstums, wo die

Prämissen immerhin als eine herrschende Grundtendenz angesehen werden können, wird das Prinzip der Realisierung des Durchschnittsprofits über den Marktpreis einerseits durchbrochen, andererseits ergänzt.
Zu den *Durchbrechungen* dieses Prinzips, die von Marx aufgezeigt wurden, wären zu zählen:

- bestimmte Branchen sind aufgrund der Verfügung über monopolisierbare natürliche Ressourcen in der Lage, sich der Reduktion ihrer Profite auf den Durchschnittsprofit zu entziehen;
- bestimmte Branchen sind in der Lage, aus dem Außenhandel und dem Kapitalexport (insbesondere nach Kolonien) zumindest temporäre Extraprofite zu erzielen und, ebenso wie im ersten Fall, in Branchen anzulegen, deren Erzeugnisse sich besonders florierender Nachfrage erfreuen;
- gerade in Branchen, in denen das Verhältnis des konstanten Kapitals zum variablen am größten, z. B. den Eisenbahnen, entstehen Aktiengesellschaften, eine Form der Kapitalverbindung, die es ermöglicht, auch mit niedrigerem als dem Durchschnittsprofit im Konkurrenzkampf zu bestehen.

Die wichtigste *Ergänzung* des Regulativs Durchschnittsprofit ist der Kredit. Er ermöglicht es in bestimmtem Maße, in einer Branche realisierte Profite in anderen anzulegen und dadurch die Erfordernisse des Wertgesetzes ergänzend zur Oszillation der Marktpreise zu vollziehen.
Im Imperialismus setzt sich das objektive Erfordernis der differenzierten Reproduktion der Branchen gegenüber dem Erfordernis der gleichen Kapitalverwertung in allen Branchen durch. Die monopolitische Wertmodifikation (Monopolpreis) ist die reaktionäre Anpassung an die veränderten materiellen Reproduktionsbedingungen unter kapitalistischen Verhältnissen. (vgl. Tab. 1)
Dem Produktionspreis ist mit der Entstehung der Monopole als einer das gesamte gesellschaftliche Leben durchdringenden Macht nicht nur die gesellschaftliche Basis, sondern mit der Weiterentwicklung der industriellen Großproduktion und der immer stärkeren Einbeziehung von Wissenschaft und Technik in den Reproduktionsprozeß und seiner immer rascheren Umgestaltung auch die stoffliche Basis entzogen.

Im Monopolpreis ist die Wertbestimmung in noch höherem Maße verschleiert als beim Produktionspreis. Mit den differenzierten Profitraten der verschiedenen Zweige scheint der Austausch der völligen Regellosigkeit anheimzufallen. Ausnutzung ökonomischer und politischer Vormachtstellung, Willkür und Erpressung beherrschen das Bild. Dieser Schein ist nicht etwa ein subjektiver, der Borniertheit des Denkens geschuldeter, es ist vielmehr die objektiv „verkehrte" Weise, in der das Wertgesetz sich im Imperialismus durchsetzt. „Einerseits die gigantischen Ausmaße des in wenigen Händen konzentrierten Finanzkapitals, das sich ein außergewöhnlich weitverzweigtes und dichtes Netz von Beziehungen und Verbindungen schafft, durch das es sich die Masse nicht nur der mittleren und kleineren, sondern selbst der kleinsten Kapitalisten und Unternehmer unterwirft; andererseits der verschärfte Kampf mit den anderen nationalstaatlichen Finanzgruppen um die Aufteilung der Welt und um die Herrschaft über andere Länder ..."[30] – das ist die kapitalistische Antwort auf die stofflichen Erfordernisse eines Reproduktionsprozesses, der einerseits durch maschinelle Großproduktion, andererseits durch die ständige Umwälzung der bestehenden Produktionsmethoden gekennzeichnet ist. Die Durchsetzung der differenzierten stofflichen Reproduktionserfordernisse der Branchen erfolgt im Imperialismus unter Ausnutzung ökonomischer und zunehmend außerökonomischer Machtpositionen der Monopole, die sich aus der besonderen, widerspruchsvollen Verflechtung bestimmter Monopolgruppen und des Monopolkapitals insgesamt mit dem imperialistischen Staat ergeben. Diese Machtposition bedeutet keineswegs unter allen Umständen die Realisierung besonders hoher Profite. Sie realisiert sich ebenso in der Fähigkeit, auch bei niederen Profitraten eine expansive Existenz zu sichern.

Gerade aus der zunehmenden Rolle außerökonomischer Macht für die ökonomische Reproduktion bestimmter Gruppen des Monopolkapitals ist verschiedentlich die Schlußfolgerung gezogen worden, daß die regulierende Rolle des modifizierten Wertes bezüglich der Verteilung der gesellschaftlichen Gesamtarbeit (in lebendiger und vergegenständlichter Form) auf die verschiedenen Branchen weitgehend untergraben sei. „Es ... wirkt nicht nur der monopolistisch modifizierte Wert, sondern der Monopolpreis insgesamt regulierend. Das schließt die Regulierung durch den monopolistisch modifizierten Wert ein und erfaßt darüber hinaus die regulierende Wirkung der durch das Monopol bewirkten Umverteilung von Wert über die Marktpreise."[31] Aber ist es nicht genau umgekehrt? So heißt es: Nicht das Gesetz reguliert, sondern seine Erscheinung. Damit ist doch die Sache auf den Kopf gestellt.

Das Kriterium, ob das Wertgesetz in Gestalt des Gesetzes des monopolistisch modifizierten Werts regulierend wirkt, ist eben nicht, ob die in einer Branche für die Produktion aufgewendete und im Produktionsprozeß verzehrte, konsumierte Arbeit (sei es in vergegenständlichter oder lebendiger Form) in der Zirkulation realisiert wird oder ob Umverteilungsprozesse stattfinden. Genau dieses erheben aber die Verfasser in ihrem Buch zum entscheidenden Kriterium, wie ihr Schema deutlich zeigt.[32] Umverteilung von produziertem Mehrwert zwischen den Zweigen entspringt den dem Wertgesetz immanenten Grundzügen, ist die Durchsetzung des Wertgesetzes selbst auf einer bestimmten Entwicklungsstufe der gesellschaftlichen Produktion und seine Modifikation.

Daß die Umverteilung im Imperialismus nicht mehr ausschließlich über die Marktkonkurrenz vermittelt ist, sondern über Steuer-, Subventions-, Zinspolitik, Ausnutzung von Beziehungen, Erpressung etc. erfolgt, ist so weit entfernt davon, die regulierende modifizierte Wirkung des Wertgesetzes aufzuheben, als es viel-

[30] W. I. Lenin, Der Imperialismus als höchstes Stadium des Kapitalismus, in: Werke, Bd. 22, Berlin 1981, S. 290.

[31] Autorenkollektiv, Politische Ökonomie des Kapitalismus, a. a. O., S. 459.

[32] Ebenda, S. 457.

mehr die reaktionäre, parasitäre gesellschaftliche Form ist, in der das Wertgesetz sich durchsetzt. „Daß diese *Notwendigkeit* der *Verteilung* der gesellschaftlichen Arbeit in bestimmten Proportionen durchaus nicht durch die *bestimmte Form* der gesellschaftlichen Produktion aufgehoben, sondern nur *ihre Erscheinungsweise* ändern kann, ist self-evident. Naturgesetze können überhaupt nicht aufgehoben werden. Was sich in historisch verschiednen Zuständen ändern kann, ist nur die *Form,* worin jene Gesetze sich durchsetzen."[33]

Der Inhalt des Monopolpreises ist gegenüber dem Produktionspreis verändert, insofern der Mehrwert nicht in Gestalt des Durchschnittsprofits erscheint, sondern in einer den differenzierten Profiterfordernissen der Branchen entsprechenden Gestalt, dem Monopolprofit. Und die Form seiner Durchsetzung ist verändert, insofern es nicht ausschließlich die Konkurrenz gleicher individueller Kapitale auf dem Markt ist, die den Marktpreis reguliert, sondern die monopolistische Konkurrenz. Hinzu kommt, daß sich das Gesetz des modifizierten Werts (Monopolpreis) zunehmend mittels anderer Kategorien durchsetzt, also die Bewegung der Marktpreise, wenngleich wesentliche, so doch nicht einzige Form der Durchsetzung des modifizierten Werts ist. Damit hört der Marktpreis als eine Erscheinungsform des modifizierten Werts auf, umfassend regulierend zu sein, keineswegs aber der Monopolpreis (verstanden als Wertmodifikation).

Auch für die imperialistische Phase des Kapitalismus gilt, was Engels allgemeingültig für die ganze „Vorgeschichte" der Menschheit feststellte: „Die Zwecke der Handlungen sind gewollt, aber die Resultate, die wirklich aus den Handlungen folgen, sind nicht gewollt, oder soweit sie dem gewollten Zweck zunächst doch zu entsprechen scheinen, haben sie schließlich ganz andre als die gewollten Folgen. Die geschichtlichen Ereignisse erscheinen so im ganzen und großen ebenfalls als von der Zufälligkeit beherrscht. Wo aber auf der Oberfläche der Zufall sein Spiel treibt, da wird er stets durch innre verborgne Gesetze beherrscht, und es kommt nur darauf an, diese Gesetze zu entdecken."[34] Den grundlegenden Gesetzen der Warenproduktion muß der Imperialismus bei Strafe seines Untergangs letztendlich Rechnung tragen. Dieses „muß" wird dem Kapitalisten über die Wirkung von Angebot und Nachfrage auf den Preis der von ihm realisierten Waren spürbar. So sehr das einzelne Monopol unter Ausnutzung der ökonomischen Vormachtstellung und Einschaltung des imperialistischen Staates die Bedingungen seiner individuellen Existenz zu modifizieren vermag, der Gesamtzusammenhang entzieht sich im Imperialismus der Kontrolle der Menschen und setzt sich als blindwirkendes Naturgesetz hinter dem Rücken der Agenten durch.

Anders im Sozialismus. Die Verteilung der Gesamtarbeit erfolgt planmäßig entsprechend den produktiven und konsumtiven Bedürfnissen der Produzenten, die gleichzeitig Eigentümer der Produktionsmittel und damit der von ihnen pro-

[33] K. Marx, Brief an Ludwig Kugelmann vom 11. Juli 1868, a. a. O., S. 552–553.

[34] F. Engels, Ludwig Feuerbach und der Ausgang der klassischen deutschen Philosophie, in: MEW, Bd. 21, Berlin 1973, S. 297.

duzierten Waren sind. Diese planmäßige Verteilung der Gesamtarbeit ist kein ein- oder mehrmalig durchzuführender Akt, sondern vielmehr ein ständiger Prozeß, der sowohl über die Zirkulation der Waren als auch über die permanente Bildung und Verwendung zentralisierter Fonds die Umverteilung des Mehrproduktes entsprechend den Reproduktionserfordernissen und -möglichkeiten der gesamten Volkswirtschaft und jeder ihrer Branchen einschließt. Der den Reproduktionserfordernissen Rechnung tragende Preistyp, der als Basis der einzelnen Warenpreise dient und den gesellschaftlichen Stoffwechsel reguliert, ist der fondsbezogene Preistyp. Er ist Ausdruck der Erfordernisse des Wertgesetzes und dessen Funktionen bei der Reproduktion des gesellschaftlichen Eigentums. Der fondsbezogene Preistyp ist der sozialistische modifizierte Wert.

Tabelle 2

Reineinkommensrate in der Industrie der UdSSR* (in Prozent)

	1965	1970	1975	1976
Gesamtindustrie	13,0	21,5	15,8	14,4
davon nach Industriezweigen:				
Elektrizitätswirtschaft	4,6	10,9	7,8	6,5
Erdölfördernde Industrie	5,7	27,8	16,8	15,2
Gasindustrie	9,3	64,5	22,9	20,8
Kohleindustrie	−17,0	7,3	1,5	0,8
Schwarzmetallurgie	8,6	17,2	11,8	12,7
Chemische und petrolchemische Industrie	16,4	20,2	21,0	19,4
Maschinenbau und metallverarbeitende Industrie	16,7	22,8	16,6	14,9
Leichtindustrie	29,9	42,5	28,7	26,8
Lebensmittelindustrie	24,4	27,6	24,0	21,2

* Gewinn in Prozent zu den Kosten der produktiven Grundfonds und materiellen Umlaufmittel zu Preisen der entsprechenden Jahre

Quelle: Narodnoe chozjajstvo SSSR za 60 let, Moskva 1977, S. 638.

Die gemeinsame stoffliche Grundlage aller Modifikationen des Wertes setzt sich also in grundverschiedenen spezifisch gesellschaftlichen Formen in den entgegengesetzten Gesellschaftsformationen durch. In diesem Sinne stimmen wir dem Autorenkollektiv des Buches „Grundfragen der sozialistischen Preistheorie“ zu, wenn es schreibt: „Der fondsbezogene Preis im Sozialismus ist grundsätzlich anderer Natur als der kapitalistische Produktionspreis.“[35]

Wir hatten einleitend zu diesem Kapitel bemerkt, daß es uns aus dem Gesamtkomplex der mit der Herausbildung modifizierter Werte verbundenen Fragen

[35] Autorenkollektiv, Grundfragen der sozialistischen Preistheorie, a. a. O., S. 74.

vor allem um das Problem geht, inwieweit dieser modifizierte Wert den gesellschaftlich notwendigen Aufwand zur Reproduktion der Waren zum Ausdruck bringt. Die kritische Betrachtung einiger Auffassungen marxistischer Ökonomen zum modifizierten Wert unter sozialistischen Bedingungen soll deshalb auch ausschließlich in diesem Lichte erfolgen.

Nick vertritt in seiner Dissertationsschrift sowie in den 1967 und 1968 erschienenen Broschüren „Technische Revolution und Ökonomie der Produktionsfonds" und „Warum fondsbezogener Preistyp?" mit beeindruckender Konsequenz die Auffassung, daß der Preis den gesellschaftlichen Arbeitsaufwand sichtbar machen muß. „Die Frage, um die es geht, lautet also: Welcher Preistyp muß angewandt werden, um den gesellschaftlich notwendigen Arbeitsaufwand im Preis sichtbar zu machen? Wenn wir den einmaligen Aufwand als besonderen Aufwand anerkennen, ergibt sich zwingend, den Fondsvorschuß bei der Preisbildung zu berücksichtigen."[36] Dieser Forderung von Nick stimmen wir völlig zu. Die Frage ist nur, wie man den Inhalt der Aufwandsart Vorschuß und damit letztlich auch das Verhältnis des modifizierten Wertes zum Wert bestimmt. Nick hat eine Reihe wichtiger Gedanken zur Bestimmung der Aufwandsart Vorschuß beigetragen. So schreibt er: *„Ein einmal vorgeschossener Produktionsmittelwert verläßt diesen Kreislauf nicht wieder*, bleibt im Kreislauf der Fonds festgebannt, ‚verewigt' sich, soweit zumindest einfache Reproduktion stattfindet ... Der Wert der verbrauchten Produktionsmittel (Produktionsverbrauch) wird durch die konkrete lebendige Arbeit auf das Produkt *übertragen*, existiert nur in bezug auf das Produkt, das vergängliche Moment des Kreislaufprozesses; in bezug auf den Wert der im Kreislaufprozeß befindlichen Produktionsmittel finden keine ‚Abgänge' statt (wenn wir von Schadensfällen absehen), sondern nur ‚Zugänge', und zwar durch die Akkumulation ... Der im Kreislaufprozeß befindliche Produktionsmittelwert ist also nur *einmal* Inanspruchnahme von Neuwert, von Nationaleinkommen, dann nicht wieder. Dieser Wert wurde *nur einmal produziert* und ist dann im Reproduktionsprozeß festgebannt, gebunden, Bedingung der Reproduktion."[37]

Leider verläßt Nick dann im folgenden diesen eingeschlagenen Weg. Als es ihm ausdrücklich um die Definition des Inhaltes Fondsvorschuß geht, schreibt er: „Was also den spezifisch ökonomischen Inhalt des einmaligen Aufwands und damit das eigentliche Problem des Fondsvorschusses ausmacht, ist diese besondere ‚zeitliche Struktur' dieses Aufwands."[38] Und an anderer Stelle: „Der springende Punkt bei der Erfassung der besonderen ökonomischen Struktur des einmaligen Aufwands besteht gerade darin, daß nicht dieser Aufwand selbst (A), neben dem laufenden Aufwand (K), gesellschaftlichen Aufwand darstellt. Der einmalige Aufwand ist in den Kosten vollständig enthalten, wird der Gesellschaft bei

[36] H. Nick, Technische Revolution und Ökonomie der Produktionsfonds, Berlin 1967, S. 126.
[37] Ebenda, S. 98–99.
[38] Ebenda, S. 118.

Grundmitteln zum Beispiel über die Amortisation vollständig zurückerstattet."[39] Hier hat Nick außer acht gelassen, was er oben für die Natur des einmaligen Aufwands gesagt hat. Er ließ unberücksichtigt, daß die vorgeschossenen Produktionsfonds ständige, dauerhafte Bedingung der Reproduktion in den Zweigen sind. Der Vorschuß erscheint nicht in den Kosten, keinesfalls.

Kontinuität der Reproduktion erfordert kontinuierliche, ständige Bereitstellung von Produktionsfonds in einer durch die Stufenleiter der Reproduktion bestimmten Größe. Das ist in der Tat der springende Punkt beim Verständnis der Aufwandsart Vorschuß. Natürlich fließt eine Investition, über den Zeitraum der Nutzungsdauer der Grundfonds verteilt, durch die Amortisation zurück. Natürlich wird jeder Materialvorrat einmal aufgebraucht, also der Wert der Materialien in das Produkt übertragen; natürlich wird jede unvollendete Produktion einmal fertig usw. Aber es ist unbestreitbar, daß – ständige Reproduktion unterstellt – ständig bestimmte Grundfonds gebunden sind, ständig Materialvorräte existieren ebenso wie unvollendete Produktion. Und das eben ist der Vorschuß. Der Wert der Grundfonds erscheint im Wert der Waren? Ja, wenn man damit meint, daß der Wert jeder einzelnen Maschine etc. sukzessive übertragen wird. Aber man verfehlt das Wesen der Sache, wenn man mit Nick annimmt, daß die im Fondsvorschuß enthaltene gesellschaftliche Arbeit im laufenden Aufwand erscheint.[40] Denn ebenso wie Wert von Investgütern übertragen wird, wird neu investiert, und es bleibt, daß ein bestimmter Nettowert der Grundfonds (ebenso wie andere Formen des Vorschusses) als ständige Bedingung der Reproduktion erheischt ist. Und dieser so gebundene Teil der gesellschaftlichen Gesamtarbeit erscheint nicht im Wert der Waren. Die ganze Schwierigkeit bei der Betrachtung dieses Aufwands besteht darin, daß seine Größe zwar immer an Gebrauchswert gebunden ist, aber nie an ein und denselben. Keine einzelne Maschine bleibt ewig in der Produktion, aber Maschinen bleiben ewig.

Nachdem die Weichen in der oben gezeigten Richtung gestellt sind, ist alles andere logische Konsequenz. Da der Inhalt des Vorschusses nur in der besonderen zeitlichen Struktur des Aufwands gesehen wird („. . . heutiger Aufwand für künftige Zeiträume . . ."[41]), kann keine arbeitswerttheoretische Erklärung dieser Aufwandsart geliefert werden. Nick bemüht sich um die Lösung der Frage, wieso denn der Vorschuß Aufwand sei, wenn „substantiell" doch der gesamte Aufwand im laufenden Aufwand erscheint, und er kommt zu der Auffassung, daß der Vorschuß zwar Aufwand sei, sich aber nicht in Arbeitsstunden ausdrücken lasse. Folglich erkennt er auch nicht das Problem der Umverteilung von Arbeit zwischen den Zweigen. Das wiederum führt ihn dazu, daß er gewaltsam Wert und modifizierten Wert gleichsetzt. Um diese Behauptung halten zu können, muß er schließlich den Wert von dem für die Produktion der Waren verausgabten Quantum Ar-

[39] Ebenda, S. 148.
[40] Vgl. ebenda, S. 116.
[41] Ebenda, S. 118.

beit lösen. „Die marxistische Werttheorie schließt keineswegs ein, daß Produkte mit gleichem tatsächlichem Arbeitsaufwand auch gleichen Wert haben müssen und daß ein Wertwechsel folglich immer nur durch eine Veränderung der tatsächlich geleisteten Arbeit (durchschnittliche Intensität u. ä. vorausgesetzt) verursacht wird."[42]

Nick gerät durch seine gewaltsame Gleichsetzung von Wert und modifiziertem Wert in die Nähe von Conrad Schmidt, den Engels mit folgenden Worten kritisierte: „Mehrprodukt oder bezahltes Produkt macht keinen Unterschied: soll das Wertgesetz auch für die Durchschnittspreise *unmittelbar* gelten, so müssen beide verkauft werden im Verhältnis der zu ihrer Herstellung erforderlichen und darin verbrauchten gesellschaftlich nötigen Arbeit. Das Wertgesetz richtet sich von vornherein gegen die aus der kapitalistischen Vorstellungsweise überkommene Ansicht, als sei die aufgehäufte vergangne Arbeit, woraus das Kapital besteht, nicht bloß eine bestimmte Summe von fertigem Wert, sondern, weil Faktor der Produktion und Profitbildung, auch wertbildend, also Quelle von mehr Wert, als es selbst hat; es stellt fest, daß diese Eigenschaft nur der lebendigen Arbeit zukommt. Daß die Kapitalisten im Verhältnis der Größe ihrer Kapitale gleiche Profite erwarten, ihren Kapitalvorschuß also als eine Art Kostpreis ihres Profits ansehn, ist bekannt. Wenn aber Schmidt diese Vorstellung benutzt, um vermittelst ihrer die nach der Durchschnittsprofitrate berechneten Preise in Einklang mit dem Wertgesetz zu bringen, so hebt er das Wertgesetz selbst auf, indem er eine ihm total widersprechende Vorstellung diesem Gesetz als mitbestimmenden Faktor einverleibt."[43]

Einen weiteren Versuch, den sozialistischen modifizierten Wert als Aufwandskategorie zu begründen, findet man in dem unter Leitung von Djačenko verfaßten Buch „Die wissenschaftlichen Grundlagen der planmäßigen Preisbildung". Hier allerdings, und darauf wird im Buch „Grundfragen der sozialistischen Preistheorie" mit Recht hingewiesen, ist die Ausgangsposition bei weitem nicht eindeutig. Denn einerseits wird der Versuch unternommen, nachzuweisen, daß in den mittels höherer organischer Zusammensetzung produzierenden Zweigen ein höheres Mehrprodukt produziert wird als in anderen, andererseits sprechen die Autoren von einer Umverteilung von Mehrprodukt zugunsten der Zweige mit höherer organischer Zusammensetzung. Die Argumentation verläuft wie folgt: „Alle entscheidenden Faktoren des Wachstums der Arbeitsproduktivität finden in der organischen Zusammensetzung des Kapitals ihre Widerspiegelung. Deshalb treten die zweiglichen Unterschiede in der organischen Zusammensetzung des Kapitals als indirekter Ausdruck des unterschiedlichen Niveaus der Arbeitsproduktivität in den unterschiedlichen Produktionszweigen in Erscheinung."[44] Soweit kann man sicher-

[42] Ebenda, S. 128.
[43] F. Engels, Vorwort, in: K. Marx, Das Kapital, Dritter Band, a. a. O., S. 19.
[44] Autorenkollektiv, Die wissenschaftlichen Grundlagen der planmäßigen Preisbildung, Berlin 1971, S. 39.

lich zustimmen. Nun aber kommt die Konsequenz: „Infolgedessen erweist sich auch die Differenzierung der Mehrwertrate als mit der Differenzierung der organischen Zusammensetzung des Kapitals im Zusammenhang stehend.“[45]

Als „Begründung“ führen die Autoren folgendes Marx-Zitat an: „Denn selbst wenn Wert der Arbeitskraft, Länge des Arbeitstags und Exploitationsgrad der Arbeit überall gleichgesetzt werden, so sind doch die in den Werten der verschiednen Warenarten enthaltnen Massen von Mehrwert durchaus ungleich, je nach der verschiednen organischen Zusammensetzung der zu ihrer Produktion vorgeschoßnen Kapitale.“[46] Aus diesem Zitat zu schlußfolgern, daß Marx der Auffassung sei, die Differenzierung der organischen Zusammensetzung führe zu einer Differenzierung der Mehrwertrate in den Zweigen, ist allerdings verblüffend. Marx sagt hier nicht mehr und nicht weniger, als daß bei gleichem Wert der Arbeitskraft, gleicher Länge des Arbeitstages und gleicher Mehrwertrate (denn sie drückt den Exploitationsgrad der Arbeit aus) unterschiedliche Massen Mehrwert produziert werden, weil entsprechend der unterschiedlichen organischen Zusammensetzung unterschiedliche Mengen lebendiger Arbeit in Bewegung gesetzt sind. Von unterschiedlichen Raten des Mehrwerts ist überhaupt nicht die Rede, im Gegenteil – gleiche Raten sind unterstellt. Ungeachtet dessen schreibt das Autorenkollektiv: „Da die Kennziffer Arbeitsproduktivität in Mengen an Gebrauchswerten ausgedrückt wird, die während einer Arbeitseinheit hergestellt wurden, kann sie nicht unmittelbar für zwischenzweigliche Vergleiche verwendet werden. Solche Vergleiche sind jedoch infolge der Einwirkung der Arbeitsproduktivität auf die Struktur des neugeschaffenen Wertes, auf die Relation zwischen dem in ihm enthaltenen Wert des notwendigen und des Mehrproduktes indirekt möglich. Eine relative Verminderung des notwendigen Produktes und eine Vergrößerung des Mehrproduktes drückt eine höhere Arbeitsproduktivität aus ...

Das notwendige Produkt ist dem gesellschaftlich notwendigen Arbeitsaufwand für die Produktion jener materiellen Güter äquivalent, die zur Reproduktion der Arbeitskraft benötigt werden. In den Zweigen mit einer höheren Arbeitsproduktivität wird dieses Äquivalent während einer geringeren Arbeitszeit geschaffen.“[47]

Richtig ist, daß eine relative Verminderung des notwendigen und eine Vergrößerung des Mehrprodukts eine steigende Produktivität zum Ausdruck bringt. Das hat Marx in seiner Lehre vom relativen Mehrwert nachgewiesen. Diese Aussage gilt aber nur für die Gesellschaft insgesamt. Sie gilt keinesfalls für jeden einzelnen Zweig. Auch darauf wies Marx mehrmals hin. Das Wesen des Senkens der notwendigen Arbeit besteht doch in der Verwohlfeilerung der zur Reproduktion der Arbeitskraft notwendigen Lebensmittel. „Um den Wert der Arbeitskraft zu senken, muß die Steigerung der Produktivkraft Industriezweige ergreifen, deren Pro-

[45] Ebenda.

[46] K. Marx, Das Kapital, Dritter Band, a. a. O., S. 50.

[47] Autorenkollektiv, Die wissenschaftlichen Grundlagen der planmäßigen Preisbildung, a. a. O., S. 43.

dukte den Wert der Arbeitskraft bestimmen ... In Produktionszweigen dagegen, die weder notwendige Lebensmittel liefern noch Produktionsmittel zu ihrer Herstellung, läßt die erhöhte Produktivkraft den Wert der Arbeitskraft unberührt.

Die verwohlfeilerte Ware senkt natürlich den Wert der Arbeitskraft nur pro tanto, d. h. nur im Verhältnis, worin sie in die Reproduktion der Arbeitskraft eingeht."[48] Damit ist klar, daß die Steigerung der Produktivkraft in jedem besonderen Zweig in keinem inneren Verhältnis zur relativen Größe des notwendigen und des Mehrprodukts steht.

Genauso fraglich ist die Behauptung, daß der Arbeiter des produktiveren Zweiges in kürzerer Zeit ein Äquivalent für die zur Reproduktion seiner Arbeitskraft notwendigen Waren schafft. Wie kann man ein Äquivalent, d. h. eine bestimmte in Gebrauchswerten verkörperte Menge Arbeit, in geringerer Arbeitszeit schaffen – nur aufgrund höherer Produktivität? Eine solche Möglichkeit hat Marx nachgewiesen: Ein Produzent, der im Vergleich zu den anderen Produzenten desselben Zweiges mit ausnahmsweiser Produktivkraft produziert, verausgabt Arbeit höherer Qualität, schafft in derselben Zeit einen höheren Wert, da dieser durch den durchschnittlichen Aufwand des Zweiges bestimmt ist. „Die Arbeit von ausnahmsweiser Produktivkraft wirkt als potenzierte Arbeit oder schafft in gleichen Zeiträumen höhere Werte als die gesellschaftliche Durchschnittsarbeit derselben Art."[49] Die Autoren untersuchen aber nicht die Verhältnisse innerhalb eines Zweiges, sondern ausdrücklich zwischen den Zweigen. Für den von Marx untersuchten Fall war Bedingung, daß der Wert der Waren von den durchschnittlichen Aufwendungen der Zweige bestimmt ist, dann nämlich zählt innerhalb dieser Zweige produktivere Arbeit als intensivere. Die Autoren übernehmen dieses Resultat für das Verhältnis zwischen den Zweigen, obwohl das die Negation der Voraussetzung der Marx'schen Aussage bedeutet. Steigerung der Produktivität der Arbeit bewirkt die Senkung des Werts der Waren in diesem Zweig, sofern sie die allgemeine, durchschnittliche Arbeit des Zweiges erfaßt. Und das wiederum heißt nichts anderes, als daß eine größere Menge Gebrauchswerte dieses Zweiges als Äquivalent für die zur Reproduktion der Arbeitskraft notwendigen Mittel gegeben werden muß.

Wir stellen also fest: Weder sind die produktiveren Zweige in der Lage, direkt den zur Reproduktion der Arbeitskraft notwendigen Aufwand mittels Verwohlfeilerung der notwendigen Lebnsmittel zu reduzieren, noch ermöglicht ihnen ihre höhere Produktivität in kürzerer Zeit, d. h. mit geringerem Aufwand, ein Äquivalent für die notwendigen Lebensmittel zu schaffen. Weder auf direkte noch auf indirekte Weise sind also diese Zweige in der Lage, aufgrund der, ihrer höheren organischen Zusammensetzung geschuldeten, höheren Produktivität einen im Vergleich zu anderen Zweigen höheren Mehrwert zu produzieren. Der von den Autoren angenommene Zusammenhang existiert also nicht. Die Autoren scheinen das selbst zu spüren, denn sie sprechen andererseits nicht von der Schaffung eines

[48] K. Marx, Das Kapital, Erster Band, a. a. O., S. 334.
[49] Ebenda, S. 337.

höheren Mehrwerts aufgrund höherer Produktivität, sondern von Umverteilung von Mehrwert zugunsten der Zweige mit höherer Produktivität. Ein solcher Zusammenhang existiert in der Tat. Aber zur Erklärung dessen, warum er existiert, haben die Autoren keinen Beitrag leisten können. Sie konnten es deshalb nicht, weil sie nicht in die ökonomische Natur der Aufwandsart Vorschuß eingedrungen sind. Im übrigen ist der Versuch, die Modifikation des Wertes auf der Grundlage der Produktion des relativen Mehrwerts zu erklären, nicht neu in der Theoriegeschichte. Auch diese Auffassung wird bereits von Friedrich Engels im Vorwort zum dritten Band des „Kapital" kritisiert.[50]

Mit der von Ambree, Mann und Matho entwickelten Konzeption stimmen wir weitgehend überein. Diese Autoren gehen von einer konsequenten Unterscheidung der Größe des Wertes von der des modifizierten Wertes aus. Sie gehen weiterhin davon aus, daß der modifizierte Wert den gesellschaftlich notwendigen Arbeitsaufwand einer bestimmten Produktionsweise zum Ausdruck bringt, wobei der Arbeitsaufwand sowohl als laufender Aufwand als auch als einmaliger Aufwand auftritt. „Die Bestimmung des gesellschaftlich notwendigen Arbeitsaufwandes und seine Widerspiegelung im Preistyp muß daher neben dem laufenden auch den einmaligen Aufwand an gesellschaftlicher Arbeit in Form von Fondsvorschüssen berücksichtigen, was zum fondsbezogenen Preis führt. Dabei wird der laufende Aufwand in Form der gesellschaftlich notwendigen Selbstkosten im Preis erfaßt und der einmalige Aufwand in Gestalt einer auf die Fondsvorschüsse, besonders auf die produktiven Fonds, bezogenen Verrechnung des Reineinkommens im Preis zur Wirkung gebracht."[51] Die Autoren gehen von der Notwendigkeit differenzierter Reineinkommensraten in den Zweigen sowie von der Notwendigkeit der Einbeziehung des Lohnfonds und anderer zur Reproduktion der Arbeitskraft erforderlichen Fonds als Verrechnungsbasis des Reineinkommens aus.

Wir teilen diese Standpunkte vom Resultat, nicht jedoch von ihrer Begründung. Bezüglich der Auffassung dieser Autoren sehen wir folgende Probleme. *Erstens* scheint es uns nicht ausreichend gelungen, das Wesen des einmaligen Aufwandes, resp. des Fondsvorschusses, und seine Besonderheiten zu erklären. Zweifellos kann es nicht genügen, wenn man bezüglich der Besonderheiten des Fondsvorschusses schreibt: „Der einmalige Aufwand des Fondsvorschusses ist nicht mit der Wertbildung verbunden wie der laufende Aufwand, sondern mit der Wertrealisierung, speziell mit der Realisierung des Reineinkommens als Geldausdruck des Wertes des Mehrproduktes."[52] Die Frage, die zu klären ist, ist doch gerade, warum der Vorschuß, obwohl er Aufwand ist, nicht im Wert der Waren erscheint und warum seine Besonderheiten dazu führen, daß niemals der gesamte Vorschuß im Preis einer einzelnen Ware erscheinen kann, sondern immer nur ein bestimmter Teil. Wenn das Wesen des Vorschusses als Aufwand nicht voll geklärt ist, bleibt letztendlich auch das qualitative Verhältnis des Werts zum modifizierten Wert unklar.

[50] Vgl. F. Engels, Vorwort in: K. Marx, Das Kapital, Dritter Band, a. a. O., S. 21–22.
[51] Autorenkollektiv, Grundfragen der sozialistischen Preistheorie, a. a. O., S. 68.
[52] Ebenda, S. 69.

Zweitens scheinen uns die Argumente der Autoren für die Begründung von differenzierten Reineinkommensraten nicht überzeugend zu sein. Sie schreiben: „Als Ausgangspunkt und Kriterien für die Differenzierung der Reineinkommensrate bieten sich dabei solche Kennziffern an wie Fondsintensität, organische Zusammensetzung der Fonds, Umschlag der Grundfonds (Art und Weise sowie Dauer des Umschlags), Altersstruktur, Ausnutzungs- und Verschleißgrad der Grundmittel, die Ausdruck der unterschiedlichen Bedingungen für den notwendigen einmaligen Aufwand an vergegenständlichter Arbeit in den Zweigen, Gruppen von Zweigen oder Erzeugnisgruppen sind.“[53] Abgesehen davon, daß die aufgeführten Faktoren sehr heterogener Natur sind, ist es schwer, zu verstehen, warum unterschiedliche organische Zusammensetzung und Umschlag als Ursachen für eine Differenzierung der Reineinkommensraten angeführt werden. Ist es nicht vielmehr so, daß der fondsbezogene Preistyp die Differenzierung der realisierten Reineinkommensraten nach diesen Faktoren verhindern soll? Wie bereits dargelegt, sind wir der Auffassung, daß es zwei Faktoren sind, die eine Differenzierung der Reineinkommensrate verlangen:

a) die langfristig stabil sich als notwendig erweisende Stufenleiter der Reproduktion,
b) das Verhältnis des für einen bestimmten Zuwachs der Stufenleiter der Reproduktion notwendigen neuen Vorschusses zum alten Vorschuß.

Drittens schließlich scheinen uns die mit der Einbeziehung des Lohns sowie der Bildungsfonds in die Verrechnungsbasis des Reineinkommens verbundenen Fragen theoretisch nicht konsequent ausgeführt worden zu sein. Es geht hier keineswegs um eine zusätzliche Fragestellung zu der der Verrechnung des Reineinkommens entsprechend dem Vorschuß. Der Vorschuß ist gleich der Gesamtsumme an Produktions- und Lebensmitteln (im weitesten Sinne), die die Gesellschaft als ständige Bedingung für die Reproduktion eines bestimmten Zweiges bereitstellen muß, um den Zeitraum zu überbrücken, in dem der Zweig aufgrund seines besonderen Reproduktionszyklus konsumiert, ohne ein materielles Äquivalent liefern zu können. Somit sind also sämtliche zur Reproduktion der Arbeitskraft in dieser Zeitperiode erforderlichen Aufwendungen Teil des Vorschusses und damit Grundlage der Verrechnung des Reineinkommens. Natürlich gibt es Unterschiede zwischen Aufwendungen für Grundmittel und solchen für Bildung, insofern die Bildung nicht nur Mittel, sondern direktes Ziel ist. Das ändert aber nichts daran, daß Bildungs- wie Grundfonds Teil eines zu erbringenden Vorschusses sind.

Eine Reihe marxistischer Ökonomen ist der Meinung, daß von einer Modifikation des Wertes unter sozialistischen Bedingungen gar nicht die Rede sein könne. Deutlich bringt Paškov diesen Standpunkt in einer 1966 vor der Akademie der Wissenschaften der UdSSR gehaltenen Rede zum Ausdruck: „Die einen behaupten beharrlich, daß im Sozialismus der Wert unvermeidlich in einer Zwi-

[53] Ebenda, S. 75.

schenform, einer modifizierten Form auftritt; die anderen leugnen demgegenüber die Existenz der Kategorie des modifizierten Wertes der Ware im Sozialismus. Richtig erscheint mir der zweite Gesichtspunkt ...

Die Suche nach einer ‚modifizierten Wertform' im Sozialismus erscheint mir daher als bloße Zeitverschwendung ... Die ökonomisch begründeten, vom Staat geplanten Abweichungen des Preises einer Ware von ihrem Wert bedeuten hier keineswegs irgendeine ‚Modifikation' des Wertes ..."[54] Noch weiter gehen Savčenko und Jaremčuk, die nicht nur für sozialistische Bedingungen, sondern generell der Meinung sind, daß die modifizierten Werte lediglich eine Abweichung der Preise vom Wert darstellen; die Bestimmung des gesellschaftlich notwendigen Arbeitsaufwandes sei dadurch aber nicht berührt. „Ein Preis, der dem Wert entspricht, ist ebenso eine entwickelte Form des Wertes, wie jeder beliebige andere Preis, darunter auch der Produktionspreis. Folglich darf man unter der Modifikation des Wertes nicht eine Veränderung des Kriteriums der Bestimmung des Wertes, der Bestimmung des gesellschaftlich notwendigen Arbeitsaufwandes verstehen ... Der modifizierte Wert – das ist ein Preis, aber nicht ein beliebiger, sondern ein solcher, der ständig vom Wert abweicht und als Grundlage für die zeitweiligen Schwankungen der tatsächlichen Marktpreise dient."[55]

Wir teilen beide Standpunkte nicht. Der fondsbezogene Preistyp wie auch der Produktionspreis sind nicht einfach irgendwelche Abweichungen des Preises vom Wert, es handelt sich überhaupt nicht um Preise – also Geldausdrücke des Wertes. Beide sind Ausdruck dauerhafter und wesentlicher Proportionalitätsbedingungen des gesellschaftlichen Reproduktionsprozesses, die ihre Existenz nicht der Tatsache verdanken, daß der Wert sich zum Geld und zum Preis entfaltet, sondern vielmehr der Tatsache, daß der gesellschaftlich notwendige Arbeitsaufwand zur Reproduktion einer Warenart die spezielle Aufwandsart Vorschuß einschließt, die bei erweiterter Reproduktion notwendig Umverteilung des produzierten Mehrproduktes erfordert.

3.4. Der Vorschuß und die Reineinkommens- bzw. Profitraten bei internationalem Austausch

Es kann kein Zweifel daran bestehen, daß sich das Erfordernis der Berücksichtigung des Aufwands Vorschuß beim Austausch auch auf internationaler Ebene durchsetzt. „Ob wir ein Land oder die ganze Welt nehmen, die von Marx entdeckten grundlegenden Gesetze der Realisation bleiben ein und dieselben."[56]

Für die Untersuchung, wie sich die internationalen Reineinkommens- bzw.

[54] A. Paschkow, Ökonomische Probleme des Sozialismus, Berlin 1974, S. 218–219.
[55] A. Savčenko/A. Jaremčuk, Ceny i cenoobrazovanie v SSSR, Kiev 1978, S. 33.
[56] W. I. Lenin, Noch einmal zu Fragen der Realisationstheorie, in: Werke, Bd. 4, Berlin 1977, S. 77.

Profitraten gestalten, um der Aufwandsart Vorschuß Rechnung zu tragen, unterstellen wir, daß sich innerhalb aller am internationalen Handel beteiligten Volkswirtschaften die Modifikation des Wertes durchgesetzt hat und den Austausch regiert. Über die Faktoren, die Einfluß auf das allgemeine Niveau der Reineinkommens- bzw. Profitraten in den Ländern haben, lassen sich ausgehend vom Entwicklungsniveau der Länder einige Aussagen treffen.

1. Das Lohnniveau ist im höherentwickelten Land – trotz der höheren Produktivität auch bei der Produktion der Konsumtionsmittel – absolut höher als im minderentwickelten Land. Obwohl absolut höher, ist der Anteil des Lohns am geschaffenen Produkt geringer.[57] Im höherentwickelten Land ist also sowohl der Lohn als auch die Rate des Mehrprodukts zum Lohn (Mehrwertrate) größer. „Überhaupt muß sich nicht vorgestellt werden, daß, weil in einem gegebnen Land der relative Wert der Arbeit fällt im Verhältnis zur Produktivität der Arbeit, nun der Arbeitslohn hoch ist in den verschiednen Ländern im umgekehrten Verhältnis zur Produktivität der Arbeit. Grade das Umgekehrte ist der Fall. Je produktiver ein Land gegen das andre auf dem Weltmarkt, um so höher sind die Arbeitslöhne in ihm, verglichen mit den andren Ländern. Nicht nur der nominelle, sondern der reelle Arbeitslohn in England ist höher als auf dem Kontinent. Der Arbeiter ißt mehr Fleisch, befriedigt mehr Bedürfnisse ... Aber er ist nicht höher im Verhältnis zur Produktivität der englischen Arbeiter."[58]

2. Die durchschnittliche organische Zusammensetzung der Fonds bzw. des Kapitals ist im höherentwickelten Land größer als im minderentwickelten. „Diese fortschreitende relative Abnahme des variablen Kapitals im Verhältnis zum konstanten und daher zum Gesamtkapital ist identisch mit der fortschreitend höhern organischen Zusammensetzung des gesellschaftlichen Kapitals in seinem Durchschnitt. Es ist ebenso nur ein andrer Ausdruck für die fortschreitende Entwicklung der gesellschaftlichen Produktivkraft der Arbeit, die sich grade darin zeigt, daß vermittelst der wachsenden Anwendung von Maschinerie und fixem Kapital überhaupt mehr Roh- und Hilfsstoffe von derselben Anzahl Arbeiter in derselben Zeit, d. h. mit weniger Arbeit in Produkte verwandelt werden."[59]

3. Die Umschlagsperiode sinkt mit steigender gesellschaftlicher Entwicklung tendenziell, sei es durch Verkürzung der Produktionszeit, sei es durch Verkürzung der Zirkulationszeit. „Soweit die größre oder geringre Länge der Umschlagsperiode abhängt von der Arbeitsperiode im eigentlichen Sinn, d. h. der Periode, nötig, um das Produkt für den Markt fertigzumachen, beruht sie auf den jedesmal gegebnen sachlichen Produktionsbedingungen der verschiednen Kapitalanlagen, die innerhalb der Agrikultur mehr den Charakter von Naturbedingungen der Produktion

[57] Das gilt mit gewissen Einschränkungen sowohl für kapitalistische als auch für sozialistische Länder, wobei beachtet werden muß, daß vom Lohnniveau, nicht vom Lebensniveau die Rede ist.

[58] K. Marx, Theorien über den Mehrwert, Zweiter Teil, a. a. O., S. 8–11. – Vgl. auch K. Marx, Das Kapital, Erster Band, a. a. O., S. 584.

[59] K. Marx, Das Kapital, Dritter Band, a. a. O., S. 222.

besitzen, in der Manufaktur und dem größten Teil der extraktiven Industrie mit der gesellschaftlichen Entwicklung des Produktionsprozesses selbst wechseln."[60] Was andererseits die Zirkulationszeit betrifft, so schreibt Engels über die bedeutenden Verkürzungen, die sich mit fortschreitender gesellschaftlicher Entwicklung ergeben: „Das Hauptmittel zur Verkürzung der Zirkulationszeit sind verbesserte Kommunikationen. Und hierin haben die letzten fünfzig Jahre eine Revolution gebracht, die sich nur mit der industriellen Revolution der letzten Hälfte des vorigen Jahrhunderts vergleichen läßt. Auf dem Lande ist die makadamisierte Straße durch die Eisenbahn, auf der See das langsame und unregelmäßige Segelschiff durch die rasche und regelmäßige Dampferlinie in den Hintergrund gedrängt worden, und der ganze Erdball wird umspannt von Telegraphendrähten."[61]

Wir sehen also, daß alle drei Faktoren, die Unterschiede im allgemeinen Niveau der Reineinkommens- bzw. Profitraten bewirken könnten, in der Tat in den Ländern unterschiedlich sind. Ihre Wirkung ist widersprüchlich, weshalb sich schwerlich etwas Definitives über die Höhe der Rate in den Ländern sagen läßt. Höhere Löhne senken die Profitrate. Eine höhere Mehrwertrate steigert sie. Eine höhere organische Zusammensetzung senkt sie wiederum etc. In der Tendenz wird die Sache darauf hinauslaufen, daß das Land mit höherem ökonomischem Entwicklungsniveau ein niederes allgemeines Niveau der Reineinkommens- bzw. Profitraten aufweist.

Neben dem unterschiedlichen allgemeinen Niveau der Reineinkommens- bzw. Profitraten in Abhängigkeit vom ökonomischen Entwicklungsniveau ist als zweites Moment das differenzierte Niveau dieser Raten zwischen den verschiedenen Zweigen derselben Länder in Betracht zu ziehen. Die Frage ist nun, wie sich bei einer solchen Ausgangssituation die internationalen Profit- bzw. Reineinkommensraten herausbilden und entwickeln. Um allen Mißverständnissen vorzubeugen, muß zunächst definiert werden, was unter internationalen Profit- bzw. Reineinkommensraten zu verstehen ist. *Wir verstehen unter einer internationalen Reineinkommens- bzw. Profitrate das durchschnittliche Verhältnis des Reineinkommens (resp. Profits) zu den vorgeschossenen Fonds (resp. dem vorgeschossenen Kapital) aller auf dem Weltmarkt – bzw. einem regionalen Markt – auftretenden Produzenten einer Branche.* Innerhalb der Branche sind die Profit- resp. Reineinkommensraten der Produzenten desselben oder verschiedener Länder differenziert.

Aus den Ausführungen im Kapitel 2 wurde deutlich, daß der absolute Vorteil oder Nachteil der aus dem Export resultiert, den Exporteur nicht direkt berührt, da jeder Exporteur unabhängig von seiner relativen Produktivität den durchschnittlichen nationalen Aufwand auf dem internationalen Markt realisiert. Sofern der Exporteur einen Extragewinn bzw. -verlust hat, entspringt dieser daraus, daß seine relative Produktivität höher oder niedriger ist als die der Exporteure seines Landes insgesamt. Weiterhin hatten wir für kapitalistische Volkswirtschaften fest-

[60] K. Marx, Das Kapital, Zweiter Band, a. a. O., S. 318.
[61] F. Engels, in: K. Marx, Das Kapital, Dritter Band, a. a. O., S. 81.

gestellt, daß sich die Preisrelationen, die den Austausch auf den nationalen Märkten als Teile des umfassenden Weltmarktes regulieren, denen auf dem Weltmarkt annähern. Damit wird bezüglich der Differenzierung der Profitraten zwischen den einzelnen Produzenten innerhalb derselben Branche ein Unterschied national zu international deutlich. Im nationalen Rahmen hängen die Differenzen in den Profitraten innerhalb einer Branche ausschließlich von der relativen Produktivität ab. Dadurch, daß zum einheitlichen Marktproduktionspreis verkauft wird, entstehen bei unterschiedlichen Kostpreisen und/oder unterschiedlichem Vorschuß verschiedene Profitraten bei den einzelnen Kapitalisten derselben Branche.

International ist das wesentlich komplizierter. Die Produzenten jedes Landes realisieren beim Verkauf ihrer Waren auf dem Weltmarkt die national für die Branche übliche Profitrate. Diese ihrerseits wird zwar durch die relative Produktivität der Produzenten eines Landes beeinflußt, jedoch in anderer Weise als national. *Das Surplus der Produzenten bzw. der entsprechende Verlust hängen nicht davon ab, ob sie produktiver oder weniger produktiv als ihre Konkurrenten anderer Länder auf dem Weltmarkt sind, sondern davon, ob ihre relative Produktivität höher oder niedriger ist als die der Exporteure aller Branchen ihres Landes insgesamt.* Dies ist der erste wesentliche Unterschied. Zweitens hängt das Niveau ihrer Profitraten vom allgemeinen Niveau der Profitraten ihres Landes ab, was von dem anderer Länder unterschieden ist.

Diese auf internationaler Ebene komplizierteren Gesetze als national folgende Differenzierung der Profitraten innerhalb der Branchen besitzt große Bedeutung für die Verteilung der Profite innerhalb der Branche und damit für die Reproduktionsmöglichkeiten der Produzenten verschiedener Länder, sie berührt jedoch nicht die Verteilung der absoluten Vor- und Nachteile zwischen den Ländern, die ausschließlich der relativen Produktivität der Exporteure der verschiedenen Länder geschuldet sind. Sie berührt auch nicht die Tatsache, daß die Profitrate der Branche gleich dem Durchschnitt der verschiedenen nationalen Profitraten derselben Branche in den durch den Weltmarkt verbundenen Ländern ist. Für die sozialistische Produktionsweise müßte man exakter sagen, daß die internationale Reineinkommensrate gleich dem Durchschnitt der Reineinkommensraten der auf dem Weltmarkt auftretenden Exporteure ist. Vom Durchschnitt der nationalen Reineinkommensraten zu sprechen wäre deshalb nicht exakt, weil keine allgemeine Angleichung der Preisrelationen auf dem nationalen Markt an die des Weltmarktes erfolgt und dadurch die Reineinkommensraten der exportierenden Wirtschaftseinheiten von denen der auf dem nationalen Markt verkaufenden verschieden sind.

Unter diesen Voraussetzungen scheint uns die Annahme der Existenz einer internationalen Durchschnittsprofitrate unreal zu sein. Nach unserer Auffassung können sich die *internationalen Profitraten der verschiedenen Branchen tendenziell nur so zueinander verhalten, wie es die materielle erweiterte Reproduktion des Gesamtsystems erfordert.* Die international gesellschaftlich notwendige Profit- bzw. Reineinkommensrate der Branche ist diejenige, die der Branche eine dem

Wachstum des Bedarfs entsprechende erweiterte Reproduktion ermöglicht. Einerseits ist es typisch für die gegenwärtige Produktivkraftentwicklung, daß ein differenziertes Wachstum der verschiedenen Branchen zur Aufrechterhaltung der (dynamischen) Proportionalität des Reproduktionsprozesses erforderlich ist, andererseits ist das Verhältnis zwischen Akkumulation (also Vergrößerung des Vorschusses) und Wachstum von Branche zu Branche und von Land zu Land differenziert, daraus ergibt sich, daß die gesellschaftlich notwendigen Profit- bzw. Reineinkommensraten zwischen den Branchen differenziert sind. Eine internationale volle Mobilität des Kapitals würde eine Tendenz zur Angleichung der Profitraten begünstigen, diese Tendenz kann aber nicht dominierend sein (wie sie auch national nicht dominierend ist), da sie eine solche Verteilung der gesellschaftlichen Gesamtarbeit und insbesondere des Vorschusses bewirken würde, die der dynamischen Proportionalität des Gesamtsystems wie auch innerhalb der einzelnen Länder nicht Rechnung trägt.

Die Durchsetzung der international gesellschaftlich notwendigen Profitraten in den verschiedenen Branchen wird in letzter Instanz über die Entwicklung von Angebot und Nachfrage auf dem Weltmarkt vermittelt. Für Branchen, deren Produzenten langfristig Profitraten realisieren, die zu einer überproportionalen Akkumulation führen, wird tendenziell ein Überangebot eintreten, das die Weltmarktpreise und damit die durchschnittliche Profitrate im Zweig sinken läßt. Umgekehrt in den Branchen, in denen die Produzenten Profitraten realisieren, die eine der Entwicklung des Bedarfs angemessene Akkumulation nicht ermöglicht. Der ganze Prozeß verläuft auf dem Weltmarkt in sehr vermittelter Form und bei ständiger Verletzung der Proportionalität zwischen den Zweigen. Er wird dadurch wesentlich deformiert, daß die Neuanlage der Profite nicht notwendig in den Zweigen erfolgen muß, in denen sie realisiert werden, und umgekehrt zeitweilig die Akkumulation bestimmter Zweige aus innerhalb anderer Zweige realisierten Profiten erfolgen kann. Diese Deformation kann die Grundtendenz jedoch nicht aufheben, da der direkten Umverteilung von Profiten zwischen den Branchen innerhalb des einzelnen Kapitals aufgrund der innerzweiglichen Konkurrenz Grenzen gesetzt sind.

Auch im Handel zwischen den sozialistischen Staaten setzt sich langfristig die Tendenz der Formierung der Reineinkommensraten der Exportbranchen entsprechend den Reproduktionserfordernissen durch. Praktisch realisiert sich diese Tendenz durch die Verwendung kapitalistischer Hauptwarenmarktpreise, die als internationale Monopolpreise das Moment der Berücksichtigung des Vorschusses (hier: des Kapitalvorschusses) in sich bergen, als Ausgangspunkt für die Bestimmung der RGW-Vertragspreise, andererseits durch die beim Aushandeln der konkreten Preise berücksichtigte Wirkung von Angebot und Nachfrage, über die den spezifischen Erfordernissen des Vorschusses im RGW Geltung verschafft wird.

Die Frage nach dem Ausgleich der Profitraten entsprechend den Reproduktionserfordernissen ist nicht nur schlechthin für die Erforschung der Weltmarktbewegung des Kapitals von Interesse. Als solche läge sie außerhalb der allgemeinen

Werttheorie und damit außerhalb unseres Gegenstandes. Sie ist von beträchtlichem Interesse für die Beurteilung der Effekte, die die Länder verschiedenen Entwicklungsniveaus aus der internationalen Arbeitsteilung ziehen.

Grossmann diente bereits in den zwanziger Jahren die von ihm unterstellte internationale Durchschnittsprofitrate als Grundprämisse zur Konstatierung eines „ungleichen Tausches" zwischen hoch- und wenigerentwickelten kapitalistischen Ländern.[62] Einen zweiten Ansatz, solch einen „ungleichen Tausch" zu begründen, unternahm 40 Jahre später Emmanuel.[63] Wenngleich die Argumentation bei ihm anders verlief, so existiert doch insofern eine Gemeinsamkeit zwischen beiden Autoren, als auch bei Emmanuel die internationale Durchschnittsprofitrate eine entscheidende Prämisse darstellt. Leider bleiben beide Autoren eine logische Erklärung schuldig, wie sich auf der Grundlage der von ihnen angenommenen internationalen Mobilität des Kapitals eine internationale Durchschnittsprofitrate herausbildet.

Busch hat sich in seinem Buch „Die multinationalen Konzerne. Zur Analyse der Weltmarktbewegung des Kapitals" ausführlich mit dem Problem der Herausbildung einer internationalen Durchschnittsprofitrate beschäftigt. Er sieht als Prämisse der Durchsetzung einer solchen Rate volle Mobilität des Kapitals. Interessant an seiner Auffassung sind die Motive, die er für den Export von Kapital unterstellt. Das Motiv der kolonialen Extraprofite, also der höheren allgemeinen Profitrate in minderentwickelten Ländern, lehnt er ab. Busch schreibt: „Die in Teilen der Literatur immer wieder zu findende These, das Hauptmotiv der Kapitalexporte in die unterentwickelten Länder seien die dort erzielbaren kolonialen Extraprofite, ist meines Erachtens nicht zu begründen ...

a) Zwar ist es richtig, daß in den unterentwickelten Ländern das Kapital im Durchschnitt mit einer niedrigeren organischen Zusammensetzung produziert als in den kapitalistischen Industrieländern; dies gilt aber nicht für Direktinvestitionen aus den hochentwickelten Ländern. Die innerimperialistische Konkurrenz zwingt die Kapitale der entwickelten Länder auch bei Direktinvestitionen in den unterentwickelten Ländern zur Akkumulation auf höchster technologischer Stufenleiter ... Die organische Zusammensetzung des Kapitals wird bei Auslandsdirektinvestitionen in den unterentwickelten Ländern eher höher liegen als bei vergleichbaren Anlagen in den kapitalistischen Industrieländern, denn dieselbe Technologie wird mit billigeren Arbeitskräften, also mit einem geringeren variablen Kapital, gekoppelt. Für die Begründung der Extraprofitthese bietet die organische Zusammensetzung des Kapitals deshalb keinen Ansatzpunkt.

b) Es ist problematisch, von dem niedrigeren Lohnniveau in den unterentwikkelten Ländern auf ein dort erzielbares höheres Niveau der Mehrwertabpressung

[62] Vgl. H. Grossmann, Das Akkumulations- und Zusammenbruchgesetz des kapitalistischen Systems, Leipzig 1929, S. 341–342.

[63] Vgl. A. Emmanuel, L'échange inégal. Présentation et remarques théoriques de Charles Bettelheim, Paris 1969, S. 53.

zu schließen. Diese Argumentation übersieht, daß das niedrigere Lohnniveau meist mit einem niedrigeren Grad an Qualifikation der Ware Arbeitskraft gepaart ist, so daß auch bei gleichwertigen technischen Anlagen die Produktivität und Intensität der Arbeit in den unterentwickelten Ländern niedriger ist als bei vergleichbaren Produktionsstätten in den kapitalistischen Industrieländern."[64]

Was den ersten Punkt betrifft, so mag es wohl richtig sein, wenn Busch behauptet, daß die organische Zusammensetzung bei Auslandsdirektinvestitionen in Entwicklungsländern im Schnitt nicht viel niedriger liegt als bei Investitionen in kapitalistischen Industrieländern, aber Busch sollte wissen, daß das allgemein höhere Niveau der Profitraten, die ein Kapital in einem minder entwickelten Land realisiert, eben nicht von der organischen Zusammensetzung dieses Kapitals, sondern von der durchschnittlichen Zusammensetzung der Kapitale in dem Lande abhängt. Diese ist jedoch aber, wie Busch selbst hervorhebt, in den Entwicklungsländern niedriger, also die allgemeine Profitrate ist höher. Es ist an Busch, zu erklären, warum das Kapital aus dem Ausland nicht durch dieses höhere allgemeine Niveau der Profitraten angelockt werden kann. Buschs Auffassung ist für den Fall richtig, daß die Erzeugnisse der durch Kapitalexport geschaffenen Betriebe auf dem Weltmarkt in der Währung des imperialistischen Landes verkauft werden (seine Argumentation bleibt allerdings auch hier falsch).

Was den zweiten Punkt betrifft, so ist es richtig, daß die niedrigeren Löhne in den Entwicklungsländern im Zusammenhang mit der Arbeitsproduktivität und Intensität gesehen werden müssen. Aber die Berufung auf Marx, der davon ausgeht, daß im allgemeinen die Unterschiede in der Produktivität bedeutender sind als die im Lohnniveau verschiedener Länder[65] ist problematisch, denn wenn Marx hier von Produktivität spricht, so meint er natürlich die Produktivität entsprechend den im Lande üblichen Produktionsbedingungen, d. h. der dort üblichen Ausstattung mit Maschinen, der üblichen Technologie usw. War es nicht Busch selbst, der einige Sätze vorher schrieb, daß die imperialistische Konkurrenz „... die Kapitale der entwickelten Länder zur Akkumulation auf höchster technologischer Stufenleiter (zwingt)"?[66] Höchste technologische Stufenleiter schlägt sich doch in höchster Produktivität nieder. Das Auslandskapital der entwickelten kapitalistischen Länder produziert in den wenigerentwickelten Ländern eben nicht mit der in diesen Ländern üblichen Produktivität, sondern mit einer Produktivität, die der des entwickelten Landes nahe kommt. Damit ist der Unterschied in der Produktivität ausgelöscht, während der des Lohnniveaus zwar unter Umständen auch verringert, keinesfalls jedoch ausgeglichen ist. Wenn das so ist, kann doch wohl kein Zweifel daran bestehen, daß das Niveau der „Mehrwertabpressung", wie Busch die Ausbeutungsrate nennt, bei Direktinvestitionen in wenigerentwickelten Ländern höher ist.

[64] K. Busch, Die multinationalen Konzerne. Zur Analyse der Weltmarktbewegung des Kapitals, Frankfurt/Main 1974, S. 235–236.

[65] Ebenda, S. 236. [66] Ebenda.

Buschs Kritik an marxistischen Auffassungen, die als Motiv für den Export von Kapital die in den niedrigerentwickelten Ländern aufgrund des dort herrschenden niedrigen Lohnniveaus und der niedrigen durchschnittlichen Zusammensetzung des Kapitals herrschenden höheren Profitraten nennen, müssen wir also zurückweisen. Wie sieht es mit den Motiven aus, die Busch selber für eine internationale Mobilität des Kapitals unterstellt. Busch hat folgende Überlegung: Auf dem Weltmarkt konkurrieren Kapitale unterschiedlicher organischer Zusammensetzung innerhalb einer Branche. Die in der Regel aus den höherentwickelten Ländern stammenden Kapitale höherer organischer Zusammensetzung erzielen zunächst aufgrund ihrer höheren Produktivität ein Surplus beim Verkauf ihrer Waren auf dem internationalen Markt. Vermittelt über die Entwicklung der Zahlungsbilanzen zugunsten des höherentwickelten Landes, entsteht ein Druck zur Aufwertung der Währung dieses Landes. Die Aufwertung beraubt nach seiner Meinung das Kapital des höherentwickelten Landes der Möglichkeit, Surplus zu erzielen, wodurch insgesamt ein Absinken der allgemeinen Profitrate im höherentwickelten Land und ein Steigen der allgemeinen Profitrate im wenigerentwickelten Land erfolge. (Dies betont Busch insbesondere in Polemik gegen Marx, der davon spricht, daß Kapitale, im auswärtigen Handel angelegt, eine höhere Profitrate abwerfen und zur Steigerung der allgemeinen Profitrate beitragen.) Um der Senkung der allgemeinen Profitrate zu entgehen, investiere das Kapital des höherentwickelten Landes innerhalb seiner Branche im niedrigerentwickelten Land, umgehe damit den ungünstigen Wechselkursmechanismus und erziele in direkter Konkurrenz mit dem Kapital des niedrigerentwickelten Landes ein Surplus. Dieses Surplus nun werde in das höherentwickelte Land transformiert, was dort die allgemeine Profitrate erhöht, im wenigerentwickelten Land die allgemeine Profitrate senkt, somit also eine Angleichung der Profitraten der Länder bewirkt. Damit habe Busch nicht nur begriffen, wie sich eine internationale Durchschnittsprofitrate herausbildet, sondern gleichzeitig eine Erklärung für den Kapitalexport gegeben, die Lenin nicht imstande gewesen sei zu liefern, da dieser „... bei der bloßen Charakterisierung neuer Formen der kapitalistischen Entwicklung stehen bleibt ...“[67], ohne aufzuzeigen „... in welcher Weise die allgemeinen Bewegungsgesetze des Kapitals in den sich historisch wandelnden Formen exekutiert werden.“[68] Deshalb seien die klassischen Theorien vom Kapitalexport „... weder in der Lage, die allgemeine Tendenz des Kapitals zur Internationalisierung der Mehrwertproduktion methodisch überzeugend abzuleiten, noch erklären sie die regionale und sektorale Struktur der internationalen Kapitalbewegungen mit dem Ziel der Direktinvestition ausreichend.“[69]

Busch hat offensichtlich nicht nur bezüglich seines eigenen Platzes in der Theorienentwicklung Unklarheiten.

[67] Ebenda, S. 258.
[68] Ebenda.
[69] Ebenda, S. 269.

Erstens: Zum Zusammenhang von Wechselkursbewegung und den Surplusprofiten der Kapitale höherentwickelter Länder. Busch geht richtig davon aus, daß ein Kapital höherer organischer Zusammensetzung und damit höherer Produktivität gegenüber der Konkurrenz in derselben Branche ein Surplus realisiert. Busch sieht weiterhin richtig, daß, sofern die Exportproduktion eines Landes insgesamt ihrer Konkurrenz auf dem Weltmarkt überlegen ist, vermittelt durch Zahlungsbilanzüberschüsse ein Druck zur Aufwertung der Währung dieses Landes entsteht, der schließlich dazu führt, daß nach erfolgter Aufwertung das höherentwickelte Kapital seines Surplus beraubt wird.

Über zwei entscheidende Punkte ist Busch sich allerdings im unklaren. Zum einen sieht Busch nicht den Punkt, auf den sich der Wechselkurs einpendeln wird, wie seine völlig konfusen Überlegungen auf Seite 78 ff. zeigen.[70] Busch dringt nicht zu einem arbeitswerttheoretischen Verständnis des Kurses vor und kann deshalb auch nicht den Punkt begreifen, an dem der Kurs sichert, daß die beiden gegenübergestellten Währungsquanta der gleichen Menge international gesellschaftlich notwendiger Arbeit entsprechen, d. h. Äquivalenz beim Konvertieren einer Währung in die andere sichert. Zum anderen, was noch bedeutsamer ist, schätzt Busch völlig falsch die Wirkung der Entwicklung des Währungskurses auf die allgemeine Profitrate der Länder ein. Busch meint, daß die Aufwertung der Währung des höherentwickelten Landes diesem Land seinen Surplus entzieht, damit die allgemeine Profitrate senkt, was nur teilweise durch Verbilligung der Importwaren kompensiert werden könne. „Insgesamt kann man aber wohl davon ausgehen, daß die Verschlechterung der Realisierungsbedingungen im In- und Ausland stärker zu Buche schlägt als die Verwohlfeilerung einiger Elemente des konstanten Kapitals und die sinkenden Reproduktionskosten der Ware Arbeitskraft, so daß die Profitrate des nationalen Gesamtkapitals durch die Aufwertung

[70] Daß Busch über den Zusammenhang zwischen der relativen Produktivität der Exportproduktion der verschiedenen Länder und den Kursen der Währungen dieser Länder nur äußerst nebulöse Vorstellungen besitzt, zeigen die Beispiele, an denen er das Problem der Kursveränderung zu zeigen versucht. In seiner Tabelle E geht Busch davon aus, daß ein Land A 125 nationale Arbeitstage brauche, um die gleiche Menge Gebrauchswerte herzustellen, für die ein Land B 225 Arbeitstage brauche. Und zu dieser Tabelle solle folgende Voraussetzung gehören: 1 nationaler Arbeitstag sei gleich einer nationalen Währungseinheit, diese wiederum gleich 1 universellem Arbeitstag und 1 internationalen Währungseinheit. Egal, wie Busch den universellen Arbeitstag und entsprechend die internationale Währungseinheit festsetzt, es kann doch wohl schlecht dieser universelle Arbeitstag sowohl 1 Tag von B als auch 1 Tag von A entsprechen, wenn 1 Tag von A im gleichen Beispiel ungleich 1 Tag von B ist. Von solchen Ungereimtheiten wimmelt es. Busch, der noch eine Seite vorher dem bürgerlichen Ökonomen Rose vorwarf, daß er sich einen passenden Wechselkurs herbeizaubere, zeigt dann, daß er es auch nicht schlechter kann. Er läßt das Land B um 50 % abwerten, warum gerade um diesen Betrag, weiß er auch nicht, aber zufällig erlaubt der neue Kurs Busch das zu „beweisen", was er zu beweisen vorhatte, nämlich daß das komparative Modell auch für 2 Länder und 2 Waren gilt.

leicht fallen müßte. Umgekehrtes gilt für die Gesamtprofitrate des ,weniger entwickelten nationalen Kapitals."[71]

Das ist ganz falsch. Sofern ein Land aus der Aufnahme der internationalen Arbeitsteilung einen Vorteil, d. h. eine Einsparung an gesellschaftlicher Arbeit erlangt, schlägt sich dies in einer Steigerung der allgemeinen Profitrate nieder. Der Währungskurs hat damit zunächst gar nichts zu schaffen. Er berührt lediglich die Verteilung dieses der Arbeitsteilung entspringenden Vorteils zwischen den Kapitalisten desselben Landes. Ist er zu niedrig, erzielen die exportierenden Kapitale ein Surplus, da das gleiche Quantum ausländischer Währung sich in einem höheren nominellen Wert der eigenen nationalen Währung ausdrückt. Um eben dieses Surplus verteuern sich die Importwaren. Umgekehrt, wenn die Währung überbewertet ist. Dieselbe Menge ausländischer Währung drückt sich so in einem geringeren, unter dem Aufwand der Exporteure liegenden Quantum nationaler Währung aus. Die Exporteure tragen den Verlust aus der Überbewertung der Währung. Die Importwaren haben sich nominell allerdings um die Größe eben dieses Verlustes verbilligt. All das affiziert die Durchschnittsprofitrate nicht, und es heißt einfach die Frage falsch stellen, wenn Busch meint, daß nur in dem Falle, daß die durch die Aufwertung entstandene Verbilligung der Importwaren die Verschlechterung der Verwertungsbedingungen im Export überkompensiert, das höherentwickelte Land aufgrund seines Vorsprungs an Produktivität und Intensität der Arbeit auf dem Weltmarkt ein Surplus erzielt, das die allgemeine Profitrate hebt. Die Aufwertung einer Währung verhindert, daß die Exporteure eines Landes direkt in den Genuß eines Surplus aus ihrer überlegenen relativen Produktivität kommen. Sie bewirkt keineswegs, wie Busch glaubt, daß das Gesamtkapital des Landes des aus der höheren relativen Produktivität der Exportproduktion entspringenden Surplus verlustig geht. Busch kann für sich beanspruchen, richtig festgestellt zu haben, daß die Aufwertung einer Währung die Profite der Exporteure dieses Landes schmälert. Es ist erfreulich für Busch, daß er das weiß, übermäßig originell ist dieser Gedanke allerdings nicht. So bewaffnet, geht Busch daran, die „Leninsche dogmatische Lehre vom Kapitalexport" zu stürzen.

Zweitens: Zu den Motiven und Richtungen des Exports von Kapital. Weil die exportierenden Kapitale höherer relativer Produktivität durch die Währungskursentwicklung ihrer Surplusprofite beraubt werden, ist es für sie vorteilhafter, ins Ausland zu gehen und in direkter Konkurrenz mit minderentwickelten Kapitalen Surplusprofite zu erreichen. Diesen Zusammenhang reflektiert Busch richtig. Es ist allerdings vermessen, zu behaupten, damit im angeblichen Unterschied zur klassischen Imperialismustheorie, „... methodisch überzeugend die allgemeine Tendenz des Kapitals zur Internationalisierung der Mehrwertproduktion ..."[72] abge-

[71] K. Busch, Ungleicher Tausch – Zur Diskussion über internationale Durchschnittsprofitrate, ungleichen Tausch und komparative Kostentheorie anhand der Thesen von Arghiti Emmanuel, in: Probleme des Klassenkampfes, Heft 8/9, Berlin (West) 1976, S. 59.

[72] Vgl. ebenda, S. 269.

leitet zu haben. Es ist gerade umgekehrt. Busch hat eine Seite, ein Motiv des Exports von Kapital näher untersucht, nämlich das Motiv der Erzielung von Surplusprofiten innerhalb der Branche. Damit läßt sich zweifellos eine Reihe von Erscheinungen und Tendenzen in der Internationalisierung der Mehrwertproduktion erklären, soweit nämlich der Kapitalexport auf eben diesem Motiv beruht. Aber bei weitem nicht alle Tendenzen im Kapitalexport beruhen auf diesem Motiv. Wie wir oben gezeigt haben, spielt das höhere allgemeine Niveau der Profitraten im minderentwickelten Land eine mindest ebensolche Rolle. Die allgemeine Tendenz zum Export von Kapital hebt Lenin hervor, wenn er schreibt, daß „... der Kapitalüberschuß nicht zur Hebung der Lebenshaltung der Massen in dem betreffenden Lande verwendet (wird) ..., sondern zur Steigerung der Profite durch Kapitalexport ins Ausland, in rückständige Länder."[73] Lenin erklärt sowohl die Ursache des „Kapitalüberschusses" als auch das allgemeine Motiv der Kapitalanlage in minderentwickelten Ländern, was nämlich sowohl (und primär) in den dort erzielbaren höheren allgemeinen Profitraten liegt (was Busch nicht sieht), als auch in den speziellen Surplusprofiten aufgrund höherer Produktivität und Intensität in derselben Branche (was Busch zu erkennen vermag).

Drittens: Zur Herausbildung einer internationalen Durchschnittsprofitrate. Zu dieser Frage hat Busch keinen Beitrag geliefert, es scheint sogar, daß Busch nicht erkennt, was die Herausbildung einer internationalen Durchschnittsprofitrate bedeutet. Statt sich nämlich über die Herausbildung einer einheitlichen Profitrate in den verschiedenen Branchen des Welthandels Gedanken zu machen, reflektiert er ausschließlich über die Ausgleichung der Profitraten zwischen den verschiedenen nationalen Gesamtkapitalen. Und selbst hier begeht er Fehler. Zum ersten ist er innerhalb seiner Auffassung unlogisch, wenn er annimmt, daß die in direkter Konkurrenz mit Kapitalen minderentwickelter Länder erzielten und ins entwikkelte Land transferierten Surplusprofite die allgemeine Profitrate des entwickelten Landes gegenüber dem ursprünglichen Niveau heben. Nach seiner (falschen) Auffassung müßte es sich ja lediglich um einen Ausgleich für die durch die Aufwertung der Währung des imperialistischen hochentwickelten Landes verlustig gegangenen Surplusprofite handeln. In Wahrheit aber handelt es sich hier um der direkten Ausbeutung der Arbeiter in den wenigerentwickelten Ländern entspringende Profite, die in der Tat zu einer Hebung der allgemeinen Profitrate des imperialistischen Landes führen, weil sie größer sind als die, die das Kapital den Arbeitern im eigenen Land abpressen könnte.

Busch begeht aber gleich den zweiten Fehler, wenn er meint, daß es dadurch zu einer Angleichung der Profitraten in den höher- und minderentwickelten Ländern komme. Marx, der im dritten Band des „Kapital" die Wirkung des Außenhandels und der kolonialen Extraprofite auf die allgemeine Profitrate des kapitalistischen Landes untersucht, schreibt: „Kapitale, im auswärtigen Handel angelegt, können eine höhere Profitrate abwerfen, weil hier erstens mit Waren kon-

[73] W. I. Lenin, Der Imperialismus als höchstes Stadium des Kapitalismus, a. a. O., S. 67.

kurriert wird, die von andern Ländern mit mindren Produktionsleichtigkeiten produziert werden, so daß das fortgeschrittnere Land seine Waren über ihrem Wert verkauft, obgleich wohlfeiler als die Konkurrenzländer. Sofern die Arbeit des fortgeschrittnern Landes hier als Arbeit von höherm spezifischen Gewicht verwertet wird, steigt die Profitrate, indem die Arbeit, die nicht als qualitativ höhere bezahlt, als solche verkauft wird ... Was andrerseits die in Kolonien etc. angelegten Kapitale betrifft, so können sie höhere Profitraten abwerfen, weil dort überhaupt wegen der niedrigen Entwicklung die Profitrate höher steht, und ebenfalls, bei Anwendung von Sklaven und Kulis etc., die Exploitation der Arbeit ...

Derselbe auswärtige Handel aber entwickelt im Inland die kapitalistische Produktionsweise, und damit die Abnahme des variablen Kapitals gegenüber dem konstanten ..., hat daher auch wieder im weitern Verlauf die entgegengesetzte Wirkung.

Und so hat sich denn im allgemeinen gezeigt, daß dieselben Ursachen, die das Fallen der allgemeinen Profitrate hervorbringen, Gegenwirkungen hervorrufen, die diesen Fall hemmen ... Sie heben das Gesetz nicht auf, schwächen aber seine Wirkung ab."[74] Marx beschreibt also hier, wie die zusätzlichen Profite in der weiteren Entwicklung über zusätzliche Akkumulation das Wachstum der organischen Zusammensetzung des Kapitals fördert, was die Hauptursache des Sinkens des allgemeinen Niveaus der Profitraten ist. Busch läßt das ganz außer acht. Eine Ausgleichung der nationalen Profitraten kommt also durch den Profittransfer nicht zustande.

3.5. Der internationale Austausch zu modifizierten Werten und die Effekte für die beteiligten Länder

Das Problem, das wir zu untersuchen haben, ist folgendes: Wie berührt die Tatsache, daß der internationale Handel auf der Grundlage modifizierter Werte stattfindet, wodurch eine ständige Umverteilung von Mehrwert oder produziertem Reineinkommen zwischen den verschiedenen Branchen der Weltwirtschaft bedingt ist, die Effekte, die den Volkswirtschaften aus ihrer Teilnahme an der internationalen Arbeitsteilung erwachsen? Ist nicht ständig eine Ländergruppe, nämlich diejenige, die vorwiegend Waren zu modifizierten Werten verkauft, die unter den internationalen Werten liegen, gegenüber derjenigen, die vorwiegend Waren über den internationalen Werten verkauft, benachteiligt? Gewinnt nicht ständig eine Ländergruppe auf Kosten der anderen?[75]

[74] K. Marx, Das Kapital, Dritter Band, a. a. O., S. 247–249.

[75] Wir betrachten hier nicht die Frage der Abweichung der nationalen Werte vom internationalen Wert, sondern die Abweichung des internationalen modifizierten Werts vom internationalen Wert. Es geht also nicht um die Frage der relativen Produktivität der Volks-

Die allgemeine Grundlage für die Beantwortung dieser Frage haben wir versucht mit dem Nachweis zu schaffen, daß der modifizierte Wert der Reproduktionsaufwand einer Branche für die Herstellung einer bestimmten Warenart ist. Betrachten wir solch ein scheinbar benachteiligtes Land, das seine Waren unter dem Wert verkauft und Waren über ihrem Wert kauft, näher. Steht der modifizierte Wert einer Ware über ihrem Wert, so bedeutet das, daß der zur normalen Reproduktion dieser Warenart erforderte Vorschuß größer ist, als das von diesem Zweig erbrachte Mehrprodukt. Steht der modifizierte Wert einer Ware unter ihrem Wert, so bedeutet das, daß der zur normalen Reproduktion dieser Warenart erforderte Vorschuß geringer ist, als das von diesem Zweig erbrachte Mehrprodukt. Ein Land, das im internationalen Austausch Waren verkauft, deren modifizierter Wert unter dem Wert liegt und solche kauft, deren modifizierter Wert über dem Wert liegt, hat also auf die Produktion solcher Waren verzichtet, bei denen sich das Verhältnis des Mehrprodukts zum Vorschuß ungünstig gestaltet (wo der Vorschuß größer als das produzierte Mehrprodukt) und sich dafür auf die Produktion solcher Waren konzentriert, bei denen das Verhältnis des Mehrproduktes zum Vorschuß günstig ist (wo der Vorschuß kleiner als das produzierte Mehrprodukt).

Somit tritt für das Land eine Wirkung ein, die analog der ist, die bei einer Verringerung des Aufwands an verzehrter Arbeit für die Herstellung derselben Menge Gebrauchswerte entsteht. Das Land könnte entweder zusätzlich akkumulieren (was höheres Wirtschaftswachstum bedeuten würde) oder zusätzlich konsumieren. Das Umgekehrte würde in einem Land eintreten, das die Spezialisierung in entgegengesetzter Richtung vollzieht, das also auf die Produktion einer Ware verzichtet, wo das Verhältnis von produziertem Mehrprodukt günstig (hier läge der Produktionspreis unter dem Wert) und sich auf die Produktion von Waren konzentriert, wo das Verhältnis weniger günstig ist. Es ist offenkundig, daß für das zweite Land ein großer Nachteil herauskäme, seine allgemeine Profitrate wäre geringer als vor der Spezialisierung. Der Vorteil des ersten Landes wäre gleich dem Nachteil des zweiten. In dem Maße, wie das eine Land Aufwand Vorschuß infolge der Spezialisierung einspart, hat das zweite Land zusätzlichen Aufwand.

Wir können also feststellen: *Wenn der Austausch nicht das unterschiedliche Verhältnis des Mehrproduktes zum Vorschuß in den verschiedenen Zweigen berücksichtigt, entstehen infolge der Spezialisierung einseitige Nachteile für diejenigen Länder, die die Produktion der Waren übernehmen, die sich durch ein ungünstiges Verhältnis des bei ihrer Produktion geschaffenen Mehrproduktes zu dem zu ihrer Reproduktion erforderten Vorschuß auszeichnen.* Umgekehrt entstehen einseitige Vorteile in den Ländern, die sich der Produktion der Waren zuwenden, die sich durch ein günstiges Verhältnis des Mehrprodukts zum Vorschuß auszeichnen. Wenn der Austausch also in Form des Austausches zu modifizierten Werten

wirtschaften innerhalb einer Branche, sondern um die Frage des Austausches zwischen verschiedenen Branchen. Diese Fragen sind streng voneinander zu trennen.

das unterschiedliche Verhältnis des Mehrprodukts zum Vorschuß in den verschiedenen Zweigen berücksichtigt, so schafft er nicht einseitige Vorteile, sondern verhindert diese. Das durch die Spezialisierung bevorzugte Land muß beim Austausch zu modifizierten Werten über die Wertgröße seiner Erzeugnisse hinaus zusätzliche Waren bereitstellen. Das senkt die allgemeine Profitrate, indem sich die Importwaren für das Land verteuern. Das scheint aber nur dann einen Nachteil für das Land zu bedeuten, wenn man den Austausch isoliert sieht, ohne die dem Austausch vorausgehende Spezialisierung zu beachten. Was das Land zusätzlich als Äquivalent über die Wertgröße seiner Waren hinaus bereitstellen muß (in Höhe der Differenz zwischen dem Wert und dem modifizierten Wert seiner Waren), entspricht der Menge Arbeit, die es einsparte, da es sich auf die Produktion von Waren konzentriert, bei deren Produktion ein größeres Mehrprodukt geschaffen wird als der für die Reproduktion dieser Warenart erforderte Vorschuß. Umgekehrt in dem durch die Zirkulation scheinbar bevorzugten Land. Die normale Reproduktion in den Zweigen, auf deren Produktion es sich konzentriert, erfordert einen Vorschuß, der größer ist, als das in diesen Zweigen produzierte Mehrprodukt. Die Reproduktion des Zweiges ist also nur beim Verkauf der Waren über ihrem Wert gewährleistet, nur bei Erstattung des vollen Reproduktionsaufwandes in der Zirkulation, also beim Austausch zu modifizierten Werten.

Allgemein gilt also: *Was ein Land infolge veränderter Zusammensetzung des Gesamtkapitals bei Spezialisierung an Mehrprodukt gewinnt (bzw. verliert), wird dadurch kompensiert, daß es im Austausch unter dem Wert verkauft (bzw. über dem Wert verkauft).* Das gesellschaftliche Gesamtprodukt der Länder wird durch den Austausch von Waren, deren modifizierter Wert größer als der Wert (oder kleiner als der Wert) ist, gegen Waren, deren modifizierter Wert kleiner als der Wert (oder größer als der Wert) ist, in der Tat berührt, weder wird jedoch die einfache Reproduktion der Produktionsmittel noch die Akkumulation oder Konsumtion des Landes eingeschränkt. Was die Länder im Austausch verlieren an Wert (resp. gewinnen), sparen sie infolge der Spezialisierung an Vorschuß (resp. haben sie zusätzlich vorzuschießen).

Die Wirtschaftskraft der Länder wird also dadurch, daß zwischen den Zweigen zu modifizierten Werten ausgetauscht wird, die über oder unter dem entsprechenden Wert liegen, nicht direkt berührt. Entscheidend ist für die Länder lediglich, inwieweit sie sich bei der Spezialisierung den Zweigen zuwenden, die im Vergleich zum internationalen Durchschnitt bei der Produktion derselben Ware mit relativ geringerem Aufwand an verzehrter bezahlter Arbeit und Vorschuß produzieren als in dem Zweig, dessen Produktion sie aufgeben. Eine indirekte Wirkung tritt allerdings ein, insofern eine Konzentration einzelner Länder auf besonders dynamische Wirtschaftszweige erfolgt, insofern also die Nachfrage auf dem Weltmarkt eine hohe Profitrate erfordert und ermöglicht, nicht weil der Vorschuß für eine gegebene Stufenleiter der erweiterten Reproduktion überdurchschnittlich groß ist, sondern weil die Stufenleiter der erweiterten Reproduktion zur Deckung der Nachfrage überdurchschnittlich groß sein muß. Die überdurchschnittlich große Nachfrage und dadurch vermittelt die überdurchschnittliche Profitrate ermöglicht dem betreffenden Land ein überdurchschnittliches Wirtschaftswachstum.

Im Licht des oben Gesagten wird die Einseitigkeit der Darlegungen von Grossmann deutlich, der nur die Tatsache konstatiert, daß ein Land über dem Wert, ein anderes unter dem Wert verkauft, und daraus Prozesse der Umverteilung und Ausbeutung ableitet. Grossmann schreibt: „Da jedoch im internationalen Handel keine Äquivalente ausgetauscht werden, weil hier ebenso wie auf dem inneren Markt die Tendenz zur Ausgleichung der Profitraten besteht, so werden die Waren des kapitalistisch hochentwickelten Landes, also eines Landes mit einer durchschnittlich höheren organischen Zusammensetzung des Kapitals zu Produktionspreisen verkauft, die stets höher als die Werte sind, während umgekehrt die Waren der Länder mit einer niedrigeren organischen Zusammensetzung des Kapitals bei freier Konkurrenz zu Produktionspreisen verkauft werden, die in der Regel niedriger als ihre Werte sein müssen ... Auf diese Weise erfolgen auf dem Weltmarkt innerhalb der Zirkulationsphäre Übertragungen des in dem unterentwickelten Land produzierten Mehrwerts auf das kapitalistisch höher entwickelte, da die Verteilung des Mehrwerts nicht nach der Zahl der beschäftigten Arbeiter, sondern nach der Größe des fungierenden Kapitals stattfindet."[76] Der Fehler ist, daß er sich nur auf den Austausch konzentriert und nicht die dem Austausch zugrunde liegenden Prozesse der Spezialisierung sieht. Daher bleibt ihm die Wirkung, die selbst bei Einsatz eines unveränderten Quantums verzehrter Arbeit durch die Spezialisierung auf Zweige unterschiedlicher Profitrate auf die allgemeine Profitrate der Länder entsteht, unklar. Und er begeht noch einen weiteren Irrtum bei der Begründung seiner These, daß es stets die höherentwickelten Länder seien, die über dem Wert verkauften und die niederentwickelten Länder, die unter dem Wert verkauften. Daß ein höherentwickeltes Land dieselben Waren mittels höherer organischer Zusammensetzung produziert als ein niedrigerentwickeltes, mag wohl richtig sein, hat aber zunächst noch nichts damit zu tun, daß es Waren über dem Wert verkauft. Ein Land exportiert die Waren, bei dessen Produktion es eine am nationalen Gesamtniveau gemessene hohe relative Produktivität hat. Das kann aber ebensogut bei einer Ware der Fall sein, deren Produktionspreis unter dem Wert liegt. Was Grossmann nachzuweisen hätte, wäre nicht, daß die höherentwickelten Länder Waren exportieren, die sie mittels höherer organischer Zusammensetzung produzieren als die minderentwickelten, sondern, daß die höherentwickelten Länder Waren exportieren, die mittels höherer organischer Zusammensetzung als der des nationalen Durchschnittskapitals der höherentwickelten Länder selbst produziert wurden. Im letzteren Fall nämlich lägen die nationalen Produktionspreise der Exporteure über den Werten der Waren.

Während Grossmann besonders die Frage der unterschiedlichen organischen

[76] H. Grossmann, Das Akkumulations- und Zusammenbruchsgesetz des kapitalistischen Systems, a. a. O., S. 341–342.

Zusammensetzung interessiert, richtet Emmanuel sein Hauptaugenmerk auf das unterschiedliche Lohnniveau in den verschiedenen Ländern. Ein höheres Lohnniveau bewirke eine niedere Profitrate. Durch den Ausgleich der verschiedenen nationalen Profitraten zur internationalen Durchschnittsprofitrate (die von Emmanuel unterstellt wird), würden Profite, die in Ländern mit niedrigem Lohnniveau produziert werden, in Länder mit höherem Lohnniveau transferiert. „Entwicklung stellt sich daher ... nicht als Ursache, sondern als Folge hoher Löhne dar."[77] Letztlich beuten auf diese Weise die Arbeiter der höherentwickelten Länder die der wenigerentwickelten aus. Dies gelte, wie Emmanuel ausdrücklich vermerkt, auch für Beziehungen zwischen sozialistischen Ländern. Emmanuel schreibt, „... daß die sozialistische Revolution den ungleichen Tausch nur dann endgültig abschaffen kann, wenn sie auf der ganzen Welt stattfindet. Andernfalls entsteht nämlich neben dem irrationalen sozialistischen Markt ein internationaler kapitalistischer Markt der ‚Referenz' und das arme Land ist weiterhin der Ungleichheit zugunsten des reichen Landes unterworfen, unabhängig von den sozialen Verhältnissen in den jeweiligen Ländern."[78]

Was Emmanuels Prämisse der Existenz einer internationalen Durchschnittsprofitrate betrifft, so haben wir uns dazu im vorigen Abschnitt bereits geäußert. Damit ist die von Emmanuel aufgeworfene Frage aber nicht vollständig beantwortet, denn es bleibt offen, ob nicht dadurch, daß sich die Profite international zwischen den Branchen (und damit zwischen den Ländern) entsprechend den Reproduktionserfordernissen des Gesamtsystems verteilen, die Länder mit höherem Lohnniveau und damit höherem Vorschuß einen Anspruch auf die Umverteilung von Profit erheben, der ausschließlich dem hohen Lohnniveau geschuldet ist. Der entscheidende theoretische Grundfehler Emmanuels ist der, daß er den Zusammenhang von Entwicklung der gesellschaftlichen Produktivität der Arbeit und Lohnentwicklung falsch auffaßt. Man sehe sich alle seine „Modelle" daraufhin an – immer ist trotz Lohnerhöhung konstante Produktivität unterstellt.[79] Das entspricht nun aber in keiner Weise der Realität. Schon zu Marx' Zeiten und bis heute ist es so, daß sich die Produktivität insgesamt gesehen schneller entwickelt als die Löhne, das also der Anteil am Produkt, den die Produzenten in Gestalt des Lohnes erhalten, sinkt.

Emmanuels Gedankengang baut darauf auf, daß die Profitrate in den Ländern mit höherem Lohnniveau deshalb niedriger ist, weil der relative Mehrwert und die Mehrwertrate in diesen Ländern eben wegen der höheren Löhne niedriger ist.[80] Gerade das Gegenteil aber ist der Fall! Die Profitrate ist trotz hoher Mehrwertrate wegen der organischen Zusammensetzung des Gesamtkapitals und hoher Umschlaggeschwindigkeit niedrig. „Es ist ebenso nur ein andrer Ausdruck für die fortschrei-

[77] A. Emmanuel, L' échange inégal, a. a. O., S. 161.

[78] A. Emmanuel, Der ungleiche Tausch (Antwort an Jaques Lair), in: Kritik der Politischen Ökonomie, 2/1974, Westberlin 1974, S. 75.

[79] A. Emmanuel, L'échange inégal, a. a. O., S. 110.

[80] Vgl. ebenda, S. 111.

tende Entwicklung der gesellschaftlichen Produktivkraft der Arbeit, die sich grade darin zeigt, daß vermittelst der wachsenden Anwendung von Maschinerie und fixem Kapital überhaupt mehr Roh- und Hilfsstoffe von derselben Anzahl Arbeiter in derselben Zeit, d. h. mit weniger Arbeit in Produkte verwandelt werden ... Diese erzeugt mit der fortschreitenden relativen Abnahme des variablen Kapitals gegen das konstante eine steigend höhere organische Zusammensetzung des Gesamtkapitals, deren unmittelbare Folge ist, daß die Rate des Mehrwerts bei gleichbleibendem und selbst bei steigendem Exploitationsgrad der Arbeit sich in einer beständig sinkenden allgemeinen Profitrate ausdrückt."[81] Emmanuel identifiziert höhere Löhne mit niedriger Mehrwertrate, das ist aber nur richtig, wenn man Lohnerhöhung bei konstanter Produktivität unterstellt. Damit ist aber in die Prämisse gesteckt oder besser dort versteckt, was Emmanuel beweisen will, nämlich, daß Basis der Lohnerhöhung nicht die Erhöhung der gesellschaftlichen Produktivität ist. Und wie er es macht, indem er mit größter Sorgfalt den Eindruck zu vermeiden sucht, daß hier Wesentliches aus dem Problem ausgespart wurde, läßt befürchten, daß er nicht irrt, sondern täuscht!

Wie Marx in seiner Lehre vom relativen Mehrwert nachwies, ist der Grad der Ausbeutung in einem hochentwickelten Land viel höher als in einem niedrigentwickelten Land, obwohl das Lohnniveau im hochentwickelten Land nicht nur nominell, sondern auch real höher ist als im minderentwickelten, da sich die Produktivität, durch die innerzweigliche Konkurrenz erzwungen, schneller als die Löhne entwickelt. In Wahrheit ist also die Mehrwertrate in den höherentwikkelten Ländern trotz der höheren Reallöhne in diesen Ländern nicht niedriger, sondern größer als in den wenigerentwickelten Ländern. Es ist also falsch, daß die niedrige Profitrate der höherentwickelten Länder einem geringeren relativen Mehrwert und niederer Mehrwertrate geschuldet sei. Aber, könnte Emmanuel einwenden, wenn schon nicht der relative Mehrwert geschmälert wird durch die höheren Löhne, so könnte sich doch trotzdem eine Wirkung auf die Profitrate dadurch ergeben, daß sich der Vorschuß wertmäßig erhöht, indem mehr variables Kapital vorgeschossen werden muß. Auch dieses Argument ist nur richtig, wenn man konstante Produktivität oder zumindest ein langsameres Wachstum der Produktivität als der Löhne als Prämisse unterstellt. Das tatsächliche schnellere Wachstum der Produktivität aber bewirkt sowohl einen sinkenden Wert der zur Reproduktion der Arbeitskraft nowendigen Lebensmittel als auch der vorzuschießenden Produktionsmittel. Der Wert der vorzuschießenden Waren sinkt mit Entwicklung der Arbeitsproduktivität in stärkerem Maße, als er durch die Erhöhung der Reallöhne steigt.

Es bleibt als Resultat: Von der gestiegenen Produktivkraft der Arbeit profitieren die Kapitalisten, die diese Arbeit ausbeuten, während die Arbeiter, die die höhere Produktivkraft hervorbringen, zwar absolut höhere Löhne im gewerkschaftlichen Kampf durchsetzen können, ihre Relativlöhne jedoch sinken. Da die

[81] K. Marx, Das Kapital, Dritter Band, a. a. O., S. 222–223.

Produktivitätsentwicklung in allen kapitalistischen Ländern schneller als die Lohnentwicklung erfolgt, sind die Reproduktionsmöglichkeiten der Branchen hochentwickelter Länder ungeachtet des relativ hohen Lohnniveaus nicht eingeschränkt, weil weder der relative Mehrwert verringert noch der Vorschuß wertmäßig vergrößert wird. Soweit die allgemeine Profitrate hochentwickelter Länder niedriger als die wenigerentwickelter ist, ist das Gründen geschuldet, die mit der Lohnentwicklung nichts zu tun haben. Die den Reproduktionserfordernissen der Branchen geschuldete Umverteilung von Profit zwischen den Branchen und damit zwischen den Ländern hat ihre Ursache nicht im höheren Lohnniveau einiger kapitalistischer Länder, da die gesteigerten Löhne lediglich partiell dem Kapitalisten das durch die Produktivkraftentwicklung vergrößerte Mehrprodukt entziehen und denen zuführen, die die Arbeit gesteigerter Produktivkraft verausgaben, den Proletariern.

Es erübrigt sich, die Frage gesondert für die Beziehungen zwischen sozialistischen Ländern zu diskutieren, wo das gesamte geschaffene Produkt Eigentum der Produzenten ist.

Samir Amin, der von ähnlichen Gedanken wie Emmanuel auszugehen scheint, sieht den vermittelten Zusammenhang zwischen Produktivitäts- und Lohnentwicklung nach einer anderen Hinsicht durchbrochen.[82] Er geht davon aus, daß Kapitalexport in die Entwicklungsländer erfolgt, um das niedrige allgemeine Lohnniveau zur Profitmaximierung zu nutzen. Insbesondere in den Exportsektoren dieser Länder werde eine Produktion hoher Produktivität aufgebaut, von dessen Ergebnissen jedoch ausschließlich das ausländische Kapital profitiere, während das Lohnniveau unter Ausnutzung politischer, ökonomischer und sozialer Macht und unter dem Druck des relativ rückständigen Binnensektors niedrig gehalten wird. Amin hat hier eine der wichtigsten Formen imperialistischer Ausbeutung aufgezeigt. Die Bezeichnung „ungleicher Tausch" ist aber ungenau und in gewisser Weise sogar irreführend. Es geht nicht um ein Tauschproblem, um ein Problem der Zirkulation schlechthin. Oder besser: Es geht um ein Problem der Zirkulation, soweit die Bewegung des Kapitals über die Zirkulation vermittelt ist. Das Wesen des von Amin beschriebenen Prozesses muß im Kapitalverhältnis gesucht werden, nicht in der Zirkulation. Der Außenhandel, soweit er Austausch von Äquivalenten, *verursacht* überhaupt keine Ausbeutungsprozesse, wohl aber vermag er sie zu *vermitteln*. Der Außenhandel als Zirkulation ist Teil der Reproduktion, der Reproduktion sowohl der materiellen Bedingungen als auch der gesellschaftlichen Verhältnisse. Werden die Waren als Kapitale ausgetauscht, so ist der Außenhandel Teil der Reproduktion des Kapitalverhältnisses, eines Ausbeutungsverhältnisses, das seine Wurzel im Kauf der Ware Arbeitskraft hat. Wer-

82 Vgl. S. Amin, Die ungleiche Entwicklung, Essay über die Gesellschaftsformationen des peripheren Kapitalismus, Hamburg 1975, S. 114/115, und S. Amin, „Self-reliance" und die Neue internationale Wirtschaftsordnung, in: Kapitalistische Weltökonomie. Kontroversen über ihren Ursprung und ihre Entwicklungsdynamik, Hrsg. Dieter Senghaas, Frankfurt a. M. 1979, S. 321–322.

den die Waren als Produkte sozialistischer Produzenten ausgetauscht, so ist der Außenhandel Teil der Reproduktion des sozialistischen Eigentums, d. h. daß die Aneignung des gesamten geschaffenen Produkts durch die Produzenten erfolgt. Alle Versuche, zwischen souveränen sozialistischen Eigentümern Ausbeutungsprozesse nachzuweisen, erwiesen sich als unhaltbar.

Von einer ganz anderen Seite als Emmanuel und Grossmann kritisieren eine Reihe marxistischer Ökonomen – Theoretiker wie Praktiker – die Austauschbeziehungen auf internationaler Ebene, sofern sich dahinter Beziehungen zwischen Zweigen unterschiedlicher Fondsintensität verbergen. Als typisch kann die Argumentation von Lojter angesehen werden, der schreibt: „Es ist gemeinhin bekannt, daß die höhere Investitionsintensität der extraktiven Zweige einen nichtäquivalenten Austausch in den außenwirtschaftlichen Beziehungen zur Folge hat. Die Berechnungen zeigen, daß man, um auf dem sozialistischen Weltmarkt einen Verrechnungsrubel zu erzielen, für die Exportproduktion von Eisenerz, Rohstoffen für Mineraldünger sowie für Kohle fünf- bis achtmal mehr Investitionen aufwenden muß als zur Produktion von Maschinen. Noch höher ist die Investitionsintensität beim Export von Erdöl, Baumwolle und einer Reihe von Buntmetallen. Hinzu kommt, daß der Bau sowie die Inbetriebnahme von Betrieben in den Rohstoffzweigen sich über einen erheblich längeren Zeitraum erstreckt als in den verarbeitenden Zweigen."[83] Lojter ist ebenso einseitig wie Grossmann; seine Einseitigkeit liegt allerdings auf dem entgegengesetzten Pol. Während jener nur den Austausch sieht und aus der Umverteilung von Wert schlußfolgert, daß stets die Länder, die unter dem Wert verkaufen und über dem Wert kaufen, benachteiligt seien, sieht dieser nur die Spezialisierung und schlußfolgert aus der höheren Investitionsbelastung infolge der Spezialisierung, daß die betreffenden Länder stets benachteiligt, die anderen bevorzugt seien. Genauso macht es Bogomolov, wenn er schreibt, daß die Länder, die im Rahmen der internationalen Spezialisierung die Produktion von investitionsintensiven Erzeugnissen, z. B. Rohstoffen, übernehmen, benachteiligt seien, weil dadurch die Investitionen anderer Zweige geschmälert würden und das gesamtvolkswirtschaftliche Wachstum reduziert würde.[84] Auch er betrachtet nur die Spezialisierung.

Wir meinen dagegen, daß man Spezialisierung und Austausch als Einheit sehen muß, nur so läßt sich der Gesamteffekt der internationalen Arbeitsteilung für die Länder beurteilen. Der rationelle Kern in Lojters Auffassung liegt darin, daß er die Berücksichtigung der Investitionsintensität (die Ausdruck für einen Teil des neu zu erbringenden Vorschusses ist) beim Austausch fordert. Darin stimmen wir ihm zu. Uns scheint allerdings, daß er in der Frage, wie diese Investitionsintensität berücksichtigt werden muß, einen Fehler begeht. Die Tatsache, daß hinter einem im Export erwirtschafteten transferablen Rubel je nach der Struktur des Exports

[83] M. N. Lojter, Naturressourcen, Umwelt und Investitionseffektivität, Berlin 1977, S. 221.

[84] Vgl. O. T. Bogomolow, Theorie und Methodologie der internationalen sozialistischen Arbeitsteilung, a. a. O., S. 21.

ein unterschiedliches Investitionsvolumen steckt, als Beweis für nichtäquivalenten Austausch zu werten, ist nicht richtig. Wenn Lojter der Meinung ist, daß die Investitionsintensität beim Austausch ungenügend berücksichtigt wird, muß er, um dieses zu beweisen, die Investitionen (besser: den gesamten Vorschuß) dem mittels dieser Investitionen erwirtschafteten Reineinkommen gegenüberstellen und nicht dem Erlös. Es ist doch nicht gleichgültig, ob 35 % oder nur 5 % dieses im Export erlösten transferablen Rubels Reineinkommen sind. Lojters Betrachtung sagt zwar etwas über die Investitionsintensität des Exports, sie sagt aber nichts über die Berücksichtigung dieser Investitionsintensität im Austausch und nichts über die Äquivalenz im Austausch.

Würde man Lojter folgen, könnte Äquivalenz im Austausch nur dann existieren, wenn Waren ausgetauscht würden, die mittels gleicher Investitionsintensität produziert wurden. Nur auf diese Weise wäre nämlich praktisch realisierbar, daß sich hinter gleichen Exporterlösen auch gleiche Investitionsaufwendungen verbergen. Theoretisch leugnet Lojter damit die Möglichkeit der Bezahlung des Vorschusses im Preis und zeigt damit sein Unverständnis gegenüber der Kategorie des fondsbezogenen Preistyps. Praktisch führt eine strenge bilaterale Bilanzierung von Waren gleicher Investitionsintensität im Handel zwischen den ML/RGW zu einer Einschränkung der Möglichkeiten des internationalen Handels und einer Verhärtung des Bilateralismus durch Strukturentwicklungen in den Volkswirtschaften. Sowohl die strenge Bilateralität als auch die ungenügende Entwicklung der zwischenzweiglichen internationalen Arbeitsteilung würden die volle Nutzung der Vorzüge der internationalen Arbeitsteilung behindern. Aus diesem Grunde erscheint es uns erforderlich, sowohl der theoretischen als auch vor allem der praktischen planmäßigen Bewältigung des Problems der Bezahlung der Aufwandsart Vorschuß im internationalen Preis auf dem RGW-Markt größere Aufmerksamkeit als bisher zu widmen.

4. Die Spezifika der internationalen Wertbildung bei Erzeugnissen der extraktiven Industrie

4.1. Problemstellung

Ausgangspunkt unserer Untersuchungen war der Wert in seinen einfachsten und abstraktesten Bestimmungen, die Gesetze seiner Bildung und Realisierung auf internationaler Ebene. Darauf ausbauend untersuchten wir im folgenden, welche neuen, zusätzlichen Bestimmungen sich aus der Modifikation des Wertes auf internationaler Ebene ergeben und stießen dabei auf das Problem des Vorschusses und die Notwendigkeit seiner Berücksichtigung bei der Bildung und Realisierung internationaler Werte.

Mit dem vorliegenden Kapitel erfolgt nun eine abermalige Konkretisierung, indem wir zweigspezifische Besonderheiten der Reproduktion der extraktiven Industrie in die Betrachtung einbeziehen. Der erste Abschnitt ist deshalb der Darstellung dieser Besonderheiten und ihrer allgemeinen Wirkung auf den Prozeß der Wertbildung und -realisierung gewidmet. Besonderer Wert wurde dabei auf die Herausarbeitung der gesellschaftlichen Bedingungen gelegt, die die Bildung des modifizierten Marktwertes auf der Basis der höchsten individuellen Aufwendungen erzwingen. Im weiteren wird auf das Problem des Einflusses der Substitution auf die Wertbildung eingegangen, das in der extraktiven Industrie eine spezifische Gestalt annimmt. Mit den folgenden Abschnitten wenden wir uns der internationalen Ebene zu. Wie sich die spezifischen Reproduktionserfordernisse der extraktiven Zweige auf internationaler Ebene durchsetzen, ist die allgemeine Fragestellung des dritten und vierten Abschnitts. Insbesondere geht es um die bisher unseres Wissens kaum untersuchten Zusammenhänge zwischen den Aufwendungen der für den nationalen Markt produzierenden Wirtschaftseinheiten eines exportierenden oder eines importierenden Landes und der Herausbildung eines internationalen Wertes für die entsprechenden Erzeugnisse der extraktiven Zweige. Entsprechend den unterschiedlichen Bedingungen erfolgt eine getrennte Betrachtung für das kapitalistische und das sozialistische Weltwirtschaftssystem.

Neben der theoretischen Analyse können empirische Untersuchungen im Vergleich zu den vorhergehenden Kapiteln stärker in den Vordergrund treten. Diese Möglichkeit ist dadurch gegeben, daß wir bei der theoretischen Untersuchung (der Rekonstruktion des Konkreten) an einem Punkt angelangt sind, wo eine solche Vielfalt von Bestimmungen erfaßt wird, daß Konturen der sich an der Oberfläche vollziehenden Prozesse in ihrer Komplexität bereits relativ deutlich erfaßt werden können. Es soll deshalb die Gelegenheit genutzt werden, einige theoretische Überlegungen anhand empirischen Materials über das praktisch zunehmend Bedeutung gewinnende Problem der Bildung und Realisierung internationaler Werte für Primärenergieträger zu verdeutlichen. Dabei darf man nicht überziehen. Es geht wohlgemerkt nur um Konturen. Die unmittelbare Betrachtung der die Oberfläche beherrschenden Prozesse und Erscheinungen liegt außerhalb des Gegenstandes der vorliegenden Arbeit und bedarf der Einbeziehung vieler weiterer, zum Teil modifizierender Momente.

4.2. Die Besonderheiten der Herausbildung des gesellschaftlich notwendigen Arbeitsaufwandes der extraktiven Industrie

Die extraktive Industrie zeichnet sich wie auch die Landwirtschaft vor den anderen Wirtschaftszweigen dadurch aus, daß sie sich bei der Produktion begrenzt zur Verfügung stehender Naturkräfte bedient. Diese begrenzt zur Verfügung stehenden Naturkräfte sind alle natürlichen Bedingungen und Prozesse, die den Produktionsprozeß begünstigen, indem ihre Nutzung die Produktivität der Arbeit erhöht.[1] Ökonomisch bedeutet also die Nutzung dieser begrenzten Naturkraft die Einsparung von Arbeit zur Herstellung derselben Menge Gebrauchswerte. Dabei kann es sich um Einsparung an verzehrter Arbeit wie auch an Vorschuß handeln. Die Naturkraft kann unterschiedliche Gestalt annehmen. Für die extraktive Industrie könnte man zwei Komplexe unterscheiden: 1. Alle Bedingungen, die die Beschaffenheit der Lagerstätte charakterisieren, wie Umfang und Qualität des Minerals, Teufe, Lage der Flöze usw.; 2. Die Charakteristika des Standortes, wie geografische Entfernung zum Konsumenten, klimatische Bedingungen usw.

Innerhalb des Zweiges ist stets ein Teil der Produzenten von der Nutzung dieser Naturkraft ausgeschlossen. Marx schreibt für kapitalistische Bedingungen: „Der Teil der Fabrikanten, der die Wasserfälle besitzt, schließt den Teil, der sie nicht besitzt, von der Anwendung dieser Naturkraft aus, weil der Boden und noch mehr der mit Wasserkraft begabte Boden beschränkt ist ... Der Besitz dieser Naturkraft bildet ein Monopol in der Hand ihres Besitzers, eine Bedingung hoher Produktivkraft des angelegten Kapitals, die nicht durch den Produktionsprozeß des Kapitals selbst hergestellt werden kann; diese Naturkraft, die so monopolisierbar ist, haftet immer an der Erde. Eine solche Naturkraft gehört nicht zu den allgemeinen Bedingungen der fraglichen Produktionssphäre, und nicht zu den Bedingungen derselben, die allgemein herstellbar sind.“[2] Lenin nannte dieses Monopol,

[1] Marx verweist darauf, daß „... es sich bei der Agrikultur (wie bei der Bergwerksindustrie) nicht nur um die gesellschaftliche, sondern auch um die naturwüchsige Produktivität der Arbeit (handelt), die von den Naturbedingungen der Arbeit abhängt.“
K. Marx, Das Kapital, Dritter Band, a. a. O., S. 775.

[2] Ebenda, S. 658.

von dem Marx in dem angeführten Zitat spricht, das „Monopol der Bodenbewirtschaftung"[3].

Das Wesen dieses Monopols besteht darin, daß die Nutzung der begrenzt zur Verfügung stehenden Naturkraft durch einen Produzenten die Nutzung durch einen anderen Produzenten ausschließt. Dadurch ermöglicht die Nutzung dieser begrenzten Naturkraft dem begünstigten Produzenten, mit seiner absoluten auch seine relative Produktivkraft zu erhöhen, ohne daß er die gesellschaftliche Produktivität der Arbeit in besondrer Weise entwickelt hätte. Diese, der Nutzung einer begrenzten Naturkraft geschuldete, höhere relative Produktivität verschafft dem Produzenten die Erzielung eines Surplus, sofern – und das ist die einzige Bedingung – sich für alle Produkte derselben Art ein einheitlicher modifizierter Marktwert herausbildet. Darauf weist Marx mehrfach hin. „Glichen sich nicht die verschiednen Werte zu Produktionspreisen und die verschiednen individuellen Produktionspreise zu einem allgemeinen, den Markt regulierenden Produktionspreis aus, so würde die bloße Steigerung der Produktivkraft der Arbeit durch den Gebrauch des Wasserfalls nur den Preis der mit dem Wasserfall produzierten Waren erniedrigen, ohne den in diesen Waren steckenden Profitteil zu erhöhen . . ."[4] Bei gleichem Entwicklungsstand der gesellschaftlichen Produktivkräfte führt also der Verkauf der Produkte zu einem einheitlichen modifizierten Marktwert zu unterschiedlichen Profitraten bei den einzelnen Produzenten desselben Zweiges, in Abhängigkeit von der Verfügung über die begrenzte Naturkraft. „Das Dasein der *differenten Surplusprofite* oder *differenten Grundrenten* auf Ländereien von verschiedner Fruchtbarkeit unterscheidet nicht die Agrikultur von der Industrie. Was sie unterscheidet, ist die *Fixierung* dieser Surplusprofite, weil sie hier auf einer natürlichen Basis beruhn . . ."[5]

Diese Besonderheit der Existenz stabiler Differenzen in den Profitraten in Abhängigkeit von der Verfügung über eine begrenzte Naturkraft führt unter bestimmten gesellschaftlichen Voraussetzungen dazu, daß sich als gesellschaftlich notwendig der Aufwand der unter den schlechtesten natürlichen Bedingungen wirtschaftenden Produzenten erweist. Marx und Lenin haben dieses Problem für die kapitalistische Produktionsweise untersucht. Sie gingen davon aus, daß das durch den gesellschaftlichen Bedarf erforderte Quantum Waren nur dann produziert wird (und reproduziert wird), wenn auch der kapitalistische Produzent, der sich nicht der begrenzt zur Verfügung stehenden Naturkraft bedienen kann, einen seiner Beherrschung der gesellschaftlichen Produktivkräfte entsprechenden Profit erzielt. „*Kapitalistische Produktion* im großen aber nur möglich, wo das letztbebaute Land wenigstens den Durchschnittsprofit abwirft . . ."[6] Ähnlich schreibt

[3] Vgl. W. I. Lenin, Die Agrarfrage und die Marxkritiker, in: Werke, Bd. 5, Berlin 1958, S. 155 ff.

[4] K. Marx, Das Kapital, Dritter Band, a. a. O., S. 660.

[5] K. Marx, Theorien über den Mehrwert, Zweiter Teil, a. a. O., S. 89.

[6] Ebenda, S. 96.

Lenin: „Diese Beschränktheit schafft – ganz unabhängig von irgendwelchem Eigentum an Boden – eine gewisse Art von Monopol, nämlich: Da der ganze Boden von Farmern besetzt ist, da eine Nachfrage nach dem ganzen, auf dem gesamten Boden, darunter auch auf den schlechtesten und auf den vom Markt am weitesten entfernten Ländereien erzeugten Getreide besteht, so ist es klar, daß der Getreidepreis durch den Produktionspreis auf dem schlechtesten Boden (oder durch den Produktionspreis bei dem letzten, am wenigsten produktiven Kapitalaufwand) bestimmt wird."[7] Der modifizierte Marktwert der Waren einer Art ist gleich dem Reproduktionsaufwand, der erforderlich ist, um die Gesamtmasse der zur Deckung des Bedarfs dienenden Waren hervorzubringen. Diese Gesamtmasse Waren kann in der extraktiven Industrie nur dann reproduziert werden, wenn auch dem unter den schlechtesten natürlichen Bedingungen wirtschaftenden kapitalistischen Produzenten aus dem Absatz seiner Erzeugnisse die Möglichkeit der Reproduktion seines Kapitals und damit der materiellen Reproduktion der Waren entsprechend der Entwicklung des gesellschaftlichen Bedarfs gegeben ist. Der Aufwand des unter den relativ schlechtesten natürlichen Bedingungen wirtschaftenden Produzenten bestimmt also – normale gesellschaftliche Produktivität unterstellt – den modifizierten Marktwert der Waren.

Die (geringeren) individuellen Aufwendungen der sich der begrenzten Naturkraft bedienenden Produzenten können nicht Grundlage des gesellschaftlichen modifizierten Marktwertes der Waren sein, „... weil innerhalb jeder Produktionssphäre der *Wert* der ihr gehörigen Waren nicht bestimmt wird durch den individuellen Wert der Ware, sondern durch *ihren Wert*, den sie unter den *allgemeinen* Produktionsbedingungen der Sphäre hat"[8]. Die Naturkraft, derer sie sich bedienen, zählt aber gerade wegen ihrer Begrenztheit nicht zu den allgemeinen Bedingungen der fraglichen Produktionssphäre. Die der Verwendung der begrenzten Naturkraft geschuldete höhere relative Produktivität verwertet sich in Form eines speziellen Surplus – der Differentialrente. Aber: Nicht weil eine Differentialrente gezahlt werden muß, wird der modifizierte Marktwert durch den Aufwand des unter schlechtesten natürlichen Bedingungen wirtschaftenden Produzenten bestimmt, sondern umgekehrt. Die Differentialrente kann gezahlt werden, weil die Reproduktion des zur Deckung des gesellschaftlichen Bedarfs erforderten Gesamtquantums Waren nur gewährleistet ist, wenn auch der unter schlechtesten natürlichen Bedingungen wirtschaftende Produzent so reproduzieren kann, wie es der Entwicklung des gesellschaftlichen Bedarfs entspricht, wenn also der modifizierte Marktwert (wie in jeder anderen Sphäre auch) durch die allgemeinen und allgemein herstellbaren Produktionsbedingungen bestimmt wird.

Marx unterscheidet bei der Untersuchung der Differentialrente zwei Formen: die Differentialrente I und die Differentialrente II. Die Differentialrente I ist das Surplus, das der begünstigte Produzent dank der Nutzung der begrenzten Natur-

[7] W. I. Lenin, Die Agrarfrage und die Marxkritiker, a. a. O., S. 119.

[8] K. Marx, Theorien über den Mehrwert, Zweiter Teil, a. a. O., S. 159–160.

kraft bei gleichem Kapitaleinsatz wie der Produzent, dem diese Naturkraft nicht zur Verfügung steht, realisieren kann. Nach der Art der genutzten Naturkraft kann man wiederum unterscheiden in: Differentialrente Ia und Ib. Die Differentialrente Ia ist der Nutzung derjenigen Naturkräfte geschuldet, die wir unter Beschaffenheit der Lagerstätte zusammenfaßten (also all jener Faktoren, die wesentlich den Aufwand am Förderort bestimmen). Die Differenzen in den Aufwendungen am Förderort, soweit sie den natürlichen Bedingungen geschuldet sind, sind bei Primärenergieträgern quantitativ sehr bedeutsam. Die bedeutenden Unterschiede im Aufwand beruhen zwar teilweise auch auf Unterschieden in der gesellschaftlichen Produktivität, sie haben ihre entscheidende Basis jedoch in den unterschiedlichen natürlichen Bedingungen. Die Differentialrente Ib fällt dem begünstigten Produzenten bei Nutzung seiner Standortvorteile zu. Auf der Grundlage der weltweit ungleichmäßigen Verteilung der Lagerstätten für Primärenergieträger ist auch dieser Faktor von erheblicher Bedeutung.

Hinzu kommt, daß Primärenergieträger aufgrund ihres geringen Veredlungsgrades und ihrer spezifischen Beschaffenheit sehr transportaufwendig sind, also der Anteil, den die Transportindustrie am Gesamtwert der Waren hat, bei Primärenergieträgern im Durchschnitt größer ist, als bei Erzeugnissen höherer Verarbeitungsstufen. In besonderem Maße gilt dies für Erdgas und Kohle. Dafür zwei Beispiele:

– Der Förderaufwand für eine Tonne Einheitsbrennstoff in Form von Erdgas beträgt im Tjumener Gebiet in der UdSSR 6,4 Rubel. Wird dieselbe Menge Erdgas in die großen Verbraucherzentren nach Moskau oder Leningrad transportiert, so steigt der Aufwand infolge des Transports auf 16,3 Rubel, d. h. um 15 %.

– Der Förderaufwand für eine Tonne Steinkohle beträgt in den USA zwischen 5 und 15 US-$. Soll dieselbe Menge statt in den USA in Westeuropa verbraucht werden, so ist ein zusätzlicher Aufwand von 5–6 US-$ zu veranschlagen, also auch hier eine bedeutende Aufwandserhöhung (33 % bis 100 %).

Die Beispiele weisen gleichzeitig darauf hin, daß ein Produzent über relativ günstige Abbaubedingungen verfügen, andererseits aber einen ungünstigen Standort haben kann. Der umgekehrte Fall ist natürlich auch denkbar. Marx schrieb dazu (am Beispiel der Landwirtschaft): „Ferner ist es klar, daß diese zwei verschiednen Gründe der Differentialrente, Fruchtbarkeit und Lage, in entgegengesetzter Richtung wirken können. Ein Boden kann sehr gut gelegen und sehr wenig fruchtbar sein, und umgekehrt".[9]

Über die Existenz der Differentialrente II in der extraktiven Industrie gibt es unter marxistischen Ökonomen unterschiedliche Auffassungen. Marx erklärte die Differentialrente II in der Landwirtschaft folgendermaßen: Die Deckung des gesellschaftlichen Bedarfs an landwirtschaftlichen Erzeugnissen kann theoretisch auf zweierlei Weise erfolgen. Einerseits dadurch, daß das Kapital zu gleichen Teilen

[9] K. Marx, Das Kapital, Dritter Band, a. a. O., S. 663–664.

auf Bodenstücke unterschiedlicher Fruchtbarkeit verteilt wird. Die Profite sind entsprechend der natürlichen Fruchtbarkeit der Böden differenziert. Andrerseits dadurch, daß sukzessive Kapital auf einzelnen Stücken des Bodens angelegt wird und dadurch die Fruchtbarkeit des Bodens erhöht wird. Die Erträge, die durch zusätzliche Kapitalanlagen erzielt werden, sind auf den verschiedenen Böden unterschiedlich und in der Regel auch von denen der ursprünglichen Kapitalanlage auf demselben Boden verschieden. Da der Marktwert für alle identischen Gebrauchswerte einheitlich ist, sind also die Profite der zusätzlichen Kapitalanlagen ebenfalls differenziert, und wie im ersten Fall ist diese Differenzierung den natürlichen Bedingungen geschuldet. Die Surplusprofite, die bei zusätzlichen Kapitalanlagen auf bereits bebautem Boden dem begünstigten Produzenten entstehen, nennt Marx die Differentialrente II.

Eine Reihe marxistischer Ökonomen ist der Auffassung, daß die Differentialrente II in der extraktiven Industrie nicht existieren könne, da durch zusätzliche Kapitalanlagen die „Fruchtbarkeit" einer Lagerstätte nicht gesteigert werden könne. Untersuchen wir diese Auffassung näher. Den entscheidenden Unterschied zwischen der extraktiven Industrie und der Landwirtschaft bringt Marx wie folgt zum Ausdruck: „In allen Produktionszweigen findet *Reproduktion* statt; aber diese industrielle Reproduktion fällt nur in der Agrikultur zugleich mit der natürlichen zusammen, nicht aber in der *extraktiven Industrie*."[10] In der extraktiven Industrie erfolgt nicht, wie in anderen Zweigen und auch in der Landwirtschaft, mit der Reproduktion des Kapitals die Reproduktion aller materiellen Produktionsbedingungen. Das Mineral in der Lagerstätte wird nicht reproduziert, nicht gleichzeitig mit der Reproduktion des Kapitals und auch nicht unabhängig von ihr (was z. B. in der Fischerei der Fall ist). Eine Lagerstätte ist also nach einem bestimmten, durch den Umfang der Förderung wesentlich beeinflußten Zeitraum erschöpft. Dies ist der Sachverhalt, den die Ökonomen im Auge haben, wenn sie davon sprechen, daß die Fruchtbarkeit einer Lagerstätte nicht durch zusätzliche Kapitalanlagen erhöht werden könne. Uns scheint hier eine Verwechslung vorzuliegen. Natürlich läßt sich die Ausbeute pro Monat oder pro Jahr durch zusätzliche Kapitalanlagen wesentlich und in Abhängigkeit von den Naturbedingungen in differenziertem Umfang erhöhen. Was aber ist das anderes als Erhöhung der Fruchtbarkeit, was kann denn Fruchtbarkeit anderes bedeuten als die auf eine fixierte Zeiteinheit bezogene Menge produzierbarer Gebrauchswerte in oder aus einem bestimmten Teil der Erde? Heißt es denn in der Landwirtschaft etwas anderes? Eine andere Frage ist die, ob mit der Erhöhung der Ausbeute pro Zeiteinheit der Zeitraum, in dem die Lagerstätte ausbeutbar ist, verkürzt wird. Das ist in der Tat der Fall, und es bedeutet, daß das der Nutzung der günstigen natürlichen Bedingungen geschuldete Surplus bei zusätzlichen, sukzessiven Kapitalanlagen eine Vorwegnahme des Surplus ist, das bei gleichbleibender Kapitalanlage in späteren Zeiträumen realisiert werden könnte.

[10] K. Marx, Theorien über den Mehrwert, Zweiter Teil, a. a. O., S. 57.

Wir sehen also die Besonderheit der extraktiven Industrie gegenüber der Landwirtschaft nicht darin, daß die Differentialrente II nicht existiert, sondern darin, daß die Differentialrente II teilweise die Vorwegnahme der Differentialrente I bedeutet. Teilweise deshalb, weil es noch einen zweiten Punkt zu beachten gilt, der vielleicht, insbesondere unter praktischen Gesichtspunkten, noch wesentlicher ist als der erste. Wenngleich die geologischen Vorräte einer Lagerstätte nicht durch zusätzliche Kapitalanlage vergrößert werden können, so können doch die industriell nutzbaren Vorräte und entsprechend die Förderung wesentlich und in den einzelnen Lagerstätten in differenziertem Umfang in Abhängigkeit von den natürlichen Bedingungen durch zusätzliche Kapitalanlage vergrößert werden. Dieser Tatbestand ist von prinzipieller Bedeutung für die Sicherung der Deckung des Rohstoffbedarfs in der Welt und auch im RGW. So schwankt der Anteil des geförderten Erdöls an den geologischen Vorräten der ausgebeuteten Lagerstätten zwischen 20 % und 60 %. Bei Kohle ist es keine Seltenheit, wenn 30 % der Vorräte in der Erde verbleiben. Durch zusätzliche Kapitalanlagen können die Anteile der in der Erde verbleibenden Minerale an den geologischen Vorräten bedeutend verringert werden, sei es durch Erwärmung erdölhaltiger Erdschichten, sei es durch künstliche Aufrechterhaltung des Druckes in den erdölhaltigen Erdschichten, sei es durch die zusätzliche Erschließung tiefergelegener Kohleflöze etc. Sofern in begünstigten Lagerstätten durch solcherlei zusätzliche Kapitalanlagen eine größere Menge des Minerals gewonnen werden kann, als es bei vergleichbaren Kapitalanlagen in schlechter gelegenen Lagerstätten der Fall ist, wirft das zusätzlich angelegte Kapital ein der Nutzung der Naturbedingungen geschuldetes Surplus ab, die Differentialrente II.

Marx und Lenin gingen bei der Untersuchung der Besonderheiten der Wertbildung und -realisierung in den extraktiven Zweigen sowie der Differentialrente davon aus, daß sich im Austausch unabhängige (kapitalistische) Eigentümer gegenüberstehen. In diesem Fall ist immer die Möglichkeit der Reproduktion des unter schlechtesten natürlichen Bedingungen wirtschaftenden Produzenten bestimmt durch den für alle Produzenten einheitlichen modifizierten Marktwert der von ihm abgesetzten Waren. Gleichzeitig wies Marx darauf hin, daß unter veränderten gesellschaftlichen Verhältnissen die Reproduktion des durch den gesellschaftlichen Bedarf erforderten Quantums Waren möglich ist, ohne daß vom Konsumenten ein höherer als der durchschnittlich für die Ware erbrachte Aufwand an Arbeit gezahlt wird. „Denkt man sich die kapitalistische Form der Gesellschaft aufgehoben und die Gesellschaft als bewußte und planmäßige Assoziation organisiert, so stellten die 10 qrs. ein Quantum selbständiger Arbeitszeit vor, gleich dem, das in 240 sh. enthalten ist. Die Gesellschaft würde also dies Bodenprodukt nicht erkaufen zu dem 2½fachen der wirklichen Arbeitszeit, die darin steckt ... So richtig es daher ist zu sagen, daß – die jetzige Produktionsweise beibehalten, aber vorausgesetzt, daß die Differentialrente dem Staat zufiele – die Preise der Bodenprodukte bei sonst gleichbleibenden Umständen dieselben bleiben würden, so falsch ist es zu sagen, daß der Wert der Produkte derselbe bliebe bei Ersetzung der kapitalistischen Produktion durch Assoziation. Die Dieselbigkeit des Marktpreises für Waren derselben Art ist die Weise, worin sich der gesellschaftliche Charakter des Werts auf Basis der kapitalistischen Produktionsweise und überhaupt der auf Warenaustausch zwischen *einzelnen* beruhenden Produktion durchsetzt."[11]

Zu der Frage, ob auch unter sozialistischen Bedingungen gilt, daß der modifizierte Marktwert für Erzeugnisse der extraktiven Industrie bestimmt wird durch den Aufwand des unter schlechtesten natürlichen Bedingungen wirtschaftenden Produzenten, gibt es unter marxistischen Ökonomen eine seit mehreren Jahrzehnten währende Diskussion. Nach unserer Meinung muß man bei der Beantwortung dieser Frage unterscheiden, ob es sich bei den unter den schlechtesten Bedingungen wirtschaftenden Produzenten um selbständige sozialistische Eigentümer (z. B. sozialistische Staaten) oder um relativ verselbständigte Wirtschaftseinheiten innerhalb des sozialistischen staatlichen Eigentums handelt.

Geht es um die Wirtschaftsbeziehungen zwischen sozialistischen Staaten, so muß die Frage eindeutig bejaht werden: Demjenigen sozialistischen Staat, der im Rahmen des sozialistischen Weltwirtschaftssystems unter relativ ungünstigen natürlichen Bedingungen einen notwendigen Beitrag zur Deckung des Bedarfs an Erzeugnissen der extraktiven Industrie leistet, muß der volle Reproduktionsaufwand – normale gesellschaftliche Produktivität unterstellt – erstattet werden. Das kann aber nur bedeuten, daß der internationale modifizierte Marktwert sich an den ungünstigen natürlichen Bedingungen dieses Landes orientiert, denn die Reproduktionsmöglichkeit ist – wie überhaupt beim Austausch unabhängiger Eigentümer – gegeben durch den für alle Produzenten einheitlichen modifizierten Marktwert, zu dem er seine Erzeugnisse auf dem sozialistischen Weltmarkt absetzt. Ein sich an den durchschnittlichen Bedingungen orientierender modifizierter Marktwert würde bewirken, daß aufgrund der relativ schlechten natürlichen Bedingungen die Exporteure des betrachteten Landes beim Absatz ihrer Erzeugnisse auf dem sozialistischen internationalen Markt einen Verlust erleiden, da ihre relative Produktivität trotz normaler Entwicklung der gesellschaftlichen Produktivkräfte der Arbeit unter der durchschnittlichen relativen Produktivität der Volkswirtschaft insgesamt liegen würde. Damit wären einerseits die Möglichkeiten einer normalen Reproduktion des exportierenden Zweiges nicht gegeben, andererseits würde aufgrund der Uneffektivität des Exports das Interesse des Landes zu exportieren erlöschen, und es würde eine Lücke bei der Deckung des Bedarfs entstehen. Da alle exportierenden sozialistischen Staaten zu dem durch den Aufwand der unter ungünstigen natürlichen Bedingungen wirtschaftenden Volkswirtschaft bestimmten modifizierten Marktwert verkaufen, können die mit besseren natürlichen Bedingungen ausgestatteten Volkswirtschaften eine internationale sozialistische Differentialrente im Export realisieren.

[11] K. Marx, Das Kapital, Dritter Band, a. a. O., S. 673–674. – Vgl. auch K. Marx, Theorien über den Mehrwert, Zweiter Teil, a. a. O., S. 99.

Die zweite Frage, ob auch innerhalb der Volkswirtschaft eines sozialistischen Landes im extraktiven Zweig notwendig der Aufwand des unter schlechtesten Bedingungen wirtschaftenden Betriebes den gesellschaftlich notwendigen Arbeitsaufwand, also den modifizierten Marktwert, bestimmt, liegt, so allgemein gestellt, außerhalb unseres Gegenstandes. Wir müssen darauf verzichten, die umfangreiche Diskussion zu diesem Problem auch nur in ihren Grundzügen zu rekapitulieren.[12] Allerdings müssen wir zu dieser Frage Position beziehen, denn unter einem ganz speziellen Aspekt ist sie für die internationale Wertbildung unter den Bedingungen des Sozialismus von beträchtlichem Interesse. Muß doch die Frage beantwortet werden, welches der Exportaufwand einer sozialistischen Volkswirtschaft ist, wenn, wie z. B. bei der UdSSR der Fall, die Produktionsbedingungen für Primärenergieträger im Innern der Volkswirtschaft außerordentlich differenziert sind. Die Kernfrage, um die es nach unserer Meinung geht (die aber leider durchaus nicht immer im Mittelpunkt der oben bezeichneten Diskussion steht), ist folgende: Ist es für die Reproduktion des Gesamtquantums der zur Deckung des gesellschaftlichen Bedarfs erforderten Erzeugnisse der extraktiven Industrie objektiv erforderlich, daß der Aufwand des unter schlechtesten natürlichen Bedingungen wirtschaftenden Produzenten als gesellschaftlich notwendig für die gesamte Branche akzeptiert wird? Wir meinen, daß das nicht der Fall ist.

Wie die praktischen Erfahrungen aller sozialistischen Länder gerade auf dem Gebiet der mineralischen Brennstoffe zeigen, kann die wirtschaftliche Rechnungsführung der unter den schlechtesten natürlichen Bedingungen wirtschaftenden Betriebe auch unter der Bedingung, daß der Absatz der Erzeugnisse entsprechend dem durchschnittlichen Aufwand der Produzenten der Branche erfolgt, gewährleistet werden. Diese wirtschaftliche Rechnungsführung setzt allerdings voraus, daß der der höheren als der durchschnittlichen natürlichen Produktivität geschuldete Extragewinn der begünstigten Produzenten zur Ausgleichung der der geringeren natürlichen Produktivität geschuldeten Verluste der benachteiligten Produzenten verwendet wird (wie Marx es voraussagt), also eine Ausgleichung der Differenzen in den Reineinkommensraten der verschiedenen Wirtschaftseinheiten erfolgt, soweit diese Differenzen der unterschiedlichen natürlichen Produktivität geschuldet sind. Diese Notwendigkeit der Ausgleichung aber besteht bei beliebiger Höhe des Preises, denn die Differenzen sind nicht einer bestimmten Höhe des Preises, sondern lediglich seiner Einheitlichkeit geschuldet.

Die Notwendigkeit der Nivellierung der Differenzen in den Reineinkommensraten, sofern sie unterschiedlicher natürlicher Produktivität geschuldet sind, wird von der Mehrzahl der marxistischen Ökonomen nicht bestritten. Sie bestünde auch, würde sich der modifizierte Marktwert an den schlechtesten natürlichen Bedin-

12 Vgl. die Ausführungen zu dieser Frage bei: A. Ahrends, Zum Wirkungs- und Ausnutzungsmechanismus der Differentialrente in der Landwirtschaft der Deutschen Demokratischen Republik, Dissertationsschrift A an der Hochschule für Ökonomie, Berlin 1978, Kapitel I.

gungen orientieren. Das aufgrund höherer relativer Produktivität entstehende Differentialeinkommen bei den begünstigten Produzenten würde abgeschöpft, wodurch die Differenzen in den Reineinkommensraten beseitigt wären. Der gesellschaftlich notwendige Reproduktionsaufwand für die Gesamtmasse der Waren wäre auch in diesem Falle nicht höher als der durchschnittliche Aufwand, denn was die Gesellschaft über den durchschnittlichen Aufwand hinaus zahlen würde, würde sie durch den Staat, den Repräsentanten des gesamtgesellschaftlichen Eigentums, in Form sogenannter Rentenzahlungen wieder abschöpfen. Für den betrachteten Zweig ist der Unterschied ein technischer, kein inhaltlicher. In beiden Fällen realisiert er de facto keinen höheren Aufwand als den, der durchschnittlich für die Reproduktion seiner Erzeugnisse erforderlich ist. Das liegt daran, daß unter den Bedingungen des einheitlichen sozialistischen Eigentums die Dieselbigkeit des Marktwertes, wie Marx es nannte, für die produzierenden Betriebe extraktiver Zweige nicht existiert. Mit der Beseitigung der der unterschiedlichen natürlichen Produktivität geschuldeten Differenzen in den Reineinkommensraten (auf welche Weise dies auch immer geschehen mag) existiert für die Produzenten kein einheitlicher Marktwert. Damit ist eine entscheidende Voraussetzung für die Notwendigkeit, den unter den schlechtesten Bedingungen entstehenden Aufwand als Reproduktionsaufwand der gesamten Branche anzuerkennen, gefallen. Sofern ein einheitlicher modifizierter Marktwert und damit Marktpreis existiert, existiert er gegenüber dem Konsumenten. Daraus aber kann die Notwendigkeit der Orientierung dieses Marktwertes an den schlechtesten natürlichen Bedingungen nicht erklärt werden.

4.3. Die Wirkung von Substitutionsprozessen auf die Wertbildung (am Beispiel verschiedener Primärenergieträger)

Die Wirkung von Substitutionsmöglichkeiten und realen Substitutionsprozessen auf den Warenwert ist keine spezielle Frage extraktiver Zweige. Hier geht es einfach darum, daß Gebrauchswerte, die in der Lage sind, den gleichen Bedarf zu befriedigen, einen einheitlichen modifizierten Marktwert besitzen –, natürlich stets bezogen auf ein gleiches Maß Bedarfsbefriedigung – obwohl zu ihrer Reproduktion unterschiedliche Quanta Arbeit erforderlich sein mögen. Derjenige Produzent, der mittels des von ihm hervorgebrachten Gebrauchswerts in der Lage ist, den Bedarf mit geringerem Aufwand zu befriedigen, realisiert beim Verkauf der Waren zum einheitlichen modifizierten Marktwert eine höhere Profit- bzw. Reineinkommensrate als derjenige, der das gleiche Bedürfnis mittels eines anderen Gebrauchswerts, dessen Herstellung eines größeren Arbeitsaufwands bedarf, befriedigt. Es gilt der von Marx allgemein aufgestellte Satz: „Die Konkurrenz gleicht hier die *verschiednen individuellen Werte* zu dem selbigen *gleichen, unterschiedslosen Marktwert* dadurch aus, daß sie die *Differenz innerhalb der individuellen Profite*, der Profite der einzelnen Kapitalisten und ihre *Abweichungen* von *der Durchschnittsprofitrate* der Sphäre zuläßt. Sie schafft sie sogar durch die Herstellung *desselben Marktwerts* für Waren, die unter ungleich günstigen Produktionsbedingungen, also mit ungleicher Produktivität der Arbeit hergestellt sind, also individuelle *ungleich große Quanta Arbeitszeit* darstellen."[13]

Derjenige Produzent, der den gleichen Bedarf mittels geringeren Arbeitsaufwandes zu befriedigen in der Lage ist, wird dank seiner höheren Profitrate, die ihm einerseits das Unterbieten des Preises der Konkurrenz, andererseits eine rasche erweiterte Reproduktion ermöglicht, immer höhere Marktanteile erringen und letztlich den vergleichbaren Gebrauchswert, der jedoch zu seiner Herstellung eines höheren Arbeitsaufwandes bedarf, vom Markt verdrängen. Das Ganze ist vergleichbar der Verdrängung einer veralteten Produktionstechnologie durch eine solche, die den modernsten Anforderungen Rechnung trägt. Einen speziellen Charakter nimmt die Wertbildung der einander substituierenden Waren an, wenn der Prozeß der vollständigen Substitution durch natürliche Gegebenheiten verhindert wird. Das kann bei Erzeugnissen der extraktiven Industrie der Fall sein. Es ist dann der Fall, wenn aufgrund der natürlichen Ressourcen die Ausdehnung der Produktion des mittels geringeren Arbeitsaufwandes herstellbaren Gebrauchswertes nicht soweit erfolgen kann, daß eine vollständige Befriedigung des sich entwickelnden Bedarfs durch diesen Gebrauchswert zumindest für einen solchen Zeitraum gewährleistet ist, daß eine Umstellung der Gesamtproduktion auf die ausschließliche Produktion dieses Gebrauchswerts (die zusätzlichen Arbeitsaufwand erfordert) ökonomisch gerechtfertigt ist. Anders ausgedrückt, das ist dann der Fall, wenn die Produktion des mit höherem Arbeitsaufwand hergestellten Gebrauchswertes aufgrund der Struktur der natürlichen Ressourcen zur Deckung des wachsenden Bedarfs gesellschaftlich notwendig ist und bleibt.

Genau diese Situation treffen wir gegenwärtig und für absehbare Zeiträume auf dem Gebiet der energetischen Rohstoffe an. Es existieren verschiedene alternative Energieträger (Erdöl, Erdgas, Kohle, Uran), von denen keiner der mit vergleichsweise geringerem Arbeitsaufwand herstellbaren, wie Erdöl oder Erdgas, in der Lage wäre, den Gesamtbedarf an Primärenergie in der Weltwirtschaft abzudecken.[14] In einer solchen Situation können wir analog zum vorigen Abschnitt davon sprechen, daß sich ein Teil der denselben Bedarf – nämlich den Energiebedarf – deckenden Produzenten einer begrenzt zur Verfügung stehenden Naturkraft bedient, von deren Nutzung der andere Teil der den Bedarf deckenden Produzenten ausgeschlossen ist. Ist eine Deckung des gesellschaftlichen Bedarfs an Energie nur bei Betreiben von Kohleproduktion möglich, so muß der Absatz der Kohle ihren Produzenten, als den unter relativ schlechtesten natürlichen Be-

[13] K. Marx, Theorien über den Mehrwert, Zweiter Teil, a. a. O., S. 203–204.

[14] Spezielle Probleme der Wertbildung für Uran werden hier nicht untersucht. Da Uran weder in der Lage ist, den gesamten Energiebedarf abzudecken, noch den mit höchstem Aufwand hergestellten Energieträger darstellt, ergeben sich daraus u. E. keine wesentlichen Konsequenzen für die Untersuchung der Wertbildung und -realisierung anderer Primärenergieträger.

dingungen wirtschaftenden Produzenten, einen solchen Erlös gewährleisten, daß die Reproduktion der Kohle auf einer der Entwicklung des gesellschaftlichen Bedarfs entsprechenden Stufenleiter vollzogen werden kann. Ausgangspunkt für die Bestimmung des gesellschaftlich notwendigen Arbeitsaufwands für die Reproduktion energetischer Rohstoffe sind also die Reproduktionsaufwendungen der Kohleproduzenten (innerhalb derer, wie im vorigen Abschnitt besprochen, wiederum eine Differenzierung der natürlichen Produktionsbedingungen vorliegt).

In Zeiten, in denen die natürlichen Ressourcen (und die Entwicklung der Arbeitsmethoden) eine starke Ausdehnung der Produktion des Erdöls und Erdgases erlauben, so daß eine Deckung des wachsenden Bedarfs an energetischen Rohstoffen auch bei unterproportionaler Reproduktion bzw. sogar Stagnation der Kohleproduktion möglich ist, wird der Reproduktionsaufwand der Kohle eine geringe Profit- bzw. Reineinkommensrate einschließen. In einer solchen Situation befand sich die kapitalistische Weltwirtschaft von Anfang der 50er bis Anfang der 70er Jahre. Verschärft wurde die Situation für die Kohleindustrie dadurch, daß eine langfristige Strategie der multinationalen Ölkonzerne, insbesondere des Ölkartells, existierte, die Kohle preislich niederzukonkurrieren und letztlich in ihre Hand zu bekommen, d. h. von Öl- zu Energiekonzernen zu werden. Sie verzichteten im Interesse der langfristigen Profitstrategie zeitweilig auf einen Teil der realisierbaren Differentialrente. Gegenwärtig ist die Situation umgekehrt. Anstelle der Ablösung des aufwendigeren Energieträgers Kohle durch Erdöl steht die Weltwirtschaft lang- und mittelfristig vor der Aufgabe, den Substitutionsprozeß in der entgegengesetzten Richtung voranzutreiben, also den Übergang zum aufwendigen Energieträger Kohle zu vollziehen. Das schließt als Bedingung eine der höheren Nachfrage entsprechende höhere Profitrate der Kohleproduzenten ein. Die Trendwende wurde durch ein explosionsartiges Ansteigen der Erdölpreise auf dem Weltmarkt in zwei Schüben (1973/74 sowie 1979/80) angezeigt.

Diese Erscheinungen führten bei einer Vielzahl von Ökonomen zu der Auffassung, daß der Erdölpreis der für alle Energieträger regulierende Preis sei. So schreibt das Autorenkollektiv unter Rechtziegler, daß der Rohölpreis „... faktisch die Preise für alle übrigen Energieträger bestimmt."[15] Nikitin argumentiert folgendermaßen: „Wie in der Gegenwart werden auch in der nächsten Zukunft die Erdölpreise eine bestimmende Rolle bei den Energiepreisen spielen. Die Preise von Kohle, Naturgas, Uranerzen und anderen Energieressourcen werden sich allmählich der Bewegung des Weltmarktpreises für Erdöl angleichen."[16] Die Auffassungen der zitierten Autoren scheinen uns insoweit berechtigt, wie vom Preis und von der Menge des verkauften Erdöls abhängt, inwieweit die Reproduktion der Kohlewirtschaft gesellschaftlich notwendig ist. Marx macht diesen Zusammenhang folgendermaßen deutlich: „Der Produktionspreis des schlechtesten, keine Rente

[15] Autorenkollektiv: Rechtziegler/Bernt/Kannapin, Energie- und Rohstoffprobleme im heutigen Kapitalismus, in: IPW-Forschungshefte, 2/1978, S. 54.

[16] S. Nikitin, Die Preise des kapitalistischen Weltmarktes, in: IPW-Berichte, 11/1978, S. 16.

tragenden Bodens ist stets der regulierende Marktpreis, obgleich letztrer bei Tabelle I, wenn sie sich in aufsteigender Reihe bildete, nur dadurch stationär bliebe, daß immer besserer Boden bebaut würde. In diesem Falle ist der Preis des auf dem besten Boden produzierten Korns insoweit regulierend, als es von dem davon produzierten Quantum abhängt, wieweit der Boden A regulierend bleibt. Würden B, C, D über den Bedarf produzieren, so hörte A auf, regulierend zu sein. Dies schwebt Storch vor, wenn er die beste Bodenart zur regulierenden macht."[17] Da jedoch das Erdöl (wie auch das Erdgas) nicht in der Lage ist und zu keiner Zeit in der Lage war, die Kohle vollständig zu verdrängen, bleibt letztendlich und langfristig der Reproduktionsaufwand für Kohle, als dem unter relativ ungünstigsten natürlichen Bedingungen hergestellten und zur Deckung des Bedarfs benötigten Primärenergieträger, der bestimmende Aufwand.

Diese Erkenntnis ist von ausschlaggebender Bedeutung für die Beurteilung der langfristigen Entwicklungstendenzen der Weltmarktpreise für Primärenergieträger, darunter auch und gerade für das Erdöl. Ohne Beachtung der werttheoretischen Zusammenhänge ist nach unserer Meinung weder die Bewegung der Weltmarktpreise für Primärenergieträger in der Vergangenheit erklärbar, noch lassen sich fundierte Aussagen über die zukünftige langfristige Entwicklung treffen. Bei den oben zitierten Auffassungen von Rechtziegler und Nikitin stellt sich sofort die Frage: Welcher gesellschaftlich notwendige Arbeitsaufwand stellt das Fundament für den Erdölpreis dar? Nikitin antwortet: „Wenn die Produktionsbedingungen des Nordsee-, des Alaska- und des synthetischen Erdöls die schlechtesten sind, so müssen entsprechend der marxistischen Rententheorie gerade sie die Erdölpreise in den OPEC-Ländern regulieren. Dadurch erhält der gegenwärtige Erdölpreis in diesen Ländern eine stabile ökonomische und Wertbasis."[18]

Zunächst fällt an dieser These ihre Unschärfe auf. Alaskaöl oder synthetisches Öl sind vom Aufwand her zwei völlig verschiedene Dinge. Synthetisches Öl wird aus Kohle hergestellt. Eine der wichtigsten Aufwandsgrößen für die Herstellung synthetischen Öls sind also die Aufwendungen für die Kohleförderung. Nikitin will doch aber gerade umgekehrt zeigen, daß der Preis für Erdöl den für Kohle reguliert. Er ist hier deshalb so ungenau in seiner Formulierung, weil ausgehend vom Förder- und Transportaufwand für Erdöl (auch nicht von dem des Alaska- und Nordseeöls) der Preis des Erdöls nicht erklärt werden kann. Das zeigt bereits ein oberflächlicher Blick auf die internationalen Preisstatistiken. Der Listenpreis für Erdöl (Leitqualität arabisch leicht) beträgt 34 US-$, die Betriebskosten für die Ölförderung in Alaska werden mit etwa 6 US-$ je Barrel, die der Nordsee mit 5–10 US-$ je Barrel (1979) angegeben. Selbst wenn man eine hohe Profitrate wegen des bedeutenden Vorschusses unterstellt und den Transportaufwand be-

[17] K. Marx, Das Kapital, Dritter Band, a. a. O., S. 671.

[18] S. Nikitin, Die Preise des kapitalistischen Weltmarktes, a. a. O., S. 17. – In gleicher Weise argumentiert Birjulin in seinem Artikel „Besonderheiten der Preisbildung auf dem kapitalistischen Erdölmarkt", in: Außenhandel der UdSSR, 4/1977, S. 40 ff.

rücksichtigt, ist damit der Marktpreis nicht zu erklären. Offensichtlich realisieren auch die Produzenten des Nordsee- und Alaskaöls eine beträchtliche Differentialrente. Wenn Nikitin anerkennt, daß in der extraktiven Industrie der unter den relativ schlechtesten natürlichen Bedingungen wirtschaftende Produzent mit seinen individuellen Aufwendungen den modifizierten Marktwert reguliert, und daß ein einheitlicher Weltenergiemarkt existiert (und was heißt die These, daß die Preise der Primärenergieträger auf der Basis der Substitution in einem inneren Zusammenhang stehen, anderes?), so muß er nach unserer Auffassung auch anerkennen, daß die Preise aller Primärenergieträger durch den Aufwand des unter ungünstigsten natürlichen Bedingungen produzierten Primärenergieträgers, der Kohle, letztlich bestimmt werden.

Wir stimmen mit Ferenc Cságoly und Ernö Muraközi überein, die in ihrem 1978 erschienenen Artikel schreiben: „Wenn der Energieträgerweltmarkt ein einheitlicher Markt ist, dann wird das Preiszentrum dieses Marktes ... durch denjenigen, mit ungünstigsten Aufwendungen produzierenden Energieträgererzeuger bestimmt, für dessen Produkte auf dem Weltmarkt der Energie noch in bedeutendem Maße ein Bedarf besteht.

Wer aber ist dieser Grenzproduzent? Im Zusammenhang hiermit hielt sich lange die Auffassung, daß den Weltmarktpreis für Öl die Produktionskosten bzw. der Erzeugerpreis des mit dem höchsten Kostenaufwand gewonnenen Öls aus den Vereinigten Staaten bestimmen, und neuerdings gibt es einige Leute, die die Produktionskosten des unter der Nordsee gewonnenen Öls für preisbestimmend halten. Hingegen ist die Wahrheit die, daß es niemals, zu keiner Zeit, eine – bedeutende – Ölgewinnung gegeben hat, deren Produktionskosten nicht wesentlich niedriger gewesen wären, als der Weltmarktpreis des Öls."[19] Die beiden Autoren erbringen, soweit es aus den nur bruchstückhaft vorliegenden Angaben über die Förderkosten der USA möglich ist, den Beweis, daß auch der Förderaufwand dieses Landes, der dem internationalen Marktwert für Erdöl am nächsten kommt, zu jeder Zeit neben der normalen Profitrate eine beträchtliche Differentialrente einschloß.[20]

Daß der modifizierte Marktwert des Erdöls bestimmt wird durch den der Kohle, bedeutet natürlich nicht, daß der Marktwert einer Naturaleinheit (z. B. einer Tonne) Erdöl gleich dem einer Naturaleinheit der Kohle wäre. Es bedeutet lediglich, daß es eine bestimmte, durch das stoffliche Substitutionsverhältnis gegebene, Relation zwischen dem modifizierten Marktwert einer Naturaleinheit Erdöl und dem einer Naturaleinheit Kohle gibt. Bei der Bestimmung dieser Relation muß folgendes beachtet werden: „Die Energieverbraucher werden nicht zwischen roher Grubenkohle, Rohöl, rohem Erdgas und Uranerz, sondern zwischen ... aufbereiteten (ausgesuchten, sortierten, gewaschenen, schlotierten usw.)

[19] F. Cságoly/E. Muraközi, Az energiahordozók világpiaci árának alakulása mögött meghúzódó alapvető közgazdasági összefüggésekről, in: Közgazdasági szemle, 5/1978, S. 602.

[20] Vgl. ebenda, S. 603–604.

Kohlematerialien, verschiedenen Öldestillationsprodukten (Benzin, Gasöl, Heizöl, Propan, Butan usw.) und Erdgasraffinaten (Äthan, Methan, Propan, Butan usw.) sowie angereichertem Uran wählen. In erster Linie vom Standpunkt dieser Produkte her können wir von einem einheitlichen Energiemarkt reden ..."[21] Da der Konsument nicht direkt zwischen den verschiedenen Primärenergieträgern, sondern zwischen verschiedenen Verarbeitungsstufen derselben, den Gebrauchsenergieträgern, wählt, gibt es also drei Momente, die bei der Bestimmung des Marktwertes pro Naturaleinheit energetischen Rohstoffs ins Gewicht fallen: 1. Wieviel Tonnen Primärenergieträger sind bei den verschiedenen Arten als Ausgangsstoff notwendig, um ein vergleichbares Quantum Gebrauchsenergie zu erhalten? 2. Wie hoch ist der gesellschaftlich notwendige Aufwand, um den Primärenergieträger in den jeweiligen Gebrauchsenergieträger umzuwandeln? 3. Welche differenzierten ökonomischen Aufwendungen ergeben sich beim Konsumenten beim Einsatz der verschiedenen vergleichbaren Gebrauchsenergieträger (z. B. für Umweltschutz, Aschebeseitigung, innerbetrieblichen Transport u. ä.)?

Die Beantwortung dieser Fragen ist dadurch erschwert, daß aus Kohle und Erdöl jeweils verschiedene Arten Gebrauchsenergieträger hergestellt werden können und hergestellt werden. Eine große Gruppe stellen die Kraftstoffe (Diesel, Benzin, Flugpetroleum usw.), eine zweite die Heizöle oder vergleichbare Gebrauchsenergieträger, die zu Heizzwecken benutzt werden, eine dritte die Ausgangsstoffe für die chemische Industrie dar; und es gibt noch weitere. Es muß also allgemein die Frage beantwortet werden, welche Substitutionsstruktur und damit welches Substitutionsverhältnis liegt dem Verhältnis der Marktwerte der verschiedenen Primärenergieträger zugrunde. Danielewski ist der Meinung, daß gegenwärtig von der durchschnittlichen Verwendungsstruktur des Erdöls in der Weltwirtschaft ausgegangen werden muß.[22] Das wäre dann richtig, wenn das Öl auf all diesen Gebieten gleichzeitig mit der Kohle konkurrieren würde. Dies aber ist de facto nicht der Fall, wenngleich potentiell möglich. Gegenwärtig konkurriert das Erdöl mit der Kohle vor allem in Gestalt von Produkten für Energie- und Heizzwecke (schweres Heizöl) sowie nichtenergetischen Erdölprodukten. In Zukunft stellt sich auch die Frage nach der Substitution auf dem Gebiet der Kraftstoffe; somit spielt das hier zugrunde liegende Substitutionsverhältnis für die Perspektive eine Rolle, hat aber mit den gegenwärtigen Marktwerten relativ wenig zu schaffen. In dem Maße, wie das Öl durch die Kohle in den für sie günstigeren Substitutionsbereichen (hier ist das Verhältnis, grob geschätzt: 1 Tonne Öl entspricht 2 Tonnen Steinkohle) ersetzt wird und sich eine tiefere Verarbeitung des Öls durchsetzt, erhöht sich das Substitutionsverhältnis zugunsten des Öls (ungefähr auf 1 : 4).

Mit noch größeren Unsicherheiten als das stoffliche Substitutionsverhältnis ist

21 Ebenda, S. 601.

22 Vgl. J. Danielewski, Ceny paliw w handlu miedzynarodowym, in: Handel Zagraniczny, 1/1978, S. 8.

die Beantwortung der Frage nach dem differenzierten Aufwand zur Umwandlung der Primärenergieträger in vergleichbare oder gleiche Gebrauchsenergieträger behaftet. Danielewski beziffert die Differenzen im Verarbeitungsaufwand einer Tonne Erdöl und der entsprechenden Menge Steinkohle zur Gewinnung einer vergleichbaren Menge Gebrauchsenergie mit etwa 50 US-$. Selbst unterstellt, daß dies die Differenz zum damaligen Zeitpunkt (1977) richtig widerspiegelt, ist doch damit zu rechnen, daß gegenwärtig und noch mehr in Zukunft die Unterschiede im Verarbeitungsaufwand bedeutend größer sind, da die Verarbeitung der Kohle ein in bedeutendem Maße energieaufwendiger und umweltbelastender Prozeß ist. (Verfolgt man die international publizierten Zahlen über den zukünftig für die Verflüssigung und Vergasung der Kohle im großen Maßstab zu erwartenden Aufwendungen, könnte man den Eindruck gewinnen, daß diese parallel zum Ölpreis steigen).

Der dritte für die Bestimmung der Marktwertgröße zu berücksichtigende Faktor, der differenzierte Aufwand der Konsumenten beim Verbrauch der vergleichbaren Gebrauchsenergieträger (z. B. Feinkohle und schweres Heizöl), wird mit sich durchsetzender Kohleverflüssigung und -vergasung völlig verschwinden, eben weil es sich dann nicht mehr um vergleichbare, sondern um identische Gebrauchsenergieträger handeln wird. Danielewski veranschaulicht den differenzierten Aufwand des Konsumenten bei der Anwendung von Feinkohle oder Heizöl folgendermaßen: „Heizöl ist für die Kraftwerke ein wesentlich bequemerer Brennstoff als Feinkohle. Daher darf eine Tonne Feinkohle, die dem Kalorienwert von ca. 650 kg Heizöl entspricht, nicht mehr als 400–550 kg Heizöl kosten ...“[23]

Resümieren wir die Wirkung der drei von uns genannten Faktoren, so stellen wir fest, daß es sich weder um eine einfache (etwa auf das Kalorienverhältnis zu reduzierende) noch um eine feststehende Substitutionsbeziehung handelt, die dem Verhältnis der Marktwertgrößen der verschiedenen Primärenergieträger zugrunde liegt. Dies führt objektiv zur Verschleierung der gesetzmäßigen Zusammenhänge. Überdies muß folgendes beachtet werden: *Auf der Grundlage des einheitlichen modifizierten Marktwertes für die verschiedenen Primärenergieträger, der durch den Reproduktionsaufwand der Kohle bestimmt wird, vollzieht sich bei jedem Primärenergieträger eine relativ eigenständige Preisbewegung.* Der einheitliche modifizierte Marktwert erscheint also nicht unmittelbar als einheitlicher Marktpreis für die verschiedenen Quanta Primärenergieträger, sondern setzt sich als Tendenz unter ständiger Abweichung über längere Zeiträume durch. Die Hauptursache für die relativ eigenständige Preisbewegung bei den verschiedenen Primärenergieträger ist, daß diese neben ihrer grundsätzlich gleichen qualitativen Beschaffenheit, die darin liegt, daß sie Energieträger sind, jeweils über einige spezifische Eigenschaften verfügen, die ihre Anwendbarkeit auf den verschiedenen Gebieten beeinflussen und bei der Substitution eines Energieträgers sowohl einen materiellen Umstellungsaufwand als auch eine bestimmte Zeitdauer beanspruchen.

[23] Ebenda.

Auf dieser Grundlage können sich für befristete Zeiträume relativ eigenständige Angebots- und Nachfragekonstellationen bei den einzelnen Energieträgern entwickeln bzw. durch die imperialistischen Monopole künstlich geschaffen und aufrechterhalten werden.

4.4. Die Herausbildung internationaler modifizierter Marktwerte für Erzeugnisse der extraktiven Industrie unter den Bedingungen des Kapitalismus

Auch auf internationaler Ebene gilt, daß dem unter den schlechtesten natürlichen Bedingungen wirtschaftenden kapitalistischen Produzenten, dessen Erzeugnisse zur Deckung des gesellschaftlichen Bedarfs erforderlich sind, aus dem Absatz seiner Produkte die der Entwicklung dieses Bedarfs entsprechenden Reproduktionsmöglichkeiten gegeben sein müssen. Wir wollen in diesem Abschnitt am Beispiel der Primärenergieträger untersuchen, wie sich dieses Erfordernis im Rahmen der kapitalistischen Weltwirtschaft Geltung verschafft. Grundlage für diese Untersuchung sind die in den vorherigen Kapiteln gewonnenen Erkenntnisse über den Erlös der Exporteure und ihren Profit beim Verkauf der Waren auf dem Weltmarkt. Wir hatten festgestellt, daß der Erlös eines Exporteurs nicht nur abhängig ist von seiner relativen Produktivität, d. h. seiner Produktivität im Verhältnis zu den anderen Produzenten anderer Länder derselben Branche, sondern gleichfalls abhängt von der relativen Produktivität der Gesamtindustrie seines Landes. Es gilt, daß innerhalb der Exporteure diejenigen einen Vorteil realisieren, deren relative Produktivität höher ist als die der Gesamtindustrie, und diejenigen einen Verlust erleiden, deren relative Produktivität niedriger ist. Dies unabhängig davon, ob sie produktiver oder weniger produktiv als ihre Konkurrenz innerhalb derselben Branche sind, ob also ihre relative Produktivität unter oder über 1 liegt. Die Beachtung dieses Zusammenhangs ist von besonderer Bedeutung für die Herausbildung des internationalen modifizierten Marktwerts für Erzeugnisse der extraktiven Industrie und also auch für Primärenergieträger.

Die Reproduktion des unter schlechtesten natürlichen Bedingungen wirtschaftenden Produzenten ist nur dann gewährleistet, wenn ihm aus diesen natürlichen Bedingungen und der aus ihnen resultierenden geringen relativen Produktivität im Verhältnis zum durchschnittlichen Aufwand des Zweiges keine Profitnachteile entstehen, wenn der Profit, den er realisiert, dem Reproduktionserfordernis der Gesamtbranche entspricht. Ein „normaler" Profit steht dem Produzenten also zu, wenn er seine gesellschaftliche Produktivität „normal" entwickelt hat. Normal entwickelt heißt aber im weltwirtschaftlichen Rahmen etwas anderes als national. National ist mit normaler Entwicklung der gesellschaftlichen Produktivität gemeint, daß das durchschnittliche Niveau der Branche erreicht ist. International heißt es, daß die gesellschaftliche Produktivität im selben Verhältnis zum internationalen Durchschnitt entwickelt ist wie die der Volkswirtschaft insgesamt, d. h.

die relative Produktivität, soweit sie den gesellschaftlichen Bedingungen geschuldet ist, muß gleich der durchschnittlichen relativen Produktivität des Landes sein.

Unterstellen wir zunächst, daß alle Produzenten ihre gesellschaftliche Produktivität im oben entwickelten Sinn normal entwickelt haben (wir werden später sehen, wie problematisch diese Unterstellung ist), so wird der unter schlechtesten natürlichen Bedingungen wirtschaftende kapitalistische Produzent den höchsten individuellen Aufwand auf dem Weltmarkt repräsentieren. Seine relative Produktivität, wenngleich sie höher oder niedriger als die der Konkurrenten anderer Länder sein mag, bleibt wegen der schlechten natürlichen Bedingungen am weitesten hinter der relativen Produktivität der gesamten Volkswirtschaft seines Landes zurück, wenn der internationale Marktwert seiner Branche sich am durchschnittlichen internationalen Aufwand orientieren würde. Eine normale, der Entwicklung der gesellschaftlichen Nachfrage entsprechende Reproduktion ist ihm aber nur möglich, wenn seine relative Produktivität nicht schlechter als die der Exporteure seiner Volkswirtschaft insgesamt ist, wenn also der Marktwert sich an dem Aufwand, den er unter seinen ungünstigen Bedingungen hat, orientiert. Bei der von uns unterstellten normalen gesellschaftlichen Produktivität aller Produzenten der von uns betrachteten Branche in den verschiedenen Ländern bedeutet das, daß die relative Produktivität aller unter besseren natürlichen Bedingungen wirtschaftenden Produzenten die ihrer Volkswirtschaften insgesamt übersteigt. Sie realisieren also beim Verkauf auf dem Weltmarkt einen Extraprofit, der den natürlichen Bedingungen, unter denen sie wirtschaften, geschuldet ist. Dieser Extraprofit ist die internationale Differentialrente.

Wie in allen Branchen ist es selbstverständlich auch in der extraktiven Industrie möglich, daß die gesellschaftliche Produktivität der Produzenten eines Landes im Verhältnis zum Durchschnitt der Weltwirtschaft besser oder weniger gut entwickelt ist, als es bei der Volkswirtschaft insgesamt der Fall ist. Der einen Branche des Landes gelingt es besser, Anschluß an die progressivsten Technologien zu finden, der anderen gelingt es schlechter. Es gibt allgemeine Zusammenhänge zwischen dem durchschnittlichen Entwicklungsniveau eines Landes insgesamt und dem einer speziellen Branche dieses Landes. Aber natürlich ist es falsch anzunehmen, daß alle Branchen eines Landes stets den gleichen Produktivitätsabstand zum Durchschnitt in der Weltwirtschaft haben. Wenn z. B. die Volkswirtschaft der BRD eine dreimal höhere Produktivität als die kapitalistische Weltwirtschaft insgesamt hätte, so könnte man daraus zwar allgemein auf einen hochentwickelten Bergbau in der Kohleindustrie schließen, es wäre aber völlig verfehlt anzunehmen, daß auch der Bergbau der BRD (selbst wenn durchschnittliche natürliche Bedingungen unterstellt) eine Produktivität hätte, die der durchschnittlichen der Bergbauindustrie in der kapitalistischen Weltwirtschaft um das Dreifache überlegen wäre. Will man die realen, gegenwärtig in der kapitalistischen Weltwirtschaft ablaufenden Prozesse der Wertbildung erklären, so muß man die Annahme der „normalen" Entwicklung der gesellschaftlichen Produktivität bei allen Produzenten derselben Branche in den verschiedenen Ländern aufgeben.

Daraus ergeben sich nach unserer Meinung zumindest zwei gewichtige Konsequenzen: 1. Der auf dem Weltmarkt mit dem höchsten individuellen Aufwand auftretende kapitalistische Produzent von Kohle muß durchaus nicht notwendig der unter den schlechtesten natürlichen Bedingungen wirtschaftende Produzent sein. Was lediglich ausgesagt werden kann, ist, daß seine relative Produktivität im Vergleich zu allen anderen Produzenten der Weltwirtschaft am weitesten hinter der durchschnittlichen relativen Produktivität der Volkswirtschaft seines Landes zurücksteht. Ob dieses Zurückbleiben schlechten natürlichen Bedingungen oder einer „mangelhaften" Entwicklung der gesellschaftlichen Produktivkräfte der Arbeit geschuldet ist, kann aus dem Tatbestand des hohen individuellen Aufwands allein nicht festgestellt werden. Man kann praktisch nicht mit völliger Klarheit unterscheiden, ob dieser hohe individuelle Aufwand natürlichen Bedingungen oder einer im Vergleich zur Volkswirtschaft insgesamt unterdurchschnittlichen Entwicklung der gesellschaftlichen Produktivität geschuldet ist. Daraus resultiert als wichtigste praktische Konsequenz, wenn in dem Falle, daß die Erzeugnisse dieses Landes zur Deckung des gesellschaftlichen Bedarfs im Rahmen der Weltwirtschaft notwendig sind, nicht nur die natürlichen Bedingungen dieses Produzenten, sondern auch seine gesellschaftliche Produktivität als gesellschaftlich notwendig akzeptiert werden muß. Daran würde sich auch nichts ändern, könnte man mittels Berechnung eine unterdurchschnittliche Entwicklung der gesellschaftlichen Produktivität nachweisen. Nur in dem Falle, daß es einem anderen Produzenten, sei es desselben Landes, sei es eines anderen Landes, gelingt, dasselbe Quantum Waren mittels relativ geringeren Arbeitsaufwands zu produzieren (das bedeutet, daß die relative Produktivität dieses Produzenten im Verhältnis zur Gesamtindustrie seines Landes günstiger stände als bei dem oben betrachteten Produzenten), könnte der ursprüngliche Produzent gezwungen werden, auf einen Teil seines Profits zu verzichten, oder völlig vom Markt verdrängt werden.

2. Der Profit, den der Produzent einer extraktiven Branche auf dem Weltmarkt realisiert, schließt neben dem normalen Profit immer einen technischen Extraprofit bzw. entsprechenden Verlust und bei allen Produzenten, die unter besseren als den schlechtesten natürlichen Bedingungen wirtschaften, eine Differentialrente ein. Diese Bestandteile können einander überlagern. Es ist also theoretisch durchaus nicht exakt, wenn man, wie es praktisch häufig geschieht, die Differenzen in den Profiten zwischen den unter verschiedenen natürlichen Bedingungen wirtschaftenden Produzenten ausschließlich als Differentialrente deklariert. Eine solche Auffassung hat im Rahmen der Weltwirtschaft noch sehr viel weniger Berechtigung als im nationalen Rahmen, da man annehmen muß, daß die Konkurrenz (zumindest als Durchschnitt verflossener Bewegung, wie Marx es einmal nannte) viel eher durchschnittliche gesellschaftliche Produktionsbedingungen innerhalb einer Branche eines Landes als differenzierte gesellschaftliche Produktionsbedingungen zwischen den Produzenten verschiedener Länder entsprechend den Produktivitätsverhältnissen der Gesamtvolkswirtschaften dieser Länder erzwingt.

Bis zu diesem Punkt unserer Überlegungen gingen wir stets von der Voraussetzzung aus, daß die verschiedenen Produzenten eines Landes Exporteure seien. Ein Blick auf die gegenwärtige kapitalistische Weltwirtschaft zeigt uns aber, daß wir mit dieser Unterstellung die komplizierten, die internationale Wertbildung wesentlich beeinflussenden Bedingungen noch nicht ausreichend erfaßt haben. Sowohl in Ländern, die als bedeutende Nettoimporteure von Kohle auf dem Weltmarkt auftreten, wie z. B. die Bundesrepublik Deutschland, als auch in solchen, die als bedeutende Nettoexporteure gelten, wie z. B. die USA, existiert eine umfangreiche Eigenproduktion[24] von Kohle. Die Frage, inwieweit die Produktionsbedingungen dieser Eigenproduzenten Einfluß auf die Herausbildung des internationalen modifizierten Marktwerts gewinnen, scheint uns bisher theoretisch nicht ausreichend analysiert worden zu sein.

Untersuchen wir zunächst die Frage, welchen Einfluß die Eigenproduzenten eines Landes, das als Nettoexporteur auf dem Weltmarkt auftritt, auf die internationale Wertbildung haben. Selbstverständlich gewinnt die Frage erst dann Relevanz, wenn innerhalb dieses Landes die natürliche Produktivität differenziert ist. Dann erhebt sich nämlich das Problem, welches die minimale Grenze ist, zu der die exportierenden Produzenten dieses Landes in der Lage und willens sind, ihre Erzeugnisse auf dem Weltmarkt abzusetzen. Nach unserer Ansicht müssen die exportierenden Produzenten aus dem Verkauf ihrer Waren auf dem Weltmarkt ein solches Quantum Arbeit des eigenen Landes erlangen, wie es dem Aufwand des unter den schlechtesten natürlichen Bedingungen dieses Landes wirtschaftenden Produzenten entspricht, zuzüglich den Transportaufwendungen, die beim Export anfallen. Dieses Quantum Arbeit erlangen sie entweder in Form einer bestimmten Währungsmenge des eigenen Landes (sofern sie in der Währung ihres Landes verkaufen) oder in Form der Währung eines anderen Landes. Verkaufen sie in der Währung eines anderen Landes, so muß bei Konvertierung des Erlöses in die eigene Währung der Erlös dem Aufwand des unter schlechtesten natürlichen Bedingungen wirtschaftenden Produzenten des eigenen Landes plus den internationalen Transportaufwendungen mindestens entsprechen. Dies ist ganz unabhängig davon, ob dieser schlechteste Produzent selbst Exporteur ist oder nicht. Ist er Exporteur, so ist es offensichtlich, daß er eine der Entwicklung des gesellschaftlichen Bedarfs entsprechende Reproduktion nur bei Realisierung des vollen Aufwandes gewährleisten kann. Ist ein „besserer“ Produzent Exporteur, so wird auch dieser seine Erzeugnisse international nicht billiger absetzen, als er sie national absetzen könnte. In der Regel wird er weder willens noch in der Lage sein, auf die Differentialrente, die ihm beim Verkauf der Waren entsprechend dem Aufwand des schlechtesten Produzenten zufließen würde, zu verzichten, denn diese Differentialrente wird ihm vom Grundeigentümer abverlangt.[25] Repräsen-

[24] Unter Eigenproduktion verstehen wir Produktion für den Bedarf des eigenen Landes.

[25] Ein besonderer Fall kann zeitweilig auftreten, wenn der Produzent selbst Grundeigentümer ist und im Interesse einer langfristigen Marktstrategie zeitweilig auf Teile der möglichen Differentialrente verzichtet, wie wir es am Beispiel des Ölkartells festgestellt haben.

tieren die Eigenproduzenten dieses Landes nicht nur national, sondern auch international den höchsten individuellen Aufwand zur Reproduktion der Kohle, so werden sie diejenigen sein, die den internationalen Marktwert für die Kohle regulieren.

Ob sie exportieren oder nicht, in jedem Falle setzen sie ihre Waren auf dem Weltmarkt ab, denn dieser umfaßt nicht nur die internationale Zirkulation, sondern auch die nationale Zirkulation der in die internationale Arbeitsteilung eingebundenen kapitalistischen Länder. Liegt der individuelle Aufwand der Produzenten anderer Länder höher als der individuelle Aufwand des schlechtesten Produzenten des betrachteten Landes, so werden, wie oben besprochen, die exportierenden Produzenten unseres Landes beim Absatz ihrer Waren ein spezielles Surplus realisieren – die Differentialrente. Die Möglichkeit der Erlangung dieser Differentialrente bleibt nicht ohne Wirkung auf den nationalen Marktwert der Kohle. Sehen wir von staatlichen Regulierungen (Zölle, Subventionierungen, Kontingentierung der Exporte und Importe u. ä.) ab, so wird in der Tendenz das Erzeugnis, die Kohle, in dem betrachteten Land ebenfalls so verkauft werden, daß der Erlös auf dem nationalen Markt sich lediglich um die internationalen Transportaufwendungen vom Erlös der Exporteure unterscheidet. Wäre das nicht der Fall, würde das Interesse, die Erzeugnisse dieses extraktiven Zweiges, der Kohlebranche, auf dem nationalen Markt anzubieten, sich verringern bzw. ganz erlöschen, und die Gesamtheit der Produzenten würde sich auf den Export orientieren. (Wir sprechen von kapitalistischen Bedingungen und dort ist das Motiv des Verkaufes die Erlangung von Profit und nicht die Deckung des Bedarfs.) Das würde zu einer Verdrängung „schlechterer" Produzenten vom internationalen Markt und somit einer Senkung des internationalen Marktwerts und zu einer Nichtdeckung des Bedarfs auf dem nationalen Markt führen. Erst an dem Punkt, wo der nationale Käufer bereit ist, einen dem Exporterlös entsprechenden Aufwand abzüglich den internationalen Transportaufwendungen zu akzeptieren, werden die Produzenten sich wieder auf den nationalen Markt orientieren und eine Deckung des nationalen Bedarfs ermöglichen.

Somit kommt es zu einer Tendenz der Angleichung des internationalen und nationalen modifizierten Marktwerts für Kohle. (Es bleibt natürlich die Differenz aufgrund des Transportaufwands, die durch die Konkurrenz nicht egalisiert werden kann.) Dies ist nicht so zu verstehen, daß etwa beide in ihrer absoluten Höhe, z. B. in Stunden ausgedrückt, gleich würden. Sondern es ist so zu verstehen, daß, in Stunden ausgedrückt, das Verhältnis des internationalen und des nationalen Marktwerts für Kohle sich so gestaltet, wie allgemein das Verhältnis einer internationalen Arbeitsstunde zu der des betrachteten Landes ist. (Da sich dieser Prozeß mit größerer oder minderer Konsequenz bei allen Waren vollzieht, bedeutet das, daß sich zwar nicht das Aufwandsniveau, aber doch die Aufwandsrelationen für die verschiedenen Waren den internationalen Aufwandsrelationen annähern, und also in der Tendenz auch die Preisrelationen.) Ökonomisch bekommen wir es hier mit einem Phänomen zu tun, das bisher noch wenig Beachtung fand: *Beim Verkauf der Waren durch nationale Produzenten auf dem nationalen Markt* (als einem Bestandteil des Weltmarktes) *wird, sofern es sich nicht um ein Land handelt, dessen Produzenten den international höchsten Aufwand repräsentieren, eine internationale Differentialrente realisiert.*[26]

Wie verhält es sich nun mit der Wechselwirkung zwischen dem Aufwand der Eigenproduzenten eines Importlandes und dem internationalen Marktwert? Nach unserer Meinung wären hier drei Fälle zu unterscheiden:

a) Die Eigenproduktion vollzieht sich unter relativ günstigen Bedingungen, kann aber aufgrund der Beschaffenheit der natürlichen Ressourcen nicht so stark ausgeweitet werden, daß eine vollständige Deckung des Gesamtbedarfs der Volkswirtschaft möglich ist. In diesem Fall ergibt sich ein Einfluß der Eigenproduktion auf den internationalen modifizierten Marktwert für Kohle nur insofern, daß die Deckung eines Teils des volkswirtschaftlichen und damit des weltwirtschaftlichen Bedarfs durch die Eigenproduzenten die Einbeziehung weiterer schlechterer Produzenten anderer Länder erübrigt. Der internationale Marktwert würde durch den Exporteur mit dem höchsten Aufwand bestimmt.

b) Die Eigenproduktion vollzieht sich unter relativ ungünstigen Bedingungen (natürlichen und gesellschaftlichen), das Erzeugnis (z. B. Kohle) kann aber auf dem Weltmarkt dennoch nicht billiger beschafft werden, als es durch Eigenproduktion möglich ist. Eine Ausdehnung des Imports ist also nur durch Einbeziehung weiterer ausländischer Produzenten mit höheren Aufwendungen als denen der Eigenproduzenten des betrachteten Landes möglich. Wir meinen, daß in diesem Falle der internationale Marktwert durch den Aufwand der Eigenproduzenten des Importlandes bestimmt wird. Die Kohle kann im Importland nicht billiger als entsprechend dem Aufwand des unter ungünstigsten Bedingungen produzierenden Eigenproduzenten verkauft werden. Würde unter diesem Aufwand verkauft, wäre der Eigenproduzent, langfristig gesehen, zu unterproportionaler Reproduktion bzw. zur Einstellung der Produktion gezwungen. Es entstünde ein Defizit, das durch Importe nicht bzw. nur mit noch höherem Aufwand als dem der Eigenproduzenten abgedeckt werden könnte. Der Aufwand der Eigenproduzenten müßte also im Importland auf jeden Fall als gesellschaftlich notwendig akzeptiert werden – und nicht nur hier. Auch die Käufer anderer Länder müßten diesen Aufwand als gesellschaftlich notwendig akzeptieren, denn den Aufwand, den die Exporteure gegenüber einem Land durchsetzen können, werden sie unter allen Umständen auch gegenüber allen anderen Käufern durchzusetzen versuchen. Und sie können dies unter den von uns angenommenen Prämissen, da die Käufer jede zusätzliche Menge Erzeugnisse, die eine Alternative zu den bestehenden Verkäufern darstellte, nur mittels eines noch höheren Aufwandes erlangen.

[26] Der Kampf um die Möglichkeit der Realisierung dieser internationalen Rente durch die Ölkonzerne der USA in den USA selbst war der ökonomische Hintergrund für einen bedeutenden Teil der Kontroversen zwischen der Regierung Carters und den Ölkonzernen in den USA.

c) Die Eigenproduktion vollzieht sich unter relativ ungünstigen natürlichen und gesellschaftlichen Bedingungen, und auch bei einer Erweiterung der Importe und der Einbeziehung weiterer internationaler Produzenten wäre deren Aufwand unter dem der bisherigen Eigenproduzenten des betrachteten Landes. Die Betrachtung dieses Falles ist entschieden schwieriger als die des ersten. Gleichzeitig kommt dieser Fall aber auch der Realität wesentlich näher; man denke nur an den westeuropäischen Steinkohlebergbau, dessen Situation durch diesen Fall charakterisiert wird. Die westeuropäische Produktion energetischer Steinkohle ist die (von unbedeutenden Fördermengen abgesehen) aufwendigste Produktion der kapitalistischen Weltwirtschaft. Eine Erhöhung des Bezugs nordamerikanischer oder australischer, indischer, südafrikanischer Kohle erschiene möglich und hat sich in der Tat in den 60er Jahren zu Lasten der westeuropäischen Energiekohleproduktion vollzogen. Während die Aufwendungen für die Kohleproduktion in Australien, Indien und Südafrika sowie in einigen Rayons der USA 4–7 Dollar je Tonne betragen, liegt der mittlere Aufwand in den USA und Kanada bei 10 bis 15 Dollar je Tonne. Die höchsten Ausgaben finden sich in Großbritannien, der BRD, Japan, Frankreich und Belgien mit 40–65 Dollar je Tonne.[27] Gleichzeitig ist Westeuropa einer der bedeutendsten Steinkohleproduzenten und Importeure auf dem kapitalistischen Weltmarkt.

Die theoretisch wie praktisch gleichermaßen interessante Frage besteht nun darin, welchen Einfluß die relativ ungünstigen natürlichen Bedingungen der Steinkohleproduktion Westeuropas auf den internationalen modifizierten Marktwert für Steinkohle in der kapitalistischen Weltwirtschaft haben? Anders herum formuliert kann man auch so fragen: Ist der Aufwand der westeuropäischen Produzenten unter dieser Bedingung, daß amerikanische, australische usw. Kohle billiger geliefert werden kann, als gesellschaftlich notwendig, zu akzeptieren oder nicht? Diese Frage ist nicht einfach mit ja oder nein zu beantworten. Man muß die historisch gewachsene Situation, die darin besteht, daß die westeuropäische Steinkohleproduktion gegenwärtig einen bedeutenden Beitrag zur Deckung des Energiebedarfs in der kapitalistischen Weltwirtschaft leistet, berücksichtigen. Ganz abgesehen davon, daß ein völliger Verzicht auf die westeuropäische Steinkohleproduktion politisch und auch unter dem Aspekt der Bedarfsentwicklung an Energie in der kapitalistischen Weltwirtschaft in der Zukunft als ausgeschlossen erscheint, wäre eine völlige Umstellung Westeuropas von der bedeutenden Eigenproduktion zu Importen mit schwerwiegenden ökonomischen Konsequenzen, also Aufwendungen, sowohl in Westeuropa als auch in den USA, verbunden. Diese sind bei der Betrachtung der Frage zu berücksichtigen. Die Ausdehnung der Kohleproduktion im Ausland, also in den USA, Australien usw., im Umfange der bisherigen Eigenproduktion Westeuropas wäre hier mit einem großen ökonomischen Aufwand und aller Wahrscheinlichkeit nach mit der Einbeziehung relativ

[27] Vgl. V. Andrejev, Kamenny ugol, in: Bjulleten innostrannoj kommerčeskoj informacii (BIKI), priloženie 2, 1978, S. 22.

schlechterer natürlicher Bedingungen verbunden. Das aber ist noch nicht das wichtigste. Vor allem muß man den Umstellungsaufwand in Westeuropa selbst berücksichtigen, der von der Entwertung des in der Kohleindustrie fungierenden Kapitals bis zur Umstellung der Arbeitskräfte (Neuqualifizierung, örtliche Veränderung usw.) reicht.

Wir sind nicht in der Lage, alle diese Auswirkungen zu quantifizieren, klar jedoch dürfte sein, daß eine Erweiterung des Imports von Steinkohle durch Westeuropa im Umfange der Eigenproduktion Westeuropas den gesellschaftlichen Aufwand für den Import einer Tonne Kohle wesntlich über das jetzige Niveau steigen lassen würde. In der Konsequenz bedeutet das, daß die Existenz der westeuropäischen Steinkohleproduktion auf der Grundlage der entstandenen historischen Situation als gesellschaftlich notwendig akzeptiert wird und damit auch die Aufwendungen, die aus den relativ schlechten natürlichen Bedingungen Westeuropas entspringen, weitgehend als gesellschaftlich notwendig akzeptiert werden müssen. Da jedoch eine schrittweise Verdrängung bedeutender Marktanteile in Westeuropa durch billigere Importkohle möglich ist, orientiert sich der internationale Marktwert ständig an der Untergrenze der Reproduktionsmöglichkeiten westeuropäischer Steinkohleproduktion.

Ausgehend von diesen Überlegungen kommen wir zu folgendem Resultat:

1. Der aufwendigste Produzent von Primärenergieträgern, dessen Erzeugnisse zur Deckung des Bedarfs im Rahmen der kapitalistischen Weltwirtschaft notwendig sind, sind die westeuropäischen Kohleproduzenten und insbesondere die der BRD.

2. Unabhängig davon, ob deren hoher Aufwand ausschließlich schlechten natürlichen Bedingungen oder einem relativen Zurückbleiben gesellschaftlicher Produktivität geschuldet ist, muß dieser Aufwand auf dem Weltmarkt als gesellschaftlich notwendig akzeptiert werden.

3. Es ist gleichfalls nicht bedeutsam, ob die Hauptmenge der in Westeuropa produzierten Kohle hier abgesetzt wird oder nicht. Die Zirkulationssphäre der westeuropäischen Staaten ist zwar durch staatsmonopolistische Maßnahmen partiell abgeschirmt, dies kann jedoch die Einheitlichkeit des kapitalistischen Weltmarktes lediglich deformieren und modifizieren, nicht aber grundsätzlich aufheben.[28] Die westeuropäischen Produzenten stehen mit den Importen in Preis-

[28] Dies ist z. B. sichtbar am Kohlemarkt der BRD. Durch direkte und indirekte Subventionierung des einheimischen Kohlebergbaus wird die Konkurrenzfähigkeit der Ruhrkohle gegenüber der amerikanischen Importkohle trotz höherer Preise auf dem BRD-Markt erhalten. Andererseits ist daduch die prinzipielle Tatsache der Konkurrenz der importierten Kohle mit der einheimischen Produktion nicht aufgehoben, und die Produzenten der USA erzielen trotz der staatsmonopolistischen Regulierung in der BRD einen Erlös, der weit über ihren Aufwendungen liegt und eine Differentialrente einschließt. Eine detaillierte Untersuchung der staatsmonopolistischen Regulierungspraxis liegt außerhalb des Gegenstandes unserer Untersuchung. Hierzu vgl. S. Wenger, Außenhandel auf dem kapitalistischen Weltmarkt, Berlin 1978, S. 130 ff.

konkurrenz gegenüber einer Reihe wichtiger Anwender, was tendenziell einen einheitlichen Marktwert erzwingt.

4. Da bedeutende Marktanteile des westeuropäischen Kohlebergbaus durch billigere Importe übernommen werden können (würde nicht staatsmonopolistische Regulierung dem entgegenstehen), bewegt sich der Marktwert für Primärenergieträger tendenziell an der Untergrenze der Reproduktionsmöglichkeiten der westeuropäischen energetischen Kohle.

Berücksichtigt man die im Abschnitt über die Wirkung der Substitution gewonnenen Erkenntnisse, so wird deutlich, daß wir den enormen Preisanstieg für Erdöl in den 70er Jahren einerseits als Angleichung des Marktpreises an den Marktwert, andererseits als Bewegung des Marktwerts selbst interpretieren. Diesem Marktwert liegt der Aufwand des unter relativ ungünstigsten Bedingungen geförderten Primärenergieträgers, der zur Deckung des weltweiten Bedarfs notwendig ist, zugrunde –, der energetischen Steinkohle Westeuropas.

4.5. Die Herausbildung internationaler modifizierter Marktwerte für Erzeugnisse der extraktiven Industrie unter sozialistischen Bedingungen

Grundsätzlich gilt auch unter den Bedingungen des sozialistischen Weltwirtschaftssystems das Erfordernis, daß den unter schlechtesten natürlichen Bedingungen wirtschaftenden Produzenten durch den Erlös beim Verkauf der Primärenergieträger auf dem sozialistischen Weltmarkt die Möglichkeit einer der Entwicklung des gesellschaftlichen Bedarfs entsprechenden Reproduktion gegeben sein muß. Die Tatsache, daß die Subjekte des internationalen Wirtschaftsverkehrs die sozialistischen Staaten als Repräsentanten des sozialistischen Eigentums sind, bewirkt Besonderheiten bei der Durchsetzung dieses Erfordernisses sowohl im Vergleich zur kapitalistischen Weltwirtschaft als auch im Vergleich zur Art und Weise, wie sich dieses Erfordernis im Innern einer sozialistischen Volkswirtschaft Geltung verschafft. Im Unterschied zum Innern einer sozialistischen Volkswirtschaft besteht die Möglichkeit der Differenzierung der Preise für die Produzenten entsprechend den unterschiedlichen natürlichen Bedingungen, unter denen die Produzenten wirtschaften, im internationalen Handel nicht. Die Dieselbigkeit des Marktwertes (Marx) ist also im vollen Umfang gegeben, d. h. es gibt für ein und dieselbe Ware einen einheitlichen Marktwert sowohl für die Produzenten als auch für die Käufer. Damit sind alle Bedingungen dafür gegeben, daß der internationale modifizierte Marktwert sich an den Aufwendungen des unter den schlechtesten natürlichen Bedingungen wirtschaftenden Produzenten orientiert. Insofern haben wir eine bestimmte Analogie zu den Verhältnissen im kapitalistischen Weltwirtschaftssystem, die sich daraus ergibt, daß sich sowohl im kapitalistischen Weltwirtschaftssystem als auch im sozialistischen Weltwirtschaftssystem selbständige Eigentümer gegenüberstehen.

Dies bedeutet aber nicht, daß wir die bei der Untersuchung des Kapitalismus gewonnenen Erkenntnisse einfach für den Sozialismus übernehmen können. Aus dem unterschiedlichen Charakter der Wirtschaftssubjekte resultieren zwei wesentliche Unterschiede: Der erste betrifft den Einfluß der als Importeur auf dem sozialistischen Weltmarkt auftretenden Volkswirtschaft auf die Herausbildung des internationalen modifizierten Marktwerts, der zweite die Frage, welcher Aufwand als der gesellschaftlich notwendige Arbeitsaufwand einer exportierenden Volkswirtschaft unter sozialistischen Bedingungen anzusehen ist.

Wenden wir uns zunächst der ersten Frage zu. Wir haben für den Kapitalismus festgestellt, daß der Produzent mit dem höchsten Aufwand, dessen Erzeugnisse zur Deckung des gesellschaftlichen Bedarfs im Rahmen der Weltwirtschaft notwendig sind, den internationalen modifizierten Marktwert reguliert, unabhängig davon, ob dessen Erzeugnisse international oder lediglich national zirkulieren. Das gilt auch für den Fall, daß die Volkswirtschaft des Landes dieses Produzenten auf dem Weltmarkt als Nettoimporteur auftritt. Nach unserer Auffassung gilt dieses für die sozialistische Produktionsweise nicht. Der Aufwand, zu dem innerhalb des sozialistischen Eigentums, d. h. im Rahmen einer sozialistischen Volkswirtschaft, ausgetauscht wird, besitzt keine direkte Wirkung auf die internationalen Zirkulationsprozesse. Das resultiert daraus, daß unter den Bedingungen des Sozialismus die nationale und die internationale Zirkulation in einem höheren Maße gegeneinander verselbständigt sind, als es im Kapitalismus der Fall ist. Der Import von Waren durch eine kapitalistische und eine sozialistische Volkswirtschaft ist qualitativ unerschiedlicher Natur. Wenn die BRD Kohle z. B. aus den USA importiert, so importiert sie nicht der Staat als Repräsentant des Eigentums. Genau genommen wird die Kohle nicht an die BRD, sondern in der BRD an kapitalistische Eigentümer verkauft, so, wie die kapitalistischen Produzenten aus der BRD an kapitalistische Eigentümer in der BRD verkaufen. Der Unterschied ist gradueller Natur. Prinzipiell besteht ein Konkurrenzverhältnis zwischen den Kohlemengen, die in der BRD produziert und in der BRD verkauft werden, sowie denen, die außerhalb der BRD produziert und innerhalb der BRD verkauft werden. Daraus resultiert der in der Tendenz einheitliche Marktwert für die Eigenproduktion und die Importe.

Anders die Verhältnisse im Sozialismus. Importiert die DDR aus der Volksrepublik Polen Kohle, so wird diese Kohle an den sozialistischen Staat, die DDR, verkauft. Produzieren die sozialistischen Kohleproduzenten in der DDR aufgrund ihrer natürlichen Bedingungen über oder unter dem Aufwand, zu dem der Staat die Kohle auf dem internationalen Markt erwirbt, so wird der sozialistische Staat zwar die importierte und die im Lande hergestellte Kohle zu einem einheitlichen Marktwert an die Kohlekonsumenten verkaufen, mit Bezug auf die ausländischen und inländischen Produzenten jedoch wird der Marktwert entsprechend den natürlichen Bedingungen differenziert sein. Mit Bezug auf die Produzenten ist also die Dieselbigkeit des Marktwerts wiederum aufgehoben, wodurch die Notwendigkeit entfällt, daß der Marktwert sich an den unter den schlechtesten Bedingungen wirtschaftenden Produzenten orientiert. Weder wird sich im Falle höherer nationaler Aufwendungen der internationale Marktwert an diesen Aufwendungen orientieren müssen, noch wird sich im Falle niederer nationaler Aufwendungen der nationale Marktwert an den ungünstigen natürlichen Bedingungen im Ausland orientieren. Dieser Punkt ist von beträchtlichem Interesse für die Herausbildung des internationalen modifizierten Marktwerts für Brennstoffe im Rahmen der sozialistischen Staatengemeinschaft. Nach unserer Meinung würde ein einheitlicher Marktwert für alle Produzenten von Primärenergieträgern, die zur Deckung des gesellschaftlichen Bedarfs der sozialistischen Staatengemeinschaft an Energie beitragen, gerade wegen der ungünstigen Förderbedingungen in einer Reihe von Nettoimportländern über dem gegenwärtigen internationalen modifizierten Marktwert für Primärenergieträger im Rahmen des RGW liegen. Da jedoch aus den oben aufgezeigten Gründen ein einheitlicher modifizierter Marktwert lediglich für die Exporteure der Primärenergieträger auf dem sozialistischen Weltmarkt erforderlich ist, wird der internationale modifizierte Marktwert für Primärenergieträger durch denjenigen Exporteur reguliert, der unter den ungünstigsten natürlichen Bedingungen wirtschaftet und einen Beitrag zur Deckung des gesellschaftlichen Bedarfs an Primärenergieträgern leistet.

Damit wenden wir uns der zweiten oben aufgeworfenen Frage zu: Welches ist der gesellschaftlich notwendige Arbeitsaufwand einer sozialistischen Volkswirtschaft für exportierte Primärenergieträger unter der Bedingung differenzierter natürlicher Produktionsbedingungen im Innern des Landes? Die Beantwortung dieser Frage ist bedeutungsvoll für die Bestimmung der Rentabilität des Exports solcher Waren (also letztlich für die Beantwortung der Frage: Wann ist der Export dieser Waren ökonomisch vertretbar?) wie auch für die Bestimmung des internationalen modifizierten Marktwerts für Primärenergieträger. Es scheint zunächst eine Vielzahl Varianten zu geben, diese Frage zu beantworten. Solche Varianten wären z. B.: 1. Als Aufwand der exportierenden Volkswirtschaft muß der Aufwand der unter den schlechtesten Bedingungen produzierenden Wirtschaftseinheiten gesehen werden. 2. Als Aufwand der exportierenden Volkswirtschaft muß der durchschnittliche Aufwand der unter den schlechtesten Bedingungen wirtschaftenden Wirtschaftseinheiten gesehen werden, die zur Erbringung der Produktion im Umfange des Exports notwendig sind. 3. Der Aufwand der exportierenden Volkswirtschaft ist gleich dem durchschnittlichen Aufwand der tatsächlich die Exportproduktion erbringenden Wirtschaftseinheiten. 4. Der Aufwand der exportierenden Volkswirtschaft ist gleich dem durchschnittlichen Aufwand aller Produzenten des betrachteten Zweiges.

Bevor wir uns der theoretischen Erörterung dieser Frage zuwenden, wollen wir uns anhand publizierten Materials über die Aufwendungen für die Produktion von Primärenergieträger in der UdSSR, dem Hauptexporteur für Primärenergieträger auf dem sozialistischen Weltmarkt, ein Bild über die praktische Relevanz dieser Frage verschaffen. Die Tabellen 3 und 4 liefern dafür die notwendigen Angaben. Ohne Anspruch auf übermäßige Genauigkeit zu erheben – eine solche läßt das

Tabelle 3

Reduzierte Aufwendungen für die Förderung und den Transport von Primärenergieträgern in der UdSSR Ende der 70er Jahre (Rbl. je Tonne Einheitsbrennstoff)

Primärenergieträger	spezifische Investitionen	Selbst-kosten	Reduzierte Aufwendungen	
			am Förderort	Leningrad
Kohle:				
Donezbecken	57,7	9,9	16,8	25,2
Moskauer Revier	80,9	15,3	25,0	
Kusnezker Becken (Tagebau)	22,1	4,8	7,5	21,0
Ekibastus	17,3	1,8	3,9	18,6*
Kansk-Ačinsk	16,4	2,0	4,0	
Erdgas:				
Tjumen	29,7	2,8	6,4	16,3
Komi, ASSR, Archangelsk	49,3	4,3	10,2	13,6
Mittelasien	17,6	3,1	5,2	11,7
Ukraine	54,4	5,0	11,5	
Orenburg	22,3	2,7	5,4	8,1* (13,9**)
Erdöl:				
Wolgagebiet	19	1,8	4,2	6,2
Tjumen	56,5	3,1	10,2	12,8
Komi ASSR			14,0	15,5
Aserbaidshan			25,0	

* Moskau ** Westgrenze UdSSR

Quellen: J. Masover, Razmeščenie toplivodobyvajuščej promyšlennosti; in: Planovoe chozjajstvo 11/1977, S. 142/146;
V. Šelest, Regional'nye ėnergoėkonomičeskie problemy SSSR, Moskva 1975, S. 217;
A. Černuchin/J. Flakserman, Ėkonomika ėnergetiki SSSR, Moskva 1970, S. 192;
eigene Berechnungen und Schätzungen, wobei für den Transport von einer Tonne Einheitsbrennstoff als Öl über 1000 km 1 Rubel und für den Transport von einer Tonne Einheitsbrennstoff als Gas über 1000 km 2,5 bis 3,7 Rubel veranschlagt wurden.

publizierte Zahlenmaterial nicht zu – wollen wir versuchen, die Größenordnung zu ermitteln, in der sich nach jeder der oben angeführten vier Varianten, der Exportaufwand der UdSSR für Primärenergieträger bewegen müßte.

Zu Fall 1: Als aufwendigste Fördergebiete für Primärenergieträger weist uns Tabelle 5 das Moskauer Becken mit 25 Rubel je Tonne Einheitsbrennstoff bzw. den Donbass mit ca. 17 Rubel je Tonne Einheitsbrennstoff im Fördergebiet aus, was in beiden Fällen ca. 26–27 Rubel frei Grenze UdSSR ausmachen würde. Da jedoch innerhalb dieser Fördergebiete auch wesentliche Differenzierungen nach

Tabelle 4

Anteil der Fördergebiete in der UdSSR am Zuwachs der Brennstoffproduktion 1976–1980 sowie an der Brennstoffproduktion 1980

	Anteil am Zuwachs der Förderung mineralischer Brennstoffe	Anteil an der Brennstoffförderung
Erdgas und Erdöl in Westsibirien	79,4	30,2
Erdgas und Erdöl in Mittelasien und Kasachstan	7,3	8,1
Kohle im Ekibastus	3,8	2,2
Kohle in Kansk-Ačinsk	1,5	1,0
Kohle im Kusnezker Becken	2,2	7,1

Quelle: J. Masover, Razmeščenie toplivodobyvajuščej promyšlennosti, in: Planovoe chozjajstvo 11/1977, S. 148.

den einzelnen Schachtanlagen vorliegen, im Donbass z. B. verhalten sich dieselben in den besten Gruben zu denen in den schlechtesten Gruben wie 1 : 2,75, wäre bei Zugrundelegung des höchsten Aufwands für die Reproduktion von Primärenergieträgern in der UdSSR als Exportaufwand mit mindestens 40 Rubel je Tonne Einheitsbrennstoff zu rechnen.

Zu Fall 2: Die Exportmenge übersteigt mit Sicherheit das Fördervolumen der unter Fall 1 genannten schlechtesten einzelnen Schächte. Ausgehend von der unter Fall 2 genannten Auffassung müßte also das schlechteste Kohlefördergebiet mit ca. 27 Rubel je Tonne Einheitsbrennstoff zugrunde gelegt werden.

Zu Fall 3: Über den tatsächlichen Aufwand der den Export betreibenden Förderbetriebe in der UdSSR gibt es keine offiziellen Angaben. Wir wollen versuchen, ihn näherungsweise wie folgt zu berechnen:

Primärenergieträger	zugrunde gelegtes Fördergebiet	Anteil am Export in %	Aufwand frei Westgrenze UdSSR in Rbl. je Tonne Einheitsbrennstoff
Erdöl	Wolgagebiet	82	6,2
Erdgas	Orenburger Gebiet	14	14,0
Kohle	Donezgebiet	4	27,0

Aus diesen Angaben können wir einen durchschnittlichen Exportaufwand von 8,2 Rbl. je Tonne Einheitsbrennstoff berechnen.

Zu Fall 4: Den Fall 4 berechnen wir methodisch in ähnlicher Weise wie Fall 3. Der Unterschied liegt darin, daß wir nicht ein bestimmtes Fördergebiet, sondern die gesamte UdSSR, und entsprechend nicht den Aufwand eines Fördergebietes, sondern den von uns geschätzten durchschnittlichen Förderaufwand aller Fördergebiete einschließlich des Transportaufwandes zur Westgrenze der UdSSR zugrunde legen. Bezüglich der Struktur geht es nicht um die Anteile der einzelnen Primärenergieträger am Export, sondern um ihre Anteile an der Gesamtproduktion. Wir erhalten damit folgendes Bild:

Primärenergieträger	Anteil an der Gesamtförderung von Primärenergieträgern	Aufwand frei Westgrenze UdSSR in Rbl. je Tonne Einheitsbrennstoff
Erdöl	46 %	12
Erdgas	24 %	14
Kohle	30 %	25

Als durchschnittlichen Aufwand der UdSSR ermitteln wir daraus 16,4 Rbl. je Tonne Einheitsbrennstoff. Aus einem Vergleich der unter Fall 1 bis 4 errechneten Angaben dürfte die enorme praktische Bedeutung der oben aufgeworfenen theoretischen Frage nach dem Exportaufwand einer sozialistischen Volkswirtschaft unter der Bedingung der Existenz differenzierter natürlicher Bedingungen im Innern dieser Volkswirtschaft deutlich geworden sein.

Kommen wir also zur theoretischen Erörterung dieser Frage. Der erste Standpunkt wird interessanterweise von niemandem (soweit uns bekannt) konsequent vertreten, obgleich er doch nichts als eine logische Konsequenz der Auffassung wäre, daß auch unter sozialistischen Bedingungen der gesellschaftlich notwendige Arbeitsaufwand für die Produktion von Primärenergieträgern stets durch den Aufwand der unter schlechtesten natürlichen Bedingungen wirtschaftenden Produzenten bestimmt wird. Wenn es so wäre, wie eine Vielzahl marxistischer Ökonomen annimmt, daß der gesellschaftlich notwendige Arbeitsaufwand für die Produkte der extraktiven Industrie auch im Sozialismus stets durch die schlechtesten natürlichen Bedingungen bestimmt wird, wäre es doch nicht einzusehen, warum das für die Exportproduktion nicht gelten soll. Offensichtlich tritt bei der Diskussion der internationalen ökonomischen Beziehungen der Aspekt der Einheitlichkeit des staatlichen Eigentums den Ökonomen stärker ins Bewußtsein, so daß die Bestimmung des Aufwands als durchschnittlicher Aufwand weitgehend akzeptiert wird.

Die Frage bleibt allerdings: Durchschnitt wovon? Eine Reihe namhafter sowjetischer Ökonomen hat sich dazu eindeutig plaziert. Nach ihrer Meinung geht es um den Durchschnitt der Aufwendungen der unter schlechtesten natürlichen Bedingungen wirtschaftenden Produzenten, die zur Sicherung der Reproduktion im Umfange des Exports erforderlich sind. Dazu argumentieren sie wie folgt: „Es ist bekannt, daß die Aufwendungen bei der Produktion analoger Brennstoffe und Rohstoffe (darunter auch landwirtschaftlicher) bedeutend differieren in Abhängigkeit von den konkreten natürlich-geographischen und ökonomischen Bedingungen ihrer Produktion ... Der Übergang zu relativ schlechten Bedingungen der Produktion dieser oder jener Ware kommt natürlich nicht immer in Verbindung mit ihrem Export vor. Das kann auch der Entwicklung der erweiterten Reproduktion im Innern des Landes, dem Wachstum der inneren Bedürfnisse geschuldet sein. Es kann auch sein, daß Lagerstätten erkundet und erschlossen werden, die effektiver als die bisherigen sind, und daß neue, effektivere technologische Produktionsverfahren eingeführt werden.

Berechnungen zeigen jedoch, daß die Tendenz zur Verschlechterung der Bedingungen und folglich zur Vergrößerung der Aufwendungen die herrschende ist, besonders wenn man die Aufwendungen für den Transport zur Grenze berücksichtigt. Es ist natürlich, daß der Export die Nachfrage nach Roh- und Brennstoffen vergrößert und unter den Bedingungen der oben hervorgehobenen Tendenz zu einer Verteuerung der Produktion vieler Roh- und Brennstoffe führt. Umgekehrt, der Verzicht auf den Export würde den Verzicht auf die Produktion mit den höchsten ... volkswirtschaftlichen Aufwendungen begünstigen ..."[29] Dabei sei es nicht wichtig, ob diese unter schlechten natürlichen Bedingungen produzierten Brennstoffe tatsächlich in den Export eingehen, wie am Beispiel der Kohle erklärt wird: „Die Kohlereviere Sibiriens nehmen nicht unmittelbar am Export der sowjetischen Kohle teil. Jedoch das Wachstum des Exports an Brennstoffen aus den westlichen Gebieten der UdSSR führt zu einem Defizit an Brennstoffen in diesem Gebiet. Dieses Defizit wird teilweise durch Lieferungen von Brennstoffen aus den östlichen Gebieten ausgeglichen. Insgesamt ergibt sich für das Land eine Vergrößerung der Transportentfernungen infolge des Exports. Infolgedessen steigen auch die volkswirtschaftlichen Aufwendungen (franko Verbraucher)."[30] Es gäbe allerdings im Land auch einzelne Lagerstätten mit extremen Aufwendungen, deren Ausbeutung örtlichen Gegebenheiten geschuldet sei und nicht mit dem Export zusammenhingen. Diese Lagerstätten werden „nichtkonkurrierende" Lagerstätten genannt. Sieht man von diesen Lagerstätten ab, so ergäbe sich der volkswirtschaftliche Aufwand für die Exportproduktion aus der Addition der reduzierten Aufwendungen für die Produktion unter schlechtesten natürlichen Bedingungen im Umfange des Exports.

Die Überlegungen der Autoren enthalten nach unserer Meinung eine Reihe rationaler Elemente: der gesamte Gedankengang beruht jedoch auf zwei Prämissen, die uns überprüfenswert erscheinen. Die erste Prämisse ist die der notwendigen Tendenz zur Einbeziehung schlechterer Lagerstätten bei Ausdehnung des Produktionsumfangs und daraus resultierend zu einer Erhöhung des Reproduktionsaufwandes für Primärenergieträger bei Ausweitung der Produktion. Die zweite Prämisse besteht darin, daß es der Export sei, dem die Ausbeutung der schlechtesten Lagerstätten geschuldet ist, und also ein Verzicht auf den Export ein Verzicht auf die Ausbeutung der schlechtesten Lagerstätten nach sich ziehen würde.

[29] Autorenkollektiv, Cenoobrazovanie na mirovom socialističeskom rynke, Moskva 1968, S. 113 bis 114.

[30] Ebenda, S. 115–116.

Theoretisch entspricht die erste Voraussetzung voll der Ansicht von Ricardo. Marx jedoch verwarf diese Auffassung mit aller Entschiedenheit. Es sind die verschiedensten Gründe denkbar, die dazu führen können, daß Lagerstätten mit relativ guten natürlichen Bedingungen erst spät in die Förderung einbezogen werden. Zum Beispiel ist es möglich, daß die Exploitation dieser Lagerstätten eine sehr hochentwickelte Technologie erfordert; wenn diese Technologie umgesetzt wird, ist die Ausbeutung aber sehr effektiv (z. B. die off-shore-Förderung des Erdöls); es ist möglich, daß die Exploitation dieser Lagerstätte ein solches absolutes Investitionsvolumen erfordert, daß der Staat die Ausbeutung auf Jahrzehnte zurückstellen muß (das ist z. B. bei einer Vielzahl sibirischer Lagerstätten der Fall); es kann sein, daß hocheffektive Lagerstätten neu entdeckt werden; auch kann es sein, daß bestimmte Eigenschaften der Brennstoffe, die als schädlich angesehen wurden, nun einem Verwendungszweck zugeführt werden (z. B. Schwefel im Erdöl) usw.

Natürliche Produktivität in einer Lagerstätte meint doch immer, inwieweit natürliche, nicht durch den Menschen geschaffene Gegebenheiten den gesellschaftlichen Produktionsprozeß befördern, unterstützen. Sie hängt also auch immer von der Art des gesellschaftlichen Produktionsprozesses ab und hat insofern eine gesellschaftliche Komponente. Die Hierarchie der natürlichen Produktivität der Lagerstätten kann sich also in Abhängigkeit vom Entwicklungsstand der gesellschaftlichen Produktion verändern. Natürliche Nachteile einer Lagerstätte können ökonomisch relativ unbedeutsam werden (z. B. Transportentfernungen, klimatische Bedingungen), während bestimmte natürliche Vorteile (z. B. geringe Tiefe) ökonomisch voll wirksam werden. Aus theoretischer Sicht ist also die Formulierung einer notwendigen Tendenz der Einbeziehung immer schlechterer natürlicher Lagerstätten abzulehnen. Es ist sogar praktisch häufig so, daß umgekehrt die einfache Reproduktion eines bestimmten Produktionsvolumens in bereits erschlossene Lagerstätten unter immer ungünstigeren Bedingungen vor sich geht (z. B. im Donezbecken) und deshalb die Erschließung neuer, günstiger Lagerstätten erforderlich wird. Ganz falsch ist es, wenn die Autoren schreiben, daß es eine Besonderheit der extraktiven Industrie gegenüber andern Industriezweigen sei, daß die Ausweitung der Produktion „gewöhnlich" zu einer Erhöhung des Aufwandes pro produzierter Einheit führte.[31] Hier wird also nicht nur die These von den sich stets verschlechternden natürlichen Bedingungen aufgestellt, sondern gleichzeitig behauptet, daß „gewöhnlich" der wissenschaftlich-technische Fortschritt wie auch die Vorteile der gesellschaftlichen Konzentration, Kombination usw. der Arbeit diese angenommene natürliche Verschlechterung nicht kompensieren können. Auch hier gehen die Autoren weit hinter Marx zurück. Im Grunde berufen sich die Autoren auf das „Gesetz des abnehmenden Bodenertrages", das Malthus für die Landwirtschaft entwickelte, und wenden es auf die extraktive Industrie an. Soweit zur theoretischen Seite des Problems.

[31] Vgl. ebenda, S. 117–118.

Auch die empirische Analyse der Aufwendungen in der UdSSR zeigt, daß die Annahme der Autoren, die Erweiterung der Produktion erfordere die Einbeziehung immer schlechterer natürlicher Ressourcen, nicht voll den Tatsachen entspricht. Tabelle 2 zeigt, aus welchen Fördergebieten der Zuwachs an Brennstoffen kommt. Was den aufwendigsten Primärenergieträger, die Kohle, betrifft, so führte der Zuwachs bis 1980 offensichtlich nicht zu einer Verteuerung, sondern zu einer Verbilligung der Kohleproduktion. Die Fördergebiete, die den Zuwachs erbringen, zeichnen sich dadurch aus, daß sie von den natürlichen Bedingungen her den Abbau im Tagebau ermöglichen, was gegenüber dem Abbau unter Tage zu einer bedeutenden Reduzierung des Aufwandes führt. Wie Tabelle 3 zeigt, sind die hierdurch gewonnenen Einsparungen bedeutender als der Mehraufwand an Transport, selbst wenn man unterstellt, daß die Kohle in unveredelter Form in die industriellen Ballungsgebiete des europäischen Teils der UdSSR gelangt. (In der Tat ist das natürlich nur bei einem bestimmten Prozentsatz der Fall.) Der Hauptdiskussionspunkt ist aber nicht die Kohle, sondern das westsibirische Erdöl und Erdgas, die, wie aus Tabelle 4 ersichtlich, zusammen fast 80 % des Gesamtzuwachses an Primärenergieträgern erbringen. Es kann kein Zweifel daran bestehen, daß aus den besonderen, vor allem klimatischen Bedingungen im Tjumener Gebiet und den großen Transportentfernungen erhöhte Belastungen für die Volkswirtschaft der UdSSR und damit auch bedeutende spezifische Aufwendungen für die Gewinnung von Erdöl und Erdgas entstehen.

Daraus kann aber nicht pauschal auf eine Erhöhung der Aufwendungen geschlossen werden. So schreiben z. B. Adamesku und Belorusov: „Die reduzierten Aufwendungen für die geologischen Erkundungsarbeiten, die Förderung und den Transport zum Verbraucher im Zentralrayon des Landes von einer Tonne Einheitsbrennstoff des westsibirischen Öls und Gases sind bedeutend niedriger als die der Donezkohle, bei Gas um 4,2 Rbl.“[32] Ähnlich schreibt Masover: „Die wichtigsten Brennstoff- und energetischen Ressourcen (9/10 der Gesamtressourcen der UdSSR), darunter die effektivsten, sind im Osten des Landes konzentriert. Gemessen am reduzierten Aufwand (je Tonne Einheitsbrennstoff), ist die Förderung der Kohle in Kansk-Ačinsk und Ekibastus 4- bis 6mal billiger als im Donbass und Moskauer Revier; das Tjumener und mittelasiatische Gas 1,8- bis 2mal billiger als das ukrainische, das westsibirische Öl billiger als manches europäische Öl usw.“[33] Zu einer recht optimistischen Einschätzung kommen Bogačev und Pčelincev: „Die allmähliche Verlagerung des Schwergewichts der Erdölförderung nach Osten hinter das Uralgebirge bedeutet keinesfalls einen Übergang von ‚besseren‘ Quellen zu ‚schlechteren‘ nach Erschöpfung der ersteren. Nicht nur nach dem Umfang der Vorräte, sondern auch nach den ökonomischen Kennziffern der Erschließung und Förderung könnten die westsibirischen Vorkommen

[32] A. Adamesku/D. Belorusov, Razvitie i razmeščenie proizvoditelnych sil SSSR v desjatoj pjatiletke, Moskva 1977, S. 93.

[33] J. Masover, Razmeščenie toplivodobyvajuščej promyšlennosti, in: Planovoe chozjajstvo, 11/77, S. 142.

mit den Lagerstätten an der Wolga oder im Kaukasus konkurrieren. Sümpfe, Dauerfrostboden, Wegelosigkeit, die Entfernung von den industriellen Hauptzentren des Landes, das strenge Klima – all das verteuert die Bohrarbeiten, die Ausrüstung der Bohrstätten und natürlich auch die Ausbeutung der Bohrungen. Jedoch sind dank der hohen Konzentration der Vorkommen die Investitionen zur Erschließung und Ausrüstung der westsibirischen Förderstätten, berechnet auf 1 Tonne Jahresförderung, durchschnittlich zweimal niedriger als die mittleren Landesaufwendungen. Die Erkundungsbohrungen sind in Sibirien natürlich teurer als im Kaukasus oder der Ukraine. Aber hier wird mit jedem Meter Bohrarbeiten ein solches Anwachsen der Vorräte erreicht, für das man im Kaukasus 50–70 Meter bohren müßte und in der Ukraine 35–50 Meter. Insgesamt sind die Aufwendungen für die Vorbereitung der Ausbeutung einer Einheit Vorräte der westsibirischen Tiefebene fünfmal und mehr niedriger als im Landesdurchschnitt. Bei der Planung des Umfanges der geologischen Erkundungsarbeiten wird jetzt den alten Erdölgebieten, wo die Effektivität dieser Arbeiten niedrig ist und weiter sinkt, der Vorzug eingeräumt. Die Verlegung der geologischen Such- und Erkundungsarbeiten nach Osten – nicht nur ins Tjumener Gebiet, sondern auch in Bezirke Ostsibiriens – kann in der Zukunft zu einem bedeutenden Faktor der Erhöhung der wirtschaftlichen Effektivität der gesamten Erdölindustrie werden. Insgesamt sind die Aufwendungen der Investarbeiten – der Erkundung, Erschließung und Ausstattung der Förderstätten – in Sibirien wesentlich niedriger als in anderen erdölfördernden Bezirken, aber die Kosten für die eigentliche Förderung liegen ungefähr auf dem Durchschnittsniveau des Landes. In der Perspektive werden sich die Kennziffern der Förderung des Tjumener Erdöls deutlich verbessern, insbesondere durch die Nutzung des Begleitgases."[34]

Diese Einschätzungen bestätigen die von uns angeführten Zahlen aus Tabelle 3. Berücksichtigt man zusätzlich den Transportfaktor, der bei Erdöl wesentlich weniger zu Buche schlägt als bei Erdgas, so liegt das Tjumener Erdöl in seinem Gesamtaufwand ca. 1 Rubel je Tonne Einheitsbrennstoff über dem durchschnittlichen Aufwand der Erdölindustrie und das Tjumener Erdgas etwa 2,3 Rubel über dem durchschnittlichen Aufwand der Erdgasindustrie der UdSSR. Daraus kann aber keinesfalls die Schlußfolgerung gezogen werden, daß sich die Produktion von Primärenergieträgern in der UdSSR ständig aufgrund natürlicher Bedingungen verteuert. Eine solche Schlußfolgerung ließe unberücksichtigt, daß das westsibirische Öl immer noch billiger ist als eine im Landesdurchschnitt geförderte Tonne Einheitsbrennstoff, während das Gas wegen der stärker belastenden Transportkosten auf eben diesem Niveau liegt. Wir stellen also fest, daß, sowohl aus theoretischer Sicht wie auch aus der empirischen Untersuchung, die Formulierung einer notwendigen Tendenz der Erhöhung des Aufwandes für die Produktion von Primärenergieträgern bei Ausdehnung des Produktionsumfanges abzulehnen ist.

[34] V. Bogačev/O. Pčelincev, Programmy chozjajstvennogo osvoenija vostočnych rajonov SSSR, Moskva 1975, S. 8–9.

Damit soll allerdings nicht bestritten werden, daß eine solche Tendenz zeitweilig und bei bestimmten Arten der Energieträger auftreten kann. Wenn man nicht davon ausgehen kann, daß die Ausdehnung der Produktion notwendig mit der Einbeziehung schlechterer Lagerstätten und der Erhöhung des Aufwandes pro Gebrauchswerteinheit verbunden ist, ist auch die These nicht haltbar, daß die Exporte eines Landes notwendigerweise den Aufwand des Landes pro Gebrauchswerteinheit erhöhen. Das kann in bestimmten Fällen so sein, trifft aber durchaus nicht in jedem Fall zu. Gerade das ist aber Basis der zweiten Prämisse von Djačenko, die darin besteht, daß dem Export die Ausbeutung der schlechtesten Lagerstätten geschuldet sei, und also ein Verzicht auf den Export einen Verzicht auf die Ausbeutung der schlechtesten Lagerstätten nach sich ziehen würde. Wir stimmen mit dem Autorenkollektiv um Djačenko dahingehend überein, daß unter dem Exportaufwand einer sozialistischen Volkswirtschaft der Aufwand zu verstehen ist, der der Volkswirtschaft durch den notwendigen Produktionszuwachs im Umfang der Exporte entsteht. Dies ist unabhängig davon, ob die tatsächlich exportierten Gebrauchswerte aus einer günstigen oder ungünstigen Lagerstätte stammen. Nicht zustimmen können wir jedoch der These, daß es ausgerechnet der Exportproduktion geschuldet sei, daß relativ ungünstige Lagerstätten in den Abbau einbezogen werden. Die Ausdehnung des Produktionsvolumens zum Zweck des Exports kann die Einbeziehung besserer wie auch in bestimmten Fällen schlechterer Lagerstätten bedeuten, wie es bei der Ausdehnung des Produktionsumfanges für jeden anderen Zweck auch der Fall ist. Der Verwendungszweck des geförderten Minerals hat mit dem Aufwand für seine Förderung nichts zu schaffen; ob Export oder nicht, macht keinen Unterschied. Natürlich kann und muß man die Exportproduktion als einen besonderen Teil der Gesamtproduktion betrachten, aber weder zeitlich noch inhaltlich ist dieser Teil gegenüber den anderen sekundär. Gerade das aber müßten die Autoren beweisen, wenn sie die Berechtigung nachweisen wollen, daß der Exportproduktion die schlechtesten Lagerstätten zuzuordnen sind.

Es ist eben nicht einem bestimmten Teil des gesellschaftlichen Bedarfs geschuldet, daß diese Lagerstätten ausgebeutet werden, sondern der Größe des Gesamtbedarfs. Man kann nicht willkürlich einem Teil dieses Gesamtbedarfs bestimmte Lagerstätten zuordnen, weder die besten noch die schlechtesten, so, wie man überhaupt nicht einem Teil einer homogenen Warenmasse auf dem Markt bestimmte individuelle Aufwendungen zuordnen kann. Bestenfalls kann man sagen, dieser Warenteil ist mittels dieses individuellen Aufwandes produziert worden; will man den gesellschaftlichen Aufwand bestimmen, muß man die Ware immer als Teil des Gesamtquantums Waren derselben Art betrachten. So falsch es nach unserer Meinung ist, zu sagen, daß die Ausdehnung der Produktion zum Zweck des Exports notwendig die Einbeziehung immer schlechterer Lagerstätten bedeutet, so falsch ist es auch, zu sagen, daß der Verzicht auf den Export notwendig auch den Verzicht auf die Ausbeutung der schlechtesten Lagerstätten bedeuten würde. Erstens müßte man korrekterweise sagen, daß jede Verringerung des Gesamtbedarfs, gleichgültig ob nun des Exportbedarfs oder des Eigenbedarfs der Volkswirtschaft, den Verzicht auf die Ausbeutung der schlechtesten Lagerstätten begünstigen würde. Zweitens wird dieser Verzicht tatsächlich nur begünstigt, keineswegs aber mit Notwendigkeit diktiert.

Das Gesagte zeigt sich ganz deutlich am Beispiel der UdSSR. Wie aus Tabelle 3 ersichtlich ist, befinden sich die aufwendigsten Produktionen von Primärenergieträgern im Donezbecken, Moskauer Becken und in Aserbaidshan. Diese Fördergebiete zählen zugleich auch zu den ältesten der UdSSR. Die Ausdehnung des Produktionsvolumens aufgrund des wachsenden Bedarfs (darunter des Exportbedarfs) führte zur Erschließung weiterer, in der Regel günstigerer Lagerstätten (Kohle in Kusnezk, Kansk-Ačinsk, Ekibastus; Gas in Orenburg, Mittelasien und Tjumen; Öl im Wolgagebiet und Tjumen). Eine theoretisch denkbare (eine allerdings sehr realitätsferne Annahme!) Verringerung des Gesamtbedarfs an Primärenergie würde nun zwar den Verzicht auf die Ausbeutung der schlechtesten Lagerstätten begünstigen, aber es ist völlig auszuschließen, daß die Kohleförderung im Donbass oder die Ölförderung in Aserbaidshan völlig eingestellt würde. Eine solche Maßnahme wäre sowohl ökonomisch als auch sozial nicht durchführbar. Vielmehr würde sich die Reduzierung des Produktionsvolumens durch die Reduzierung der Produktion in einer Vielzahl von Lagerstätten, darunter auch günstigerer, vollziehen müssen.

Ganz unabhängig also davon, ob die in die anderen RGW-Länder exportierten Primärenergieträger unter besonders ungünstigen oder besonders günstigen Bedingungen in der UdSSR gefördert wurden: Wollen wir den Aufwand der UdSSR ermitteln, müssen wir sie als Teil des Gesamtquantums produzierter Primärenergieträger in der UdSSR ansehen. Da der gesellschaftlich erforderte Reproduktionsaufwand für diese Gesamtmasse Primärenergieträger der durchschnittliche Aufwand ist, ist als Exportaufwand einer sozialistischen Volkswirtschaft der durchschnittliche Aufwand aller brennstoffproduzierenden Branchen anzusehen. Nur auf dieser Grundlage kann die Rentabilität des Exports richtig berechnet werden. Nach der von Djačenko entwickelten Auffassung wird die Exportrentabilität zu niedrig ausgewiesen. Nach dieser Auffassung ist der Export nur dann rentabel, wenn auf dem internationalen Markt zumindest ein solcher Erlös erwirtschaftet wird, wie er dem durchschnittlichen Aufwand der unter den schlechtesten natürlichen Bedingungen wirtschaftenden Produzenten, deren Produktionsvolumen gleich dem Umfang der Exporte ist, entspricht. Damit erhebt Djačenko nicht den objektiv gesellschaftlich erforderten Aufwand, sondern einen individuellen hohen Aufwand zum Kriterium für die Rentabilität des Exports.

In einen ähnlichen Fehler verfällt man, wenn man die Exportrentabilität ausgehend von den tatsächlichen Aufwendungen der exportierenden Fördergebiete berechnet. Wiederum würde man bei einer solchen Berechnung nicht die gesellschaftlich notwendigen, sondern individuelle Aufwendungen zugrunde legen. Da vor allem wegen der Exportstruktur, nämlich des mit 82 % sehr hohen Anteils des effektivsten förderbaren Primärenergieträgers, des Erdöls, Erzeugnisse zum Export gelangen, die unter günstigeren als den durchschnittlichen Bedingungen produziert wurden, wird die Exportrentabilität hier zu hoch ausgewiesen. Wir betonen noch einmal: Das wäre auch dann der Fall, wenn man den durchschnittlichen Aufwand für Kohle, den durchschnittlichen für Gas und den durchschnittlichen für Erdöl unterstellt. Eine exakte Ermittlung der Exportrentabilität erfordert zusätzlich noch die Berücksichtigung des Gewichts der Primärenergieträger in der Gesamtproduktion. Unterstellt man die Exportstruktur und berechnet die Exportrentabilität für jeden Primärenergieträger einzeln, so wird eine höhere als die tatsächliche Exportrentabilität ausgewiesen, denn der sowjetische Aufwand wird zu niedrig veranschlagt. Aufgrund ihrer günstigen Lagerstätten an Erdöl und Erdgas sowie teilweise an Kohle ist die UdSSR im Vergleich zu anderen, darunter sozialistischen, Ländern in der Lage, Primärenergieträger mittels relativ geringen Arbeitsaufwands zu produzieren. Sie realisiert auf der Basis der Nutzung der relativ günstigen Naturbedingungen auch auf dem RGW-Markt eine Differentialrente. Die Realisierung dieser Differentialrente ist notwendiges Ergebnis des Wirkens des Wertgesetzes. Die Exportbetriebe der UdSSR erbringen auf der Grundlage ihrer relativ höheren Produktivität einen größeren Anteil an der gesellschaftlichen Gesamtarbeit, als die Produzenten anderer Länder mit vergleichbarem Aufwand.

Es zeigt sich hier auf der Ebene der Volkswirtschaften, was Marx für das Individuum im Sozialismus folgendermaßen charakterisierte. „Das Recht der Produzenten ist ihren Arbeitslieferungen *proportionell*; die Gleichheit besteht darin, daß an *gleichem Maßstab*, der Arbeit, gemessen wird. Der eine ist aber physisch oder geistig dem andern überlegen, liefert also in derselben Zeit mehr Arbeit oder kann während mehr Zeit arbeiten; und die Arbeit, um als Maß zu dienen, muß der Ausdehnung oder der Intensität nach bestimmt werden, sonst hörte sie auf, Maßstab zu sein. Dies *gleiche* Recht ist ungleiches Recht für ungleiche Arbeit. Es erkennt keine Klassenunterschiede an, weil jeder nur Arbeiter ist wie der andre; aber es erkennt stillschweigend die ungleiche individuelle Begabung und daher Leistungsfähigkeit der Arbeiter als natürliche Privilegien an.“[35]

Über den Austausch von Äquivalenten auf dem RGW-Markt realisiert sich auf internationaler Ebene das Prinzip der Verteilung nach der Leistung, da jede sozialistische Volkswirtschaft ein solches Quantum Gebrauchswerte aus der Zirkulation herauszieht, wie es dem von ihr in planmäßiger kollektiver Arbeit erbrachten Anteil an der gesellschaftlichen Gesamtarbeit entspricht. Auf dieser Grundlage entwickeln die Länder der sozialistischen Gemeinschaft die internationale Arbeitsteilung zum Vorteil jedes einzelnen Landes und der Gemeinschaft als Ganzes.

[35] K. Marx, Kritik des Gothaer Programms, in: MEW, Bd. 19, Berlin 1980, S. 20–21.

Personenregister

Adamesku, A. 192
Ahrends, K. 168
Ambrée, K. 138
Amin, S. 157
Andrejev, V. 182

Bauer, O. 12
Bautina, N. 53
Bärtschi, W. 53, 78
Belorusov, D. 192
Bernt, H. 171
Bettelheim, C. 154
Bleßing, H. 7, 56, 85–88
Bogačev, V. 193
Bogomolov, O. 55, 76, 97, 98, 106, 158
Böhm-Bawerk, E. 20, 21, 27
Brendel, G. 7, 47, 78
Bruder, H. 103, 104
Buch, E. 54, 78
Busch, K. 145–151

Carter, J. 181
Černuchin, A. 187
Cságoly, F. 173

Danielewski, J. 174, 175
Djačenko, V. 135, 189, 190, 191, 195
Dubrowsky, H.-J. 47

Eberle, F. 20
Emmanuel, A. 145, 155, 156
Engels, F. 10, 26, 29, 31, 41, 79, 118, 119, 131, 135, 142

Flakserman, J. 187
Friedemann, E. 90
Fröhlich, G. 56, 97

Goethe, J.-W. 7
Gräbig, G. 7, 47
Grossmann, H. 145, 154

Haberler, G. 11, 12
Hilferding, R. 12, 20

Jacobsen, H.-D. 53, 78
Jaremčuk, A. 140

Kannapin, K. 171
Kautsky, K. 12
Klose, J. 44
Kohlmey, G. 7, 35, 36, 42, 48, 49, 52, 77, 127
Koslov, G. 53
Krüger, H.-P. 7, 11, 18
Kugelmann, L. 22, 131
Kulikov, V. 18, 78
Kunz, W. 97

Lemmnitz, A. 32
Lenin, W. I. 10, 12, 15, 38, 40, 41, 49, 129, 130, 140, 147, 150, 161, 162, 163, 166
Lojter, M. 158, 159
Luxemburg, R. 12

Maier, W. 90, 97, 105, 106
Mandel, E. 53, 54
Mann, H. 103, 138
Marshall, A. 11
Marx, K. 8–11, 14–18, 20–34, 37–44, 46–49, 51, 52, 54, 56, 57–60, 62–65, 69, 71, 79–84, 88, 102, 108, 110, 112, 114–120, 122, 123, 127, 131, 135–137, 141, 142, 146, 147, 150, 151, 155, 156, 161–172, 184, 196

Masover, J. 187, 192
Matho, F. 138
Maurischat, C. 128
Mill, J. St. 8, 73
Mitrofanova, N. 50, 73
Muraközi, E. 173

Nick, H. 103, 104, 133–135
Nikitin, S. 171, 172

Ohlin, B. 11
Ol'sevič, J. 107

Paškov, A. 139, 140
Pčelincev, O. 193
Proudhon, P.-J. 26

Quesnay, F. 69

Rechtziegler, E. 171
Ricardo, D. 8, 9, 39, 51, 56, 69, 70–73, 76, 81–83, 107, 108
Richter, H. 32
Robinson, J. 22
Ruben, P. 38, 39
Rybakov, O. 56, 85, 86

Samuelson, P. 11
Saß, P. 128
Savčenko, A. 140
Schließer, W. 32, 36, 38, 42
Schmidt, C. 135
Schoeller, W. 54, 79, 80
Schwadtke, H. 97
Šelest, V. 187
Senghaas, D. 157
Širjajev, J. 45
Smirnov, A. 54, 78
Smith, A. 27
Sorokin, G. 53

Tarnovskij, O. 50, 73
Tieck, L. 7

Viner, J. 11, 12

Wagner, H. 38–40
Wenger, S. 7, 183

Žukov, V. 107

Bei Fragen zur Produktsicherheit wenden Sie sich bitte an:
If you have any questions regarding product safety, please contact:

Walter de Gruyter GmbH
Genthiner Straße 13
10785 Berlin
productsafety@degruyterbrill.com